Préface de Virginie Tanguay

Nacera et moi nous sommes rencontrées grâce à la magie de la Vie. Elle est tombée « comme par hasard » sur les vidéos que je présente sur ma chaîne You Tube, et elle m'a envoyé un petit message pour savoir si j'avais envie d'échanger avec elle. Dès que j'ai entendu le timbre de sa voix, une mémoire s'est éveillée en moi. « Cette femme, je la connais ! », me suis-je exclamée intérieurement. Je l'ai tout de suite reconnue comme un membre de ma famille d'âme, comme une sœur de cœur, et nos retrouvailles ont été une grande source de joie. De fil en aiguille, elle m'a avoué avoir envie de raconter son histoire, mais elle ne savait pas trop comment s'y prendre. Et là, de façon tout à fait naturelle et spontanée, je lui ai dit que je serais enchantée de l'accompagner dans l'écriture de son livre.

Voilà comment est né cet ouvrage que vous tenez présentement dans vos mains. Il est le fruit d'une belle amitié et d'un amour sincère, et après des mois de travail, nous sommes très heureuses toutes les deux de pouvoir enfin vous le présenter.

Editeur : Nacera Helal- 13, allée des Roses trémières
85800 Saint gilles croix de vie

Imprimeur : KDP Amazon - Amazon EU SARL,
succursale française, 67 Boulevard du General Leclerc,
Clichy 92110, France

Achever d'imprimer mars 2023

Couverture : Tous droits réservés

ISBN : 9798373358941

Dépôt légal : 1ier trimestre 2023

Illustrateur : Ludovic Boulet
Crédits images : Nacera Helal, Ludovic Boulet

NACERA HELAL

De la soumission à ma Mission, en passant de moi-même à Soi m'Aime

Introduction de Nacera

Pourquoi j'ai choisi ce sous-titre : *Je ne suis pas venue m'adapter à ce monde, je suis venue créer le mien*

Au début de mon parcours sur Terre, j'ai tenté de rentrer dans le moule. Je me suis toujours sentie différente des autres, mais je faisais tout pour m'adapter. On pourrait dire que j'étais la même que les autres. Mais en cours de route, ma quête s'est modifiée. J'ai compris que je n'étais pas venue en ce monde ni pour m'adapter ni pour me conformer. Désormais, la seule chose qui me tient à cœur, c'est de me reconnecter à mon Soi Divin et d'apprendre à m'aimer dans mon entièreté. Je pourrais dire que c'est une quête infinie, car chaque jour, j'apprends de nouvelles choses à mon sujet et je me sens davantage connectée à ma part supérieure.

Introduction de Virginie

La création de cet ouvrage n'a pas été de tout repos. De mon côté, c'était plutôt délicat, car ce n'était pas évident de faire remonter à la surface les souvenirs de Nacera. Vous comprendrez à la fin du livre pourquoi elle a eu de la difficulté à se rappeler, mais je ne veux pas vendre la mèche. Pour l'instant, ce que je peux vous dire, c'est qu'elle a oublié beaucoup de souvenirs d'enfance. Elle a donc dû interroger son entourage pour aller chercher certaines bribes d'information et les témoignages qu'elle a reçus des membres de sa famille se recoupent. Pour cette raison, elle n'a pas

hésité à vous partager son histoire, même si elle a conscience d'avoir oublié beaucoup de détails.
Pour ma part, je trouve que l'essentiel s'y trouve. D'ailleurs, à chaque fin de chapitre, j'ai inséré une section *Enseignements* en lien avec cette partie de son parcours. Je crois pertinemment que chaque expérience que nous vivons, qu'elle soit agréable ou pas, a une leçon à nous apprendre et je suis heureuse d'avoir la chance de vous partager mon point de vue. Je vous avoue que c'est ma partie préférée, car le parcours de Nacera est d'une richesse incroyable. Dès notre première rencontre, j'ai eu l'impression qu'elle avait vécu plusieurs vies en une seule et c'est pourquoi je pense qu'il y aura très certainement une suite à ce livre. Du moins, c'est ce que nous espérons, Nacera et moi, car je peux vous affirmer que son histoire est loin d'être terminée. Pour tout vous dire, j'ai le sentiment qu'elle ne fait que commencer, et les plus belles pages restent à écrire…

Pour en revenir à la section *Enseignements* que j'ai voulu insérer dans l'ouvrage, je vous livre la réponse de Nacera lorsque je lui ai partagé mon idée : « Je suis contente que tu me dises qu'on peut retirer des enseignements de mon histoire. Pour ma part, je suis complètement à l'extérieur de tout ça. J'ai bien conscience que c'est mon récit, mais c'est comme si j'étais complètement détachée. Par ailleurs, j'ai l'impression de ne pas avoir suffisamment de recul pour réaliser la force que j'ai. Mais c'est vrai qu'on me le dit souvent. Récemment, j'ai donné une formation et j'ai partagé aux personnes présentes certaines choses de ma vie. Elles m'ont dit qu'elles trouvaient ça fou le recul que je prenais par rapport à mon histoire. Elles trouvaient ça étrange que je sois aussi détachée, et je leur ai répondu quelque chose comme : *Je ne peux pas vous dire pourquoi, ce n'est pas qu'il n'y a plus d'émotion, mais j'ai compris que tout ça, c'était l'histoire de Nacera. Mon Esprit et mon âme, quant à eux, restent en retrait et ils sont justes observateurs de la scène.* Voilà, c'est un peu comme si j'étais en état d'hypnose et que je suis là, au-dessus du plafond à regarder Nacera vivre l'expérience. Tu vois, je ne suis pas heurtée par ce que Nacera expérimente. Je me sens spectatrice de l'incarnation de Nacera. Des fois, ça me touche dans l'émotionnel quand il y a des choses un peu violentes ou tristes, mais très vite, je suis en mesure de prendre de la distance. »

Un dernier mot avant de vous laisser découvrir cette femme au cœur pur. Afin de faciliter la lecture, j'ai eu l'idée d'écrire ce livre sous forme de dialogue. Je trouve que c'est plus fluide ainsi, et cela vous donne un aperçu de ce que nous avons vécu, Nacera et moi. À chaque rencontre que nous avons eue, nous avons ri, mais nous avons également pleuré. Les émotions étaient au rendez-vous et à travers ces pages, j'espère réussir à vous les faire ressentir à votre tour.

PARTIE I

— *Comme tu le sais, Nacera, il arrive un moment dans notre parcours d'évolution où notre âme choisit de quitter les sphères subtiles pour venir s'incarner dans la matière. Pourrais-tu me parler de ton propre passage ? Comment s'est déroulée ta venue en ce monde ?*

— Je suis née en mai 1970 et je fais partie de ces âmes qui ont voulu rebrousser chemin, car dès les premiers jours qui ont suivi ma naissance, j'ai eu de grosses complications et j'ai bien failli repartir dans les plans subtils. J'avais des trous dans l'œsophage. Du coup, quand ma maman me donnait à boire, le lait s'échappait par les trous et je n'étais jamais rassasiée. Et comme je pleurais tout le temps et que j'en réclamais toujours davantage, ma mère en avait un peu après moi : « Qu'est-ce qu'elle a encore elle, pourquoi elle n'arrête jamais de pleurer ? » À l'hôpital, les médecins ont tenté d'expliquer à mes parents ce que j'avais, mais comme ma mère ne parlait pas couramment français, elle n'a pas tout compris. Elle a seulement saisi qu'il y avait un souci avec moi et qu'il fallait m'opérer. Dans mon carnet de santé, c'est juste inscrit : problème d'œsophage. Ça a duré des mois durant lesquels j'ai été opérée à plusieurs reprises. D'ailleurs, j'ai deux cicatrices dans le dos. Tout ça pour te dire que ma venue en ce monde a été plutôt compliquée, il y a même eu un moment où c'était tellement grave qu'ils ont dû m'amener à l'hôpital de Paris en hélicoptère ! C'est tout ce que je sais. Je n'ai pas réussi à quitter ce plan, car je suis là !! (Rire)

— *Est-ce que tu es l'aînée de la famille ?*

— Non, je suis la deuxième née, sur une fratrie de sept frères et sœurs. Et jusqu'à ce jour, l'aîné, c'est le chouchou de ma maman. Comme je suis une fille et que je suis arrivée en second, il m'incombait de faire le ménage et les repas. Je pourrais dire que j'étais la boniche de la famille.

— J'en déduis que tes premières années de vie ont été aussi difficiles que ta venue en ce monde ?

— Effectivement, ça a été très dur. Ma maman était tout le temps agacée. Enfin, c'est ce que mon père m'a dit, et heureusement qu'il était là pour prendre ma défense, parce que j'ai comme l'impression qu'elle ne m'aimait pas. C'est une impression, car je n'ai pas beaucoup de souvenirs de mon enfance. La plupart des choses que je te raconte proviennent de ce que mon entourage m'a révélé.

(Elle prend une pause pour réfléchir)

À bien y penser, ce n'est pas juste une impression que j'ai. Je sais qu'elle ne m'aimait pas. J'ai des fragments de souvenirs et je vois des scènes où elle me frappe. Je suis même par terre au sol et elle me frappe avec des ceintures et des tuyaux. Du coup, quand j'ai grandi, j'ai voulu qu'on s'explique pour qu'elle puisse s'excuser. Je me disais : « Comme ça, si elle meurt un jour, elle sera en paix avec ça. » Mais elle m'a dit : « Ce n'est pas vrai, tu inventes tout ça. Tu as dû rêver, je ne t'ai jamais frappée, je ne t'ai jamais rien fait. » Puisqu'elle niait, j'ai dû demander à mon père. Je lui ai demandé quelque temps avant son décès et il m'a confirmé qu'elle me frappait. Il m'a avoué que c'est pour cette raison qu'il frappait ma mère à l'occasion : « Lorsqu'elle vous frappait, Souad et toi, je la frappais pour lui dire de vous ficher la paix. »

— *Est-ce qu'elle frappait uniquement ta sœur et toi ?*

— Oui, et après avoir demandé à mon père, j'ai été voir mes frères : « Est-ce que je me trompe quand je dis que maman me frappait ? Elle me dit que ce n'est pas vrai, que j'ai tout inventé. » Et mes frères ont dit : « On se rappelle bien, on était là. Elle te frappait souvent, c'était terrible, on était mal à l'aise de voir ça, car elle était toujours après Souad et toi. »

— *J'imagine que c'était pas évident pour personne, autant pour tes frères, que pour ta sœur et toi. Et lorsque tu dis n'avoir que des fragments de souvenirs, est-ce que tu crois que tu as inconsciemment supprimé des informations de ta mémoire pour t'éviter de souffrir ? C'est souvent ce qui arrive lorsqu'une personne subit un traumatisme.*

— Honnêtement, je n'en sais rien du tout. Je n'en ai aucune idée.

— *Tes premiers souvenirs, te rappelles-tu à quand ils remontent ? Quel âge avais-tu ?*

(Elle réfléchit un petit moment)

— Les premiers souvenirs que j'ai, c'est lorsque mon corps commence à se transformer et que je deviens une jeune femme. À cette époque, on avait déménagé, nous n'étions plus entourés de familles maghrébines. Dans certaines de ces familles, avec les enfants, ça marchait à coup de claques. Ce n'était pas ainsi dans tous les foyers et je ne veux surtout pas généraliser. Mais c'était un comportement qui était parfois toléré. Il n'y avait pas le côté psychologique, c'était plutôt : tu as fait une bêtise, eh bien, paf sur la joue ! Mais lorsque nous avons déménagé, nous étions moins entourés de personnes qui ont cette mentalité, et tout doucement, ma mère me frappait de moins en moins. Ça a même arrêté un jour, mais elle m'a tout de même battue jusqu'à environ douze ou treize ans.

— *Ok. Et pour en revenir à ton enfance, je me souviens d'un de tes directs que tu as présenté sur ta chaîne You Tube. Tu racontais que tu avais un balcon chez toi et qu'à l'âge de deux ans environ, ta mère t'avait retrouvée de l'autre côté du balcon.*

— Ah oui, mais moi, je ne me rappelle de rien. C'est ma mère qui m'a raconté cette anecdote en se moquant de moi. Elle m'a dit qu'elle était en train de tricoter dans la maison quand ma petite sœur est venue tirer sur sa robe. Elle a compris qu'il se passait quelque chose et elle l'a suivie à l'extérieur. Quand elle est arrivée sur le balcon, elle lui a dit : « Mais elle est où, ta sœur ? » Ensuite, elle a dû m'entendre, car elle a baissé les yeux et elle a vu mes mains. Je tenais les barreaux et mon corps était dans le vide. Elle a eu peur que je lâche et elle a joué à la gentille, car à cette époque, j'avais très peur d'elle. Elle m'a dit d'une voix faussement maternelle : « Allez, viens voir maman. » Elle m'a hissée jusqu'au balcon et elle m'a ramenée à l'intérieur. Ensuite, elle m'a donnée la fessée. Non, mais, est-ce que tu te rends compte ? Sa fille a failli mourir, et elle, tout ce qu'elle trouve à faire, c'est de me frapper !

— *Tu as bien choisi ta maman pour avoir un modèle de tout ce que tu ne dois pas être et de tout ce que tu ne dois pas faire !*

— En effet !! J'en ris maintenant, puisque de toute façon, je ne me rappelle de rien. Et par rapport à cette anecdote, ma mère m'a dit qu'elle ne comprenait pas, parce qu'elle a essayé de passer ma tête entre les barreaux, en vain. J'ai donc demandé dans une séance d'hypnose de recevoir les informations et on m'a dit que je descendais d'un vaisseau spatial. Et comme c'est moi qui me suis fait ma première séance, je me suis dit que c'était peut-être un fantasme, car je ne me suis jamais sentie à ma place dans ce monde. Dans le peu de souvenirs que j'ai, je me vois souvent seule et je porte une robe blanche à rayures. Je suis dans une forme de solitude, car je ne comprends pas les autres. Je me rappelle vaguement de ma sœur qui me dit : « Viens, Nacera. On va aller dans le jardin de nos voisins et on va prendre des pommes. » Et moi je réplique : « Non, Souad, on ne peut pas prendre les pommes, elles ne nous appartiennent pas ». Ma sœur, Souad, elle était garçon manqué. Elle grimpait aux arbres et aux murs, et avec sa meilleure amie, elles étaient toujours là à faire les quatre cents coups. Et moi, j'étais tout le temps en train de leur dire non, je ne suis pas d'accord, ça ne m'intéresse pas. Du coup, on m'appelait la rabat-joie.

— *Oh mon dieu, c'est tout l'inverse de ce que tu es !*

— Je sais ! Mais à cette époque, les enfants avaient des jeux où ils se chamaillaient, et à la fin, il y avait toujours quelqu'un qui pleurait. Et puisque je ne voulais pas faire pleurer les autres, on me disait constamment d'un ton chargé de reproche : « Ouais, tu es une rabat-joie, tu ne veux jamais jouer avec nous ! » D'ailleurs, une fois, j'ai accepté de jouer avec eux et ils m'ont fait mal. C'est moi qui ai pleuré et je leur ai dit : « Vous voyez, je vous l'avais dit ! » Et donc, j'étais toujours à l'écart, seule dans ma chambre. En fait, je n'étais pas seule dans ma chambre, car on était quatre filles qui se la partageait. Et puisqu'on me considérait comme la boniche de la maison, je devais m'occuper de tout le monde et préparer les repas. Le problème, c'est que personne n'avait les mêmes goûts et je me faisais toujours gronder : « Pourquoi tu as cuisiné ça, j'aime pas du tout ! » Je pleurais tout le temps et j'allais me réfugier dans ma chambre. Je n'avais même pas le droit de demander à mes frères de faire leur lit pour que j'aie moins de tâches à faire. Une fois, ma mère m'a entendue et m'a donné une grosse claque en s'exclamant : « Le jour où je t'entends encore donner un ordre à ton frère, attention ! C'est à toi de le faire. » Je te donne des exemples pour te démontrer que j'étais vraiment l'esclave de la maison. Tous les jours, je faisais la popote et le ménage. En plus, ma mère m'avait sortie de l'école.

— *Ah oui ? Est-ce qu'il y avait une raison ?*

— Eh bien, pour commencer, tu dois savoir que j'ai redoublé trois fois. À cette époque, on habitait là où les mamas avaient l'habitude de frapper leur enfant. C'est dans le quartier Wilson. Il commençait à y avoir de plus en plus de Maghrébins. Par contre, je me rappelle qu'à l'école, ça se passait relativement bien. Enfin, la maîtresse était satisfaite de mes compétences. J'étais en CP. Mais un jour, mon papa est venu chercher mon dossier à l'école, car on déménageait. On est allé s'installer dans un autre quartier qui était à cinq minutes en voiture. Lorsque je suis arrivée dans ma nouvelle classe, la maîtresse m'a tout de suite détestée. J'étais la seule Maghrébine. Je ne sais pas pourquoi, mais elle ne me supportait pas et dès le premier jour, j'ai eu droit à une fessée. Par la suite, l'hiver est arrivé et je dois dire que j'ai détesté cette saison. C'est à ce moment que j'ai été traumatisée de la neige, car j'avais de toutes petites chaussures et je pleurais parce que j'avais froid aux pieds. Je suis donc allée dans les toilettes et je me suis installée près des radiateurs, mais la maîtresse m'a obligée à ressortir dehors. Il y a eu plein d'autres anecdotes comme celle-là, qui ont fait que j'ai redoublé la première année. Par chance, l'année suivante, je suis tombée dans la classe de madame Lacroute et elle, elle était très gentille avec moi.

— *Est-ce que tu pourrais me raconter une autre anecdote ?*

— Bien sûr ! D'ailleurs, j'en ai une qui me vient à l'esprit. Je me rappelle, je me cachais dans les toilettes des filles, et les garçons venaient les envahir à l'occasion. Des fois, les filles fermaient les portes pour séquestrer les garçons et elles appelaient ensuite les professeurs. Sauf que ce jour-là, une des portes s'est refermée sur mon doigt et a écrasé mon ongle. Ce n'était pas beau. La maîtresse a dû appeler ma maman et je me suis fait engueuler, comme d'habitude. « Ouais, à cause de toi, j'ai dû quitter mes copines. Tu ne peux pas faire attention ?! » Des paroles comme celles-là, c'est resté gravé dans ma mémoire. Quoi que je fasse, je l'agaçais. Elle ne supportait pas ma présence. Dans certains souvenirs que j'ai conservés, je la vois m'attraper par la gorge et me soulever dans les airs pour ensuite me lâcher afin que je tombe par terre. Et aussi, mon père m'a raconté que je portais des chaussures qui n'étaient plus à ma taille. Du coup, quand je marchais, je saignais des pieds. Lorsqu'il s'en est aperçu, il a engueulé ma mère. Elle est donc allée m'acheter de nouvelles chaussures, mais elle me les a jetées à la figure. Elle m'a fendu la lèvre et m'a fait saigner du nez.

On peut dire que je provoque chez elle un profond dégoût. Par contre, avec tout le travail intérieur que je fais depuis des années, je réalise que c'est elle-même qui se dégoûte. Je suis son miroir, mais j'étais loin d'en avoir conscience lorsque j'étais enfant. Elle me disait constamment : « T'es moche, tu as une sale gueule, tu ne devrais même pas exister, pourquoi le Bon Dieu t'a fait venir sur Terre ? » Mon papa, lui, il était toujours absent, car il travaillait en déplacement. Il lui arrivait souvent de partir trois semaines de la maison et quand il revenait, il s'allongeait sur le fauteuil pour regarder la télévision. Je m'allongeais alors contre lui, car j'adorais ça, je me sentais en sécurité. J'étais tellement bien que je m'endormais et il me portait tout doucement dans ses bras pour me ramener dans mon lit. D'ailleurs, quand il apprenait que ma mère m'avait frappée, ça le mettait en colère et il la frappait à son tour. Du coup, ça devenait un cercle vicieux. Ma mère me disait : « Ton père m'a frappée parce que je t'ai frappée. » En revanche, mon père n'a jamais aimé donner la fessée, il détestait qu'on fasse du mal aux enfants. J'ai ces souvenirs-là.

— *Quel autre souvenir as-tu ?*

— Eh bien, je me rappelle que, comme j'étais la fille aînée, c'est moi qui devais m'occuper de mon petit frère lorsqu'il est né. Je devais lui donner le biberon, lui changer la couche et prendre soin de lui, alors que je n'avais que neuf ans. Parfois, ma sœur Souad devait prendre le relai et il lui arrivait de le laisser tomber… Ce n'est qu'un exemple parmi tant d'autres pour te dire que Souad et moi, on agaçait ma mère. On était même sa bête noire. Elle nous frappait tout le temps et lorsque mon père la prenait en flagrant délit, il lui disait : « Vas-y, ne t'arrête pas, continue ce que tu étais en train de faire. Tu veux les frapper, frappe-les. Mais après, c'est ton tour. » Et là, ma mère arrêtait de nous frapper.

C'est donc dans cette ambiance que j'ai grandi. En revanche, il arrivait souvent que je voie mon père embrasser ma mère. Je sais qu'ils n'étaient pas comme les autres parents que je voyais chez les Maghrébins. Mon père embrassait ma mère devant nous. Sur la bouche, même.

— *Les autres couples ne le faisaient pas ?*

— Non, car chez les musulmans, la pudeur règne ! Et pour en revenir à mon père, il buvait du vin et de la bière lorsque nous étions à table, et nous, on allait au magasin, car on récupérait les consignes. On échangeait les bouteilles vides contre un ticket qui était comme de l'argent. Pour ma part, je m'achetais des bonbons et des gâteaux avec le ticket. Je me rappelle qu'à cette époque, ma mère ne nous donnait pas d'argent de poche. C'est pourquoi il m'arrivait de voler des petits paquets de gâteaux dans les magasins. J'enviais beaucoup les enfants qui sortaient de l'école avec de l'argent de poche. Je les voyais s'acheter un croissant, un pain au chocolat et moi, je ne connaissais pas le goût. Je me disais que j'aimerais bien goûter ces choses-là, comme le faisaient les autres enfants. D'un autre côté, l'Univers me permettait d'avoir des tickets à l'occasion afin que je m'achète des confiseries. Mais plus je voyais les enfants en avoir, et plus j'en voulais.

Je me souviens que des fois, je trouvais de l'argent sur le sol, je trouvais même des bijoux en or et en argent. C'est comme si l'Univers me disait : « Regarde ton chemin, il est rempli d'abondance ! » Mais voilà, c'était à moi de comprendre le message et à cette époque, je me focalisais sur le manque. Je ne pensais pas comme je réfléchis aujourd'hui, je ne voyais pas que j'avais bien de la chance que l'Univers me soutienne. C'est uniquement lorsque j'ai grandi que je m'en suis voulu d'avoir volé. J'aurais bien aimé effacer cela de mon ardoise et je craignais d'aller en enfer pour les actes que j'avais commis. Je me suis même demandé si je devais retourner dans les boulangeries afin de leur donner de l'argent pour les choses que j'avais volées. Mais je me disais que je ne pourrais jamais les rembourser. Et le jour où ma voiture a été volée, je me suis dit : « Eh bien, voilà ! L'Univers a récupéré ce que j'ai volé. » En fait, je ne me suis pas dit cela le premier jour. Le premier jour, j'ai pleuré en songeant que je n'avais plus de voiture, alors que je venais tout juste de me trouver un emploi et je devais signer un contrat. Mais du moment où j'ai lâché prise, j'ai compris que ce n'était pas grave. Je me suis dit qu'il y avait des chances que ce soit des gens pauvres qui l'avaient récupérée, et que grâce à ça, ils avaient pu s'acheter des vêtements et de la nourriture. En plus, dès que j'ai lâché prise, l'argent est rentré.

— *As-tu une anecdote à ce sujet ?*

— Ah oui, j'en ai tout une ! Comme je te l'ai dit, ma voiture s'est fait voler et au même moment, j'avais des factures à payer et je ne savais pas trop comment m'en sortir. Et puisque l'Univers est magique, il y a une station de radio en France qui s'appelle Skyrock qui m'a appelée pour me demander quelle était ma radio préférée. Spontanément, j'ai répondu Skyrock, car c'est ce que les enfants écoutaient et j'ai gagné mille cinq cents euros, que j'ai reçus la semaine suivante. J'ai donc pu me racheter une voiture pour aller travailler. C'est comme si dans mon for intérieur je me disais : « J'ai finalement remboursé ce que j'ai volé quand j'étais enfant. » Ça m'a soulagée. Par la suite, je me suis racheté une voiture plus grosse, mais c'était une voiture sans permis.

— Ah oui ? Et pourquoi ?

— Eh bien, j'ai passé onze fois l'examen pour obtenir mon permis, mais je ne l'ai jamais réussi. J'en suis venue à la conclusion que la cause était liée à l'éducation que j'ai reçue de la part de ma maman. Vois-tu, quand elle m'apprenait à cuisiner et que je loupais quelque chose, elle me frappait. Du coup, elle me faisait tellement peur que des fois, juste lorsqu'elle me regardait, je faisais pipi sur moi tellement elle me terrorisait. Cela a créé un traumatisme en moi et dès qu'on m'observe et qu'on me regarde pour voir ce que je vais faire, je tremble. Je me souviens que lorsque je faisais mes cours de conduite, l'instructeur me disait : « Madame Helal, on n'a plus rien à vous apprendre. Vous savez conduire. Vous êtes capable, vous avez tout en vous. Le jour de l'examen, il faut simplement que vous soyez détendue. » Je prenais même des produits homéopathiques pour me détendre. Il y a eu des fois où j'ai failli réussir l'examen et avoir mon permis, mais à la dernière minute, je faisais une connerie. C'est alors que l'instructeur me disait : « Mais pourquoi vous avez fait ça, madame Helal ?! C'était bon pour moi, j'allais vous donner le permis. » Bref, je faisais toujours une bêtise de dernière minute, car mes jambes tremblaient. J'ai donc passé l'examen onze fois, mais je n'ai jamais obtenu le permis. Je n'ai eu d'autre choix que de conduire une voiture sans permis.

— Pourrais-tu m'en dire davantage au sujet de cette fois où ta mère t'a retrouvée sur le balcon ? Ça m'intrigue beaucoup.

— Eh bien, j'ai fait une hypnose avec l'équipe Osol de Matthieu Monade et la dame télépathe a demandé comment j'avais fait pour me retrouver de l'autre côté du balcon. Elle a vu la même chose que moi, c'est-à-dire qu'elle m'a vue descendre des escaliers pour débarquer d'un vaisseau. Lorsqu'elle m'a annoncé ça, je me suis dit que ce n'était pas possible qu'elle ait eu la même vision que moi. J'ai pensé qu'elle disait cela pour me faire plaisir. Vois-tu, lorsque j'étais jeune, je ne me sentais pas à ma place dans ce monde. Je ne supportais pas la violence, je ne tolérais pas le mensonge et à l'école on me mettait toujours de côté. Dans mes souvenirs, je me rappelle d'un garçon, il était noir et il était adorable. Je ne sais pas pourquoi, mais il m'appelait Blanche-Neige. Je crois qu'il me titillait, mais gentiment, pour me faire comprendre qu'il m'appréciait. Ça me faisait tout bizarre parce que je ne savais pas comment me comporter vis-à-vis de lui...

Je me souviens aussi que j'avais très souvent des maux de tête dans les cours à l'école. On m'a donc mis des lunettes, mais ça ne me servait à rien, car j'avais une très bonne vue. D'ailleurs, je me rappelle que ça agaçait mon père : « Mais il y a toujours quelque chose avec toi, pourquoi tu n'es pas comme tes frères ?!» Ça, c'est une phrase qui est restée gravée dans ma tête, parce que mon père n'était pas méchant avec nous lorsque nous étions enfants. Mais cette phrase-là, elle est restée dans ma mémoire et après, en grandissant, j'ai compris pourquoi je n'étais pas comme les autres. D'ailleurs, ça me fait penser... Cette année, ça va faire six ans qu'il a quitté ce plan et une médium m'a dit récemment : « Ton père est fier de toi. Il s'excuse de t'avoir demandé pourquoi tu n'étais pas comme tes frères, car maintenant, il réalise pourquoi tu n'es pas comme eux. Ton père me dit également que tu es un être qui a atterri dans une famille musulmane pour ouvrir les consciences. » Le jour où cette médium m'a dit ça, j'ai vraiment beaucoup pleuré et c'est comme si une chape de plomb était enfin retirée de mes épaules.

— *Et concernant ta mère ? Est-ce qu'elle est toujours en vie ?*

— Oui, mais j'ai coupé les ponts à la fin de l'année 2019.

— *Tu n'as donc plus aucune nouvelle d'elle ?*

— Non, car elle a abusé de ma gentillesse. Tu sais, pendant des années, je lui ai fait des cadeaux pour acheter son amour. Et de son côté, elle ne me donnait jamais rien en retour. Tout son argent partait en Algérie et elle le donnait à mon grand frère. Pour tout te dire, mon grand frère s'est réfugié en Algérie, suite à des histoires d'inceste.

(Elle réfléchit pour assembler les pièces du casse-tête. Tout au long de l'entretien, elle ne cesse de répéter qu'elle a de la difficulté à se souvenir et à mettre de l'ordre dans son parcours. Elle est actuellement en train de se demander pourquoi elle s'est sauvée de la maison. Au bout d'un long moment, elle poursuit.)

J'avais 17 ou 18 ans lorsque j'ai quitté la maison. J'ai porté plainte contre mon frère, mais je n'ai pas porté plainte directement.

(Avant de m'en dire davantage à ce sujet, elle se lance sur une autre piste. Pour les personnes qui connaissent Nacera, cela ne devrait pas vous étonner !! En revanche, ce qui m'épate, c'est qu'elle parvient toujours à retrouver le fil.)

J'ai cessé d'aller à l'école à 16 ans, car comme je te l'ai

mentionné tout à l'heure, j'ai redoublé trois fois. Maman a fini par me sortir de l'école. Je me souviens que je ne prenais pas l'école au sérieux et je faisais rire tout le monde. J'ai donc redoublé en CP, ensuite j'ai redoublé en 6e (1re année collège), et j'ai redoublé en 5e (2e année collège). À cette époque, j'avais 16 ans et ma maman m'a dit : « C'est bon, tu sais lire et écrire, maintenant je te sors de l'école. » Je me rappelle qu'elle m'en a même voulu, parce que comme elle avait sorti un enfant de l'école, elle recevait moins d'allocations et elle ne l'avait pas anticipé. Encore une fois, elle a rejeté la faute sur moi.

Je me souviens aussi qu'avant qu'elle ne me retire de l'école, je n'avais que de mauvaises notes. Je ne faisais jamais mes devoirs parce que dès que je revenais à la maison, c'était : « Va mettre ton pyjama et viens m'aider à la cuisine !! » Je répliquais que j'avais des devoirs, mais elle me disait de lui ficher la paix avec ça ! Pour ma mère, le plus important c'était : « À l'école tu apprends, et à la maison je veux que tu parles en français pour que je puisse apprendre avec toi. » Pour cette raison, je ne parlais presque jamais en arabe, je connaissais seulement le vocabulaire de base.

(Elle se plonge dans ses réflexions à nouveau.)

Après être sortie de l'école, j'ai trouvé un stage pour apprendre à être caissière. C'était dans la même année, au mois de septembre. J'allais travailler dans un grand magasin. J'apprenais si vite que les patrons étaient très contents de moi. Ils étaient tellement contents qu'ils ont voulu m'embaucher, mais ils voulaient tout de même attendre que j'aie dix-huit ans. Malheureusement, quand j'ai eu dix-huit ans, la loi avait changé et il fallait avoir le Bac. Ils n'ont donc pas pu m'embaucher.

Je me rappelle aussi que lors de la formation, même si on m'appréciait, on me trouvait bizarre. Mais je ne comprenais pas pourquoi je gênais, pourquoi j'étais différente. En fait, je ne sais même pas si je me suis posé la question. Dans mes souvenirs, je me vois regarder par la fenêtre. D'ailleurs, j'aimais beaucoup observer mes voisins, mais ce n'était pas du voyeurisme. J'observais plutôt comment vivaient les humains. Dans ma tête, je me disais : « C'est très intéressant d'observer les êtres humains. » Je me sentais comme quelqu'un qui observe une fourmilière. Je regardais les humains et lorsque les enfants acceptaient de jouer avec moi, je les observais lorsqu'ils rentraient chez eux. Je regardais leur maman les embrasser. Ou à Noël, je les voyais faire la fête. Ils chantaient et ils dansaient, et je me disais : « C'est drôle, nous on ne fait pas ça. » Puis je me rappelais que j'étais dans une famille musulmane, même si dans mes souvenirs, mon père buvait de la bière et du vin, il amenait même ma mère au cinéma. Je me souviens également que ma mère portait des mini-jupes et que mon père l'embrassait devant nous. Il se comportait comme un Français. Il achetait même la viande à la boucherie française, mais tout doucement, il a commencé à côtoyer des Arabes. Ils étaient venus d'Algérie et ils se sont installés tous près de notre demeure. C'est à ce moment qu'ils ont commencé à lui dire que nous devions entrer dans l'islam. Et là, l'éducation que nous recevions à la maison a commencé à changer. Mon père est devenu plus sévère et plus strict. Désormais, on devait faire le ramadan. Je n'aimais déjà pas trop l'atmosphère qui régnait chez nous, mais là, c'était comme si on avait rajouté du plomb sur mes épaules. Je pense que c'est pour cela que j'ai voulu me trouver un stage rapidement. Je crois que c'était un moyen de fuir. Je me suis donc inscrite à l'ANPE, et c'est comme ça que j'ai trouvé le stage.

— *Quand tu as suivi ce stage, est-ce que tu demeurais encore chez toi ?*

— Oui. J'étais toujours chez mes parents. Lorsque je suis partie de chez eux, j'avais mes deux premiers enfants. Pour tout te dire, je dormais chez eux avec mon premier mari, et lorsque ça a été terminé avec lui, je dormais là-bas avec mon deuxième mari. Olala, quand j'y pense !! (Rire) À ce sujet, lorsque j'avais 38 ans, mon père m'a dit : « Tu as seulement 38 ans, mais c'est comme si tu avais vécu la vie de plusieurs personnes à la fois. » Il pleurait beaucoup pour moi et il était désolé de ne pas m'avoir protégée. C'est ce que la médium m'a dit.
Tout ce que j'ai vécu de difficile dans ma vie, c'est ma mère qui en est à l'origine. Un premier mariage arrangé, un second mariage forcé, c'est elle qui a tout planifié. Elle avait ce masculin sacré, c'était une battante, elle avait un caractère trempé… Bref, c'est elle qui portait le pantalon à la maison. Pourtant, mon père la frappait au début de leur mariage, mais c'est comme s'il y avait eu un revirement de situation. Par la suite, c'était ma mère qui faisait taire mon père. C'était très étrange, il y a eu quelque chose… Il y a même eu une séparation durant laquelle ils ont voulu divorcer. Pendant un moment, ils ont eu chacun leur appartement, mais ils sont revenus ensemble.

Pour en revenir au stage, puisque les patrons n'ont pas pu m'embaucher par la suite, je me suis trouvé un autre emploi. Je me suis fait engager dans une boutique de prêt-à-porter. Les propriétaires étaient un couple et ils m'aimaient tellement qu'ils m'appelaient leur fille adoptive. En fait, dans tous mes emplois, les adultes m'ont toujours aimée. Je ne peux pas te dire pourquoi. Ils voyaient peut-être quelque chose chez moi que les autres ne percevaient pas. Par contre, il y avait un autre employé qui travaillait avec moi dans la boutique et il m'appréciait beaucoup. Il s'appelait Stéphane. Je ne veux pas me vanter, mais quand j'étais jeune, j'étais vraiment très belle. J'avais de longs cheveux qui arrivaient en dessous de mes fesses, je ressemblais beaucoup à une Indienne. J'avais une forte poitrine et une belle silhouette. Au bout d'un moment, ma mère était même fière de moi. Plus je grandissais, plus la relation changeait avec elle. Il y a eu comme un revirement de situation. C'est ma mère qui prenait ma défense et qui était fière de moi. Quand je sortais, les hommes me sifflaient, un homme a même foncé dans un poteau parce qu'il me regardait. (Rire) Ma mère était fière, comme si j'étais devenue sa petite poupée et donc, elle ne me frappait plus, et c'est mon père qui a changé. Il est devenu méchant avec moi parce que j'étais devenue une femme. Pourtant, je n'ai jamais rien fait de mal, je n'ai jamais touché à un garçon. D'ailleurs, à mon premier mariage, j'étais vierge. J'étais très sage, c'est comme si au fond de moi j'étais programmée à ne pas faire n'importe quoi. Par contre, j'aimais le jeu de séduction, j'aimais savoir que je plaisais, mais paradoxalement, je ne me sentais pas belle. C'est comme si quand je sortais, il y avait dans mes vêtements un masque qui s'intégrait à moi et les gens ne voyaient que le masque.

Pour en revenir à mon père, quand j'étais devenue cette belle jeune femme et que je sortais, il me disait : « Tu es allée coucher avec des hommes, hein ?! Tu es une vraie salope ! » Il me disait cela même quand j'étais enceinte. J'allais à mes rendez-vous pour faire les échographies et il me disait : « Alors, avec combien de mecs as-tu couché aujourd'hui ? » Et je lui répondais : « Mais papa, j'étais à l'hôpital ! » Et comme il m'engueulait, je me faisais toute petite et j'allais me réfugier dans ma chambre. Bref, c'est trop bizarre ce revirement de situation. Au début, c'était mon père qui me défendait, et après, c'est ma mère. Et quand je revenais de mes rendez-vous, elle insultait mon père et lui disait : « Tu ne peux pas lui ficher la paix à cette gamine ? » Et donc, c'était devenu ma mère qui me protégeait. Quand j'y pense, je me dis que c'est parce qu'à cette époque, je commençais à gagner de l'argent, et puisqu'elle a toujours été attirée par l'argent, j'étais devenue sa copine qui lui achetait des cadeaux. Comme je te l'ai dit tout à l'heure, tout son argent partait en Algérie. Mon grand frère habitait désormais là-bas, puisqu'il y avait eu les attouchements.

— *Comment est-ce arrivé cette histoire d'attouchement ?*

— Eh bien, comme je te l'ai dit, vers l'âge de 17-18 ans, mon corps a commencé à changer, mais ma façon de fonctionner aussi. J'étais tout le temps perdu. C'est étrange, c'est comme si j'étais là, sans être là. Je ne me sentais pas comme les autres… Souvent, je m'amusais à « zoomer » des gens ou des lieux, parce que je savais que je pouvais voir un autre monde. C'est comme si j'étais consciente que je pouvais faire les choses différemment des autres. Je pouvais même faire bouger des choses sans les toucher.

— *Tu faisais léviter des objets ?!*

— Oui, mais je ne perdais pas mon temps avec ça. C'est très étrange, car il y a des personnes qui auraient essayé de tester.

Mais à la maison, ma mère accaparait toute mon énergie. De plus, à cette époque, j'avais trois emplois. Le matin, je travaillais au palais de justice dans un bureau de l'état civil. L'après-midi, je travaillais à la boutique de prêt-à-porter, et la nuit, je gardais des enfants. Je peux dire que mon énergie était toujours dispersée et je n'étais jamais « ici et maintenant ». Peut-être que j'étais déjà dans la fuite de mon Soi Divin…

(Elle prend une pause pour réfléchir. Elle se demande si on a voulu qu'elle expérimente tout ça, mais elle déclare qu'elle n'en sait trop rien.)

Bref, le temps passe, et cette féminité se met de plus en plus en avant. Vois-tu, mes patrons m'aimaient tellement qu'ils me prêtaient des vêtements du magasin. Entre-temps, Stéphane, l'autre employé, était devenu mon ami. Un soir, il m'a invitée chez lui avec ses copains. Lorsque la soirée s'est terminée, ils sont rentrés chez eux et Stéphane et moi, on s'est retrouvé seul. Je me souviens, ma mère était souvent absente et il m'arrivait de sortir de la maison en cachette. Mais je n'ai jamais rien fait de mal, je voulais juste être libre de temps en temps, car je n'avais pas le droit de sortir. Et donc, ce soir-là, Stéphane voulait que je dorme dans son lit. Il a commencé à m'embrasser et quand il a posé sa main sur moi, j'ai eu peur. J'ai commencé à pleurer et il m'a dit : « Mais qu'est-ce qu'il y a Nacera, j'ai fait une bêtise ? » Je lui ai répondu qu'il n'avait rien fait de mal, mais qu'il avait fait remonter certains souvenirs. Je lui ai avoué que mon frère venait me rejoindre dans mon lit le soir et qu'il faisait des choses… Je lui ai également dit que je pourrais ne pas me plaindre à ce sujet. D'ailleurs, lorsque ma mère a su pour les attouchements, elle a dit : « Après tout, il ne t'a pas mise enceinte ! » Ça me fait penser… J'ai connu beaucoup d'abus sexuels de la part de mon frère, d'un cousin, d'un oncle, mais ce qui est bizarre, c'est qu'ils n'ont jamais ouvert la porte. À mon mariage, j'étais donc vierge.

Enfin, pour en revenir à Stéphane, lorsque je lui ai révélé tout ça, il m'a dit que ce n'était pas normal et il m'a demandé si j'en avais déjà parlé à quelqu'un. Je lui ai répondu qu'il était la première personne à qui je me confiais. Il m'a alors conseillé d'aller voir une assistante sociale pour qu'elle m'aide et j'ai accepté. C'est donc elle qui en a parlé au tribunal. Par la suite, le tribunal a convoqué mes parents et ma mère m'a dit : « On a reçu une lettre du tribunal, tu sais pourquoi ? » À ce moment, j'ai commencé à avoir peur et je lui ai dit que je ne savais pas, mais je suis sûre qu'elle avait des doutes. Enfin, lorsqu'elle a su que j'avais parlé, elle était en colère : « Pourquoi tu l'as dit ? Ces choses-là doivent rester en famille ! Pourquoi tu as été te plaindre, après tout il ne t'a pas mise enceinte ! »

Finalement, le tribunal a demandé à ce que j'aille consulter un gynécologue, mais malheureusement, je suis tombée sur une femme qui n'était pas sympa du tout. Tout d'abord, elle m'a fait mal, alors qu'elle pouvait aisément voir que j'étais encore vierge. Mais ce n'est pas ça le pire. Le pire, c'est que sur le certificat, elle a noté que je n'étais plus vierge. Du coup, ça a aggravé les choses, car puisqu'elle a menti, mon frère est allé en prison. Enfin, il y aurait peut-être été quand même, je ne sais pas... Mais bon, il a eu des mesures de restriction, il n'avait plus le droit de s'approcher de nous. Il ne pouvait donc plus revenir à la maison et c'est à ce moment que ma mère a décidé de l'amener en Algérie, dans la maison qui avait été construite pour tous les enfants. C'était une maison de famille, mais c'est devenu sa maison et ma mère l'a marié là-bas. Depuis, c'est resté sa maison à lui. Elle nous a demandé à tous de signer un papier pour refuser notre part de la maison. De mon côté, je lui ai dit qu'elle pouvait faire ce qu'elle en voulait : « L'Algérie, je n'aime pas du tout et je n'irai jamais, alors pourquoi je vous embêterais avec la maison ? Et puis, pour moi, une maison, ce n'est que du béton. Si je meurs demain, je ne vais pas l'amener avec moi sur mon dos, donc gardez-là, faites-en ce que vous voulez. »

— *Tu n'es donc jamais allée en Algérie ?*

— Ah si, j'y suis allée plusieurs fois. C'est là que j'ai rencontré ma grand-mère maternelle, et je dois te dire que je suis folle d'elle ! Comme je te l'ai dit, ma mère était très sévère avec moi et ma grand-mère me défendait tout le temps. Je me souviens même d'une fois où je me suis étouffée avec du couscous, c'était resté coincé dans ma gorge. Ma grand-mère a eu le réflexe d'y enfoncer ses doigts pour le faire descendre. Heureusement, car sinon, je suis certaine que je serais morte. D'ailleurs, plusieurs médiums m'ont dit qu'elle me guidait encore à ce jour.

— *Je suis heureuse de savoir qu'elle prend bien soin de toi. Et maintenant, j'aimerais que tu me parles de ton premier mari. Tu y as fait vaguement allusion tout à l'heure.*

— Eh bien, après avoir porté plainte, j'ai fait une fugue et les propriétaires de la boutique – ceux qui m'appelaient leur fille adoptive –, m'ont dit : « Nacera, si tu veux, on s'occupe de toi. On va t'aider, on va te trouver un foyer. S'il le faut, tu viendras même vivre à la maison. » Sur le coup, je leur ai dit que je ne voulais pas les déranger. Entre-temps, ma grand-mère est décédée et avant son décès, ma mère faisait des allers-retours France-Algérie, car ma grand-mère avait un cancer des poumons. Et dans mes souvenirs, je me rappelle que ma mère m'a contactée pour me demander d'appeler le médecin pour qu'il soigne ma grand-mère. Il a cependant refusé en me disant qu'il ne pouvait rien faire pour elle et que ça ne servait à rien de la faire venir en France. J'étais donc très triste et je me demandais comment j'allais le dire à ma mère. Mais lorsque je suis rentrée à la maison, mes frères regardaient la télévision et ils m'ont dit : « Hey, Nacera, maman a téléphoné pour nous dire que mamie est morte. » À ce moment, j'ai éclaté en sanglots, car cette femme, c'était celle qui, pour l'instant, m'aimait le plus. Ma réaction a fait réaliser à mes frères qu'elle avait quitté ce plan et ils se sont mis à pleurer à leur tour.

Pour en revenir à ma fugue, ma mère est venue à la boutique pour me parler. Pour elle, je venais de déshonorer ma famille, parce qu'à Reims, on était bien vu. Les gens parlaient beaucoup des filles de Zakia. Puisqu'on était des filles, on n'avait pas le droit de sortir. On ne nous voyait donc pas traîner au centre-ville et on ne nous voyait pas parler avec des garçons. Et donc, le déshonneur allait frapper la famille parce que j'étais sortie de la maison. Aux yeux de ma mère, il fallait vite me ramener à la maison ; c'est pourquoi elle est venue me voir. Elle a insisté pour que je revienne chez moi, mais je m'y suis opposée : « Je ne reviendrai pas, car je sais que tu veux me ramener en Algérie pour me marier. » C'est d'ailleurs pour cette raison que je m'étais sauvée. Mes patrons m'avaient conseillé de ne pas me laisser faire. De plus, à cette époque, j'avais une meilleure amie qui s'appelait Rita. C'était comme ma sœur de cœur, on se voyait tout le temps. Dès que ma mère n'était pas là, j'allais en cachette chez elle et je revenais avant qu'elle soit de retour. Et donc, à la boutique, ma mère m'a demandé pourquoi je ne voulais pas rentrer à la maison et je lui ai dit que c'était parce qu'elle allait me ramener en Algérie. Elle a répliqué : « J'étais sûre que tu pensais ça, mais je te jure que je ne vais pas te ramener là-bas. Je ne vais pas te marier, mais il faut que tu viennes pour le mariage de ton frère. » À nouveau, je lui ai dit non, mais elle s'est mise à pleurer. Elle m'a dit : « Je te jure sur la tombe de ta grand-mère que je ne vais pas te marier ou te laisser là-bas. » Elle savait que j'étais folle de ma grand-mère et puisqu'elle avait juré sur sa tombe, j'ai accepté et je lui ai promis de revenir à la maison dès ce soir. Elle est donc rentrée et elle devait sûrement être très contente de son plan. Mes patrons, eux, m'ont demandé si j'étais certaine. Ils ont ajouté qu'ils n'avaient pas le droit de me dire quoi faire, mais ils voulaient simplement s'assurer que j'étais ok avec ma décision. Le pire, c'est qu'au fond de moi, je savais qu'elle allait le faire. Je sentais qu'elle me faisait venir en Algérie pour me marier. Mais comme elle avait juré sur la tombe de ma grand-mère, j'ai voulu lui faire confiance. Eh bien, j'aurais dû écouter mon instinct, car je suis allée en Algérie et ma mère m'a laissée là-bas…

D'ailleurs, j'ai compris pourquoi elle insistait tant pour me ramener en Algérie. C'est parce que quand je sortais pour aller faire des courses, il y avait toujours des garçons qui venaient me faire la bise. Des copains de l'école qui me reconnaissait ou des copains de mes frères. Et donc, tout doucement, elle a dû se dire : « Oulala, qu'est-ce qu'elle me fait celle-là ? Elle va faire une connerie avant que je la marie. » C'est ça aussi qui l'a perturbée. Déjà que j'avais porté plainte contre son fils et elle m'en voulait, mais en plus, chaque fois qu'elle sortait dehors avec moi, il n'y avait jamais de filles qui venaient me faire la bise, c'était que des garçons. Mais je n'y étais pour rien. Je leur faisais la bise par politesse, mais je n'ai jamais fait de bêtises et je n'ai jamais rien fait de mal.

À ce moment, j'aurais pu reprendre le contrôle de ma vie et c'est comme si cette photo-là me renvoyait à l'échec. Mais bon, ça devait arriver comme ça… Justement, voici comment les choses se sont passées :

Je me souviens que ma mère nous a amené toute la famille en Algérie afin de nous présenter celle qui allait devenir ma belle-sœur. Nous étions en Kabylie, à 700 kilomètres de la maison familiale. Lorsque j'ai rencontré la future femme de mon frère, je l'ai tout de suite trouvée magnifique. Elle est blanche de peau, elle a des yeux verts et je me souviens que la journée s'est très bien déroulée. On a passé un bon moment avec sa famille et c'est lors de cette journée qu'Abdelaziz est entré dans ma vie.

— *Cet homme, c'est ton premier mari ?*

— Oui, et notre rencontre a été assez extraordinaire. Vois-tu, j'étais dans la cuisine pour ramasser la vaisselle et la porte était restée ouverte. Puisque la cuisine donne sur la terrasse, un rayon de soleil s'était glissé jusqu'à moi. J'étais dans la lumière, quoi !! Et là, Abdelaziz arrive de l'extérieur et la suite est exactement comme dans les films. Je suis là devant la porte à discuter avec les filles et il rentre dans la cuisine pour ensuite tomber face à face avec moi. Un sourire béat est apparu sur nos deux visages et c'est comme si les autres n'existaient plus. Ils nous disaient : « Youhou, on est là !! » Mais à cet instant, il s'est passé un truc. Nous sommes vraiment tombés amoureux l'un de l'autre. La preuve, c'est que nous nous sommes mariés et nous avons eu Sabrina. Ce que j'ignorais, par contre, c'est que c'était un homme qui était en souffrance, parce que sa belle-mère était un monstre. Elle avait même fait dégager de chez eux leur vraie maman, mais je ne l'ai su que bien plus tard.

— *Si je comprends bien, Abdelaziz est un membre de la famille de ta belle-sœur* ?

— C'est son frère. C'est drôle, n'est-ce pas ? Je me suis mariée avec son frère, et elle s'est mariée avec le mien. En fait, elle avait une sœur et deux frères. Toute la famille était adorable, mais ils étaient tellement gentils que j'aurais dû comprendre qu'ils cachaient quelque chose. Malheureusement, ce n'est que plus tard que j'ai compris, quand leur père parlait avec ma mère. Elle lui disait : « Et si on les mariait ces deux-là, parce qu'apparemment ça colle entre eux. » Et le père d'Abdelaziz a riposté : « Pourquoi tu ne maries pas plutôt ta fille avec mon autre fils ?» Mais je lui ai dit que ce n'était pas lui que je voulais, c'était Abdelaziz. Son père a alors avoué à ma mère que son fils allait nous causer beaucoup de problèmes. Et c'est là que ma mère a révélé la vérité : « Tout ce que je veux, c'est que ma fille foute le camp de la maison !! » C'est pour ça qu'elle m'avait fait venir en Algérie. Elle voulait me marier pour que je quitte le foyer familial. Elle s'est donc entendue avec le père d'Abdelaziz pour que j'épouse son garçon et elle m'a laissée là-bas. D'ailleurs, le jour de son départ, ma mère m'a montré les papiers pour me faire comprendre qu'elle n'allait pas me les rendre. Toute ma famille est donc repartie en France et je suis restée en Algérie. La blessure d'abandon, je peux te dire qu'elle était à vif !! J'ai pleuré comme une Madeleine pendant des jours. Je n'arrivais même plus à penser à Abdelaziz. Tout ce que je faisais, c'était de me demander pourquoi tout le monde était reparti, sauf moi. J'avais l'impression d'être prisonnière, comme si on m'avait mis dans une cage. Mais puisque l'Univers ne nous laisse jamais tomber, la vie s'est arrangée pour que je puisse rentrer chez moi.

— Ça me rassure ! Et dis-moi, qu'est-ce que l'Univers a orchestré comme plan ?

— Eh bien, les mois passent, et le jour du mariage, il y a eu un problème. Vois-tu, en Algérie, il y a ce qu'on appelle la tradition du drap blanc. C'est une cérémonie où l'on montre le drap des jeunes mariés, et il est censé y avoir des traces de sang dessus. Pour les parents de la mariée, c'est une manière de démontrer que leur fille était vierge. Mais le problème, c'est que le jour du mariage, Abdelaziz n'a pas réussi à ouvrir la porte. D'ailleurs, au bout de deux semaines, il n'y était toujours pas parvenu. Ma mère a donc décidé de nous ramener, Abdelaziz et moi, dans la maison familiale en Algérie. Nul besoin de te dire qu'il était très embarrassé et avant notre départ, sa belle-mère m'a dit : « Arrête de jouer la comédie, on sait très bien que tu n'étais pas vierge. Lorsque des filles comme toi arrivent en Algérie, vous donnez vos fesses à tout le monde ! » J'ai trouvé ça très humiliant, je me rappelle même que chez eux, il y avait des petits trous dans les portes. Par contre, je ne m'en étais pas aperçue et j'ai su beaucoup plus tard que sa famille nous regardait par le trou pour voir comment on faisait... C'est vraiment dégoûtant. D'ailleurs, quand j'y repense, le mariage était nul. C'était une vraie catastrophe. Tout d'abord, on n'a pas voulu m'acheter de robe de mariée. Puisque ma belle-sœur venait de se marier avec mon frère, ma mère n'a pas voulu dépenser d'argent pour une nouvelle robe de mariée. Je portais donc la robe de ma belle-sœur. De plus, il y a eu une fête, mais les traditions n'ont pas vraiment été respectées. Par exemple, il y a une pratique qui consiste à faire un tatouage avec de la pâte de henné sur la main de la future mariée. Sauf que de mon côté, j'ai eu droit à l'ancienne méthode, c'est-à-dire qu'on a tapoté ma main en disant : « Ça y est, c'est bon, celle-là, elle va être mariée ! » Et le lendemain du mariage, les choses ne se sont pas améliorées. Vois-tu, dans la tradition, tu passes de la maison de tes parents à celle de ton nouveau mari. Et comme il y avait plus de 700 kilomètres de distance entre les deux résidences, un taxi est venu nous chercher. D'ordinaire, il y a un cortège de voitures décorées, mais elles ne l'étaient pas. À ce moment, je me souviens m'être dit que c'était un signe, mais il y en a eu bien d'autres. En effet, lorsque je suis montée dans le taxi, j'ai demandé au chauffeur pourquoi il ne voulait pas klaxonner. C'est une façon de dire : « Youhou, ils sont mariés ! » Mais il m'a répondu qu'il avait mal à la tête. Avec le recul, je me dis que l'Univers m'envoyait plein de signes pour me dire d'arrêter, sauf que je n'en avais pas conscience, à l'époque.

— *Rappelle-moi quel âge tu avais à ce moment-là ?*

— J'avais 18 ans. J'ai eu 18 ans en mai et je me suis mariée en décembre. Et donc, le temps passe et en janvier, Abdelaziz et moi, nous rentrons en France. Trois mois plus tard, je tombe enceinte et j'accouche en janvier 1990. Mais pour en revenir au mariage, lorsque je suis arrivée chez la belle-famille, j'ai été attristée de voir qu'il n'y avait pas d'invité. J'ai demandé à ma belle-mère pourquoi et elle m'a répondu qu'elle ne s'était pas cassée la tête. Je pourrais dire que je n'ai pas vraiment eu de mariage. En plus, j'ai été donnée gratuitement, alors que normalement, il y a une dot. Je me souviens également que dans la soirée, les gens m'ont dit : « Nacera, ce n'est pas la peine de rester dans ta robe de mariée, tu peux aller te mettre en pyjama, car personne ne viendra. » Ma mère a seulement pris quelques photos. Et pour en revenir à la nuit de noces, Abdelaziz et moi nous sommes dans notre chambre et on essaie de faire crac-crac. Comme je te l'ai dit, j'ai su par la suite que sa famille nous regardait. Il me semblait que j'entendais rire, mais je ne savais pas que c'était pour ça. Enfin, les jours passent et ce n'est toujours pas possible d'ouvrir la porte. Entre-temps, l'Univers veut me ramener sur la voie du paranormal.

— *Te ramener ? Tu veux dire qu'avant cela, tu avais vécu des expériences paranormales ?*

— Oui. Vois-tu, depuis que je suis toute petite, j'entends des voix, mais je n'en avais jamais parlé à personne.

— *Ah oui ? Et pourquoi ?*

—Eh bien, je ne savais pas que c'était perçu comme quelque chose de paranormal. Je n'en parlais pas parce que je me disais que tout le monde était comme moi, jusqu'au jour où je dis : « Maman, c'est agaçant, j'entends tout le temps des voix et quand je me retourne, il n'y a personne. » Et ma mère m'a dit : « Il ne faut pas répondre, ce sont des Djinns, des êtres qui vivent la nuit. » Je me souviens que j'ai eu peur et j'ai coupé en quelque sorte mes capacités. Mais à ce moment, l'Univers veut me ramener vers le paranormal et il se sert de ma mère comme intermédiaire. Puisqu'elle voit que Abdelaziz n'arrive pas à me dépuceler, elle décide de m'amener voir un Thaleb. C'est l'équivalent en France d'un énergéticien ou d'un guérisseur. Mais avant de te parler du Thaleb, tu dois savoir qu'entre-temps, ma mère m'avait ramenée à la maison familiale. J'habitais donc avec mon frère.

— *Celui que tu as porté plainte contre lui ?*

— Oui, mais j'ai oublié de te dire qu'une fois passé devant le tribunal, il est revenu vers moi en pleurant et m'a dit : « Je ne réalisais pas que c'était mal ce que je faisais. » Et c'est vrai qu'il ne m'a plus jamais touchée. D'ailleurs, en Algérie il aurait pu se venger, car j'habitais désormais chez lui. Il aurait pu me choper dans un coin pour me dire : « Ouais, tu m'as balancé ! » Mais il n'en a plus jamais reparlé et il s'est excusé. Par contre, ma mère ne savait pas qu'il allait être sympa avec moi. Il aurait pu me casser la figure et me dire qu'il avait été en prison à cause de moi.

Bref, avant de te parler de ce qui s'est produit avec le Thaleb, je dois te raconter une anecdote concernant ma belle-sœur et ma mère. Vois-tu, ma belle-sœur était en colère contre ma mère, mais comme elles parlaient arabe, je ne comprenais pas tout. J'avais commencé à apprendre des mots, mais je me disais qu'elles s'engueulaient et que ça ne me regardait pas. Donc, ma belle-sœur s'est engueulée avec ma mère pendant qu'elle était en train de faire cuire des galettes. Elle était tellement en colère qu'elle ne s'est pas suffisamment concentrée et elle s'est brûlée le poignet. Ça a fait deux brûlures, deux lignes l'une à côté de l'autre. À ce moment, ma mère lui dit : « Je vais envoyer Nacera chez un Thaleb pour savoir pourquoi Aldelaziz n'arrive pas à ouvrir la porte. » Et donc, ma belle-sœur ainsi que deux autres femmes viennent avec moi voir le monsieur en question. Entre-temps, ma mère m'avait donné une bouteille de parfum et elle me l'avait mise dans une poche intérieure d'un gros blouson en me disant : « Tu vas là-bas et tu ne lui dis rien du tout. Tu laisses le monsieur parler et quand il aura fini, tu lui donnes le parfum. »

Lorsque nous sommes arrivées chez le Thaleb, ma belle-sœur

est passée en premier et il lui a dit : « Ta belle-mère, elle fait tout pour toi. Elle va même jusqu'à priver ses propres filles pour te faire plaisir. » Et c'était tout à fait vrai. Ma mère a toujours été folle de mon grand frère, mais le pire, c'est qu'après, elle était folle de ma belle-sœur. C'est un truc de dingue. Des bijoux, des robes, tout ce que ma belle-sœur demandait, elle l'avait. Bref, le Thaleb a confirmé ce dont j'avais été témoin. Ensuite, c'est au tour d'une des deux femmes qui nous avaient accompagnées. Le Thaleb lui dit d'un air dégoûté : « Allez va ! Va continuer de draguer ! » À nouveau, il a visé droit dans le mille, car elle avait effectivement l'habitude de draguer. Vient ensuite le tour de l'autre femme. Il lui dit : « Ma sœur ne t'inquiète pas, Dieu va te donner ce que tu demandes, et même deux fois. » Cette femme, elle voulait avoir des enfants et effectivement, dans les années qui ont suivi, elle a eu deux enfants.

Finalement, c'est à mon tour. C'est très étrange, car même si je ne me rappelle pas de grand-chose, dans ma mémoire, il avait une attitude très différente avec moi, comme s'il y avait une espèce de connexion entre nous. Il me dit : « Ouf, c'est compliqué pour toi. Déjà, tu as traversé la mer pour venir ici. » Et c'était vrai, j'avais traversé la Méditerranée pour aller de la France à l'Algérie. Il ajoute : « Ouf, tu déranges du monde. Il y a de la jalousie. Par contre, je ne serai pas capable de t'aider. Je ne pourrai pas. Mais dans les jours qui viennent, il y a une personne qui va venir et qui va te conduire vers quelqu'un qui va t'aider. » C'est comme si l'Univers était déjà en train de tout planifier. Et il poursuit en me tapotant gentiment le dos : « Ma sœur, va ! Va vers ta route, va vers ton chemin. » Rien que d'y penser, ça me fait tout bizarre de voir toute la bienveillance et la gentillesse dont il faisait preuve à mon égard. Après m'avoir dit ces mots, il s'exclame

: « Ben, allez, vas-y, donne-la-moi ! » Je tourne un regard ahuri vers lui et lui demande de quoi il parle. Il réplique : « Ta mère t'a donné un parfum, alors donne-moi ma bouteille ! » Toujours aussi ahurie, j'ouvre mon blouson et je la lui tends. Je rentre ensuite à la maison en me demandant comment un homme qui ne me connaît pas peut savoir ce qui se passe sous mon toit. Ma mère, par contre, ne se faisait pas ce genre de réflexion. Tout ce qu'elle voulait, c'était l'information, alors dès que je pose un pied à la maison, elle m'interroge. Je lui transmets donc la réponse du Thaleb : « Il y a quelqu'un qui va venir à la maison et qui est relié à quelqu'un d'autre. C'est cette seconde personne qui va m'aider. »

Dans les jours qui ont suivi, le pauvre Abdelaziz essayait tous les soirs d'ouvrir la porte. Ma mère était au courant et fidèle à elle-même, elle a fini par s'exclamer : « S'il le faut, j'amène ma fille à l'hôpital. Les médecins n'auront qu'à ouvrir la porte avec un bistouri. » Cela a offusqué Abdelaziz et il a riposté : « Si tu fais ça avec l'hôpital, elle se marie avec l'hôpital. » Mais ma mère a été cruelle jusqu'au bout : « Si tu ne veux pas que l'hôpital s'en charge, on n'a qu'à prendre une bougie pour ouvrir la porte. » Heureusement que Abdelaziz m'aimait. Il a tenu son bout et il a dit à ma mère que c'était à lui de le faire : « Je suis son mari, c'est à moi de réussir à faire ce qu'il y a à faire. » Et de là, comme la belle-mère était revenue et qu'elle ne croyait pas à ma virginité, elle a dit à ma belle-sœur de me demander de ramener un certificat de virginité. J'ai donc été voir une gynécologue et c'était très désagréable.

— Ça me fait penser à cette autre gynécologue que tu as été voir lorsque tu as porté plainte contre ton frère.

— En effet, et ça m'amène à te dire que toutes les expériences que j'ai vécues furent traumatisantes. Avec ce que mon frère m'a fait subir, j'avais du mal à écarter les jambes et cela a eu de fortes répercussions sur ma vie intime. C'est comme si tout ce qui tournait autour du sexe était désagréable. Pour moi, il n'y avait rien de beau ni de magique. J'avais du mal à me voir dans une relation romantique et même si j'aimais Abdelaziz, le moment du coucher était devenu lourd, rébarbatif, angoissant. Je me demandais : « Comment ça va être encore ? » Je n'en pouvais plus, je voulais que ça se termine. Et là, une tata arrive un matin en pleurant : « Zakia, Zakia, s'il te plait, aide-moi ! » Comme ma mère avait une voiture, ma tante lui a demandé si elle pouvait l'amener voir un Thaleb, qui était à 500 kilomètres de la maison. Ma mère accepte et en chemin, ma pauvre tante lui explique que son fils est super beau, mais qu'on lui a jeté un sort pour qu'il devienne comme un attardé. Vois-tu, il est tellement beau qu'il y a plein de femmes qui sont amoureuses de lui, et comme elles ne veulent pas qu'il épouse quelqu'un d'autre, elles lui ont envoyé des sortilèges. Du coup, il est tout le temps en train de se balancer et il bave sur lui, alors personne ne veut se marier avec lui…

Bref, on arrive chez le Thaleb et la tata passe en premier. C'est ensuite notre tour, à Abdelaziz et moi. On était venu tous les deux. Dans mes souvenirs, il y avait une grande bassine remplie d'eau et le monsieur me demande de prendre une gorgée, puis de recracher. Je dois répéter l'opération trois fois. Je m'exécute et ensuite, il prend un couvercle et il recouvre la bassine. De là, il me demande de poser la main dessus, et il pose sa main sur la mienne. Puis, il commence à lire le coran, mais il ne se passe rien. Il demande donc à Abdelaziz de faire le même processus que moi. Il ouvre la bassine et je vois qu'il n'y a rien dedans. Lorsqu'Abdelaziz a

terminé, il replace le couvercle et nous demande de placer nos mains dessus. Il pose ensuite sa main sur les nôtres et il relie le coran, sauf que là, il commence à rentrer dans une transe. Il lit le coran et il accélère. Au bout d'un moment, il enlève le couvercle et il pêche quelque chose dans l'eau. Il y avait mes cheveux. De longs cheveux qui s'étaient enroulés autour d'allumettes. Tu dois savoir qu'Abdelaziz fumait et mes cheveux s'étaient enroulés autour des allumettes qu'ils utilisaient pour allumer ses cigarettes. Il y avait également les semelles des chaussures qu'il s'était procurées pour notre mariage. Le problème, c'est que ce matin-là, il les avait cherchées partout, mais il ne les avait pas trouvées. Et là, le Thaleb sort les semelles de ses chaussures de la bassine. Ça veut dire que quelqu'un avait créé un sortilège autour de nos énergies, à travers des objets qu'on avait touchés. D'ailleurs, lorsqu'on est revenu à la maison, Abdelaziz a finalement retrouvé ses chaussures, mais sans les semelles.
Enfin, tout ça pour te dire que nous étions bouleversés. Quand le Thaleb nous a enlevé le sortilège, on s'est mis à pleurer tous les deux en même temps. On se sentait lourd, comme si on s'était transformé en plomb. On n'arrivait plus à se tenir debout et on est tombé par terre. On pleurait et on avait du mal à se relever. Mais tout ce que ma mère a trouvé à faire, c'est de nous engueuler : « Non, mais, qu'est-ce que vous avez à pleurer ? » Pour sa part, elle ne réalisait pas que le monsieur venait de nous libérer. Et donc, ce dernier nous demande si nous voulions connaître l'identité de la personne qui nous avait jeté ce sort : « Si vous le désirez, je peux faire apparaître sa photo dans l'eau. » Ma mère a cependant refusé : « Il vaut mieux que je ne le sache pas, sinon, je la tue de mes propres mains. » Sur ces mots, nous sommes rentrés chez nous et j'ai presque tout de suite eu mes règles. Ma mère a compris qu'on me voulait du mal et elle m'a dit qu'elle allait

me ramener en France. Quelque temps plus tard, je reviens donc chez moi avec Abdelaziz.

— *Oh, j'ai l'impression que plusieurs aventures vous attendent, est-ce que je me trompe ?*

— Il y a effectivement beaucoup d'histoires que j'aimerais te raconter à notre sujet, mais je les conserve pour notre prochaine rencontre. Ça fait déjà beaucoup ! (On s'esclaffe)

— *Ton parcours est assez riche et pourtant, nous n'en sommes qu'à tes premières années de vie.*

— Oui, et je sais que j'ai oublié tout un tas de détails, car je n'arrive pas à me souvenir de tout.

***

ENSEIGNEMENTS

Dès son plus jeune âge, on peut voir que Nacera rencontre plusieurs difficultés de taille : des complications à la naissance, du rejet de la part de ses camarades de classe, de la solitude, un père qui lui demande pourquoi elle n'est pas comme les autres, des attouchements de la part d'un de ses frères… Mais à mes yeux, le plus grand défi, c'est sa mère, et comme j'aime observer les choses d'un point de vue élargi – et non simplement selon un regard 3D –, la question qui me vient est la suivante : « Pourquoi avoir choisi une maman qui nous maltraite, qui fait de nous l'esclave de la maison, qui nous ment et nous manipule, et qui nous abandonne en Algérie ? » Il me semble que ça aurait été beaucoup plus facile pour Nacera si sa mère avait été aimante et bienveillante, non ? Pour ma part, il ne fait aucun doute que sa vie aurait été plus douce, si elle s'était sentie protégée, aimée et chérie.

Dans ce cas, pourquoi son âme et son Soi Divin ont-ils jugé bon lui envoyer cette épreuve ? Pourquoi était-ce nécessaire qu'elle s'incarne dans cette famille et qu'elle expérimente l'abandon, l'humiliation et la trahison ? Je trouve que Nacera est la mieux placée pour nous donner la réponse et je l'ai relevée au travers de deux passages. Le premier, c'est lorsqu'elle est allée voir cette médium qui lui a transmis un message : « Ton père est fier de toi. Il s'excuse de t'avoir demandé pourquoi tu n'étais pas comme tes frères, car maintenant, il réalise pourquoi tu n'es pas comme eux. Tu es un être qui a atterri dans une famille musulmane pour ouvrir les consciences. » Voilà pourquoi elle s'est incarnée dans un environnement difficile. C'est pour permettre à sa lumière intérieure d'impacter positivement son entourage, et ainsi, participer à l'élévation des consciences sur Terre.

Le second passage que j'ai ciblé vient expliquer pourquoi elle a choisi Zakia comme maman : « Tout ce que j'ai vécu de difficile dans ma vie, c'est ma mère qui en est à l'origine. Un premier mariage arrangé, un second mariage forcé, c'est elle

qui a tout planifié. Elle avait ce masculin sacré, c'était une battante, elle avait un caractère trempé... Bref, c'est elle qui portait le pantalon à la maison. »
Si nous nous arrêtons uniquement à la première partie du passage, on pourrait croire que Nacera est une victime. Mais comment aurait-elle pu développer son propre masculin sacré, si sa mère avait été douce et accueillante ? C'est justement parce que Zakia avait ce feu intérieur que Nacera a fini par se rappeler que ce même feu l'habitait. D'ailleurs, cette force incroyable qui l'anime est ce qui lui permettra, tout au long de sa vie, d'affronter les épreuves qui ne cesseront de se présenter à elle. Car j'aime mieux vous prévenir tout de suite. Des obstacles, il va y en avoir, mais vous verrez qu'elle les surmontera tous, sans la moindre exception. Et si elle y parvient toujours, c'est parce qu'elle est une des plus grandes guerrières de Lumière que j'ai eu la chance de rencontrer dans mon incarnation.

PARTIE II

(Nacera et moi papotons un peu avant d'entamer la seconde partie du livre et l'échange que nous avons fait remonter des souvenirs douloureux dans sa mémoire. Elle est très émotive lorsque nous commençons l'enregistrement. Elle m'informe qu'elle désire parler de sa copine Rita. Elle a les larmes aux yeux.)

— Rita, c'était ma meilleure amie d'enfance. Notre relation a débuté quand j'étais au collège et c'était vraiment très fort ce qu'il y avait entre nous. C'était ma petite sœur de cœur. Je me souviens comment je l'ai connue. Je sortais de l'immeuble où j'habitais et je l'ai vue passer devant la maison. Elle portait une petite jupe à carreaux et des chaussettes blanches, qui étaient montées jusqu'à la naissance de ses genoux. Je crois qu'elle rentrait de l'école avec son petit frère David. Dès que je l'ai vue, il y a eu un truc, comme si c'était un coup de foudre amical. Je me suis dit : « Oh, elle est trop mignonne cette petite fille avec son petit frère. » Mais je n'arrive plus à me rappeler comment nous sommes devenues amies... Il me semble qu'après, c'était le collège et j'ai compris qu'elle habitait juste devant chez moi, dans les immeubles d'en face. Mais je ne la voyais pas dans le quartier au début. Elle a dû déménager…

Enfin, une fois que je l'ai connue, j'ai commencé à aller chez elle et elle venait également chez moi. Quand j'étais chez elle, il y avait son grand frère, Arnaud, et je le trouvais vraiment très beau. Il avait une peau métissée, puisque sa famille et lui sont Malgaches. Lorsque j'allais chez Rita, j'espérais tomber sur lui, même si c'est elle que j'adorais. Mais au fond de moi, je savais bien qu'il n'y aurait jamais d'histoire d'amour entre nous. Disons-le franchement, le grand frère n'en avait rien à faire de moi ! J'étais simplement une petite morveuse qui rentrait de l'école avec sa sœur. Pour sa part, il vivait sa vie, je crois même qu'il avait une amoureuse. Enfin, c'est un peu comme lorsque tu regardes un film et que le héros, tu le trouves magnifique, mais en même temps, tu sais qu'il n'y aura jamais de relation, jamais de contact, rien. C'est la meilleure comparaison que je puisse te donner. De toute façon, j'étais dans l'islam et je savais très bien que je ne pourrais jamais me mettre en couple avec un Français. Je savais que ma mère me marierait un jour avec un Arabe.

Pour en revenir à Rita, j'avais toujours hâte d'être avec elle. C'était ma confidente, ma meilleure amie. À ses yeux, c'est comme si j'étais parfaite, je n'avais aucun défaut, et c'était la même chose de mon côté. Elle était tout simplement parfaite, je la trouvais drôle, intéressante, j'adorais aller chez elle parce que c'était calme. Son petit frère David n'était pas souvent à la maison et Arnaud n'était pratiquement jamais là, car il était à l'armée. Sa maman travaillait, elle était infirmière, je crois, et lorsque Rita rentrait à la maison, elle était souvent seule. Pour ma part, quand je rentrais chez moi, il y avait sept frères et sœurs, ainsi que mes parents. Et il y avait ma mère qui me disait : « Dépêche-toi, mets ton pyjama et viens m'aider à la cuisine ! » Mais dès qu'elle n'était pas à la maison, j'allais en cachette chez Rita. Cette fille, elle était rigolote, mais elle était calme à la fois. J'adorais sa présence. Et donc les années passent et nous étions inséparables. Au collège, on était toujours ensemble et je l'appelais ma petite sœur de cœur. De son côté, elle disait que j'étais sa grande sœur.

Je me souviens d'une fois, elle était partie en voyage scolaire avec l'école et à son retour, elle était épuisée. Mais dès qu'elle est rentrée chez elle, elle a voulu me voir. C'était important pour elle : « Vite, vite, je veux retrouver Nacera ! » Mais ce soir-là, elle était tellement fatiguée qu'elle est tombée par terre. Elle s'est endormie. Ce qu'on appelle un coup de barre. Elle s'est endormie littéralement, parce qu'elle était épuisée. J'ai donc dû téléphoner à sa maman pour qu'elle vienne la chercher. Et sa maman m'a dit : « Je suis désolée, il fallait absolument qu'elle te voie aujourd'hui. » Je trouvais ça beau de savoir que quelqu'un m'aimait, parce qu'à part ma grand-mère, je n'avais que Rita qui m'aimait. À cette époque, ma mère me battait encore et j'étais toujours l'esclave de la maison.

— J'en suis vraiment navrée, mais si tu me permets, j'aimerais revenir sur Arnaud, le grand frère. Tu as piqué ma curiosité ! Est-ce qu'il s'est finalement passé quelque chose entre vous ?

— Eh bien, un jour, je m'étais faite toute mignonne pour aller en ville avec Rita. J'étais très heureuse que ce soit son frère Arnaud qui nous y emmène. Les propriétaires de la boutique – ceux qui m'appelaient leur fille adoptive – m'avaient offert une belle petite jupe en daim. Elle m'arrivait au-dessus des genoux et elle dessinait bien ma petite silhouette. Je l'avais donc enfilée, car j'aimais bien m'habiller à l'époque. Il faut dire que je travaillais dans le prêt-à-porter. Et donc, je m'étais faite belle pour aller en ville et je me rappelle que quand j'étais avec Arnaud, j'étais tout intimidée, je ne parlais pas. De toute façon, je n'ai jamais su parler aux hommes. Je ne sais pas de quoi on parle avec un monsieur, je ne sais même pas ce qu'il faut dire et ne pas dire. Pour cette raison, je crois que je n'ai jamais eu de conversation avec Arnaud. J'en suis pratiquement sûre. Et ce jour-là, j'étais assise à l'arrière de la voiture et lorsque nous sommes arrivés en ville, il a fait basculer le siège conducteur pour que je puisse passer. Il a dit : « Bon, eh bien, les filles, je vous laisse. » Et au moment où j'allais descendre, il m'a dit : « Allumeuse !! » Je me suis longuement demandé pourquoi il m'avait dit ça. À mes yeux, c'est méchant de dire ça à quelqu'un. Et puis, je n'ai même pas essayé de le séduire. Je me suis dit à moi-même : « C'est vrai que je veux être belle, mais en même temps, je suis dans le prêt-à-porter. Par contre, je ne pense pas avoir fait quelque chose de mal… » Pour moi, le terme allumeuse, ça représente une forme de vulgarité. Et si j'avais été vulgaire, j'aurais écarté les jambes dans ma petite jupe, mais je n'ai rien fait de ça. C'est pourquoi lorsqu'il m'a dit ça, ça m'a choquée, même si je ne pense pas qu'il a voulu être méchant. Mais sur le coup, ça m'a tellement choquée que j'étais uniquement dans mon mental à me dire : « Mais pourquoi m'a-t-il dit ça ?! » Je crois même que c'est la dernière fois que je l'ai vu, parce qu'après, c'était l'armée. Je crois qu'il était parachutiste, mais je ne suis pas sûre à 100%. C'est pour te dire à quel point je ne savais rien sur lui. J'étais juste amoureuse d'une image.

Et donc le temps passe et je commence à conscientiser que j'ai un corps… C'est vrai que j'ai une poitrine qui s'est développée très tôt. Elle était assez importante et à l'école, les gars m'appelaient Samantha Fox. Je pourrais dire qu'à partir du moment où mon corps s'est formé, j'ai commencé à être un peu plus regardée par les garçons. D'ailleurs, je me rappelle que les garçons qui étaient racistes ne s'en prenaient pas à moi. Ils me disaient : « Tu as de la chance d'être belle, sinon je t'aurais fait du mal. » Mais moi, quand je regardais mon visage dans le miroir, je voyais toujours un singe…

— Un singe ?! Comment ça ?

— Eh bien, ma mère m'appelait Cheetah, le chimpanzé de Tarzan. J'étais concentrée sur ma pilosité, je me voyais brune, du coup, je ne voyais que ça. Et donc, quand les gens me disaient que j'étais belle, je ne comprenais pas, mais paradoxalement, j'en jouais. Je commençais à mettre des talons de dix centimètres, je portais des vêtements qui mettaient mon corps et ma poitrine en valeur. D'ailleurs, ma mère adorait ça… C'est drôle, car quand j'étais enfant, je l'agaçais et c'était mon père qui me défendait, mais du moment où j'ai commencé à avoir cette morphologie très féminine, je suis devenue sa petite poupée qu'elle emmenait de mariage en mariage. J'étais son passeport pour sortir, sinon mon père le lui interdisait. J'avais une belle poitrine, une taille de guêpe et au niveau du fessier, je faisais 34. Mais ça, c'était avant ! (Rire) J'avais une belle cambrure et je jouais avec tout ça, mais sans m'en rendre compte. Je voyais les regards des garçons posés sur moi, j'en jouais, mais par contre, si un garçon s'approchait de moi, j'étais terrorisée.

J'ai d'ailleurs un souvenir à ce sujet. J'étais en train de m'occuper de la vitrine dans la boutique de cuir et de daim, et à un moment donné, je me suis abaissée pour ramasser quelque chose. Comme j'avais un décolleté, eh bien, il y a un jeune homme qui me regardait dans la vitrine et qui a vu mon décolleté. Et en plus, il était très beau. Il m'a jeté un regard séducteur et ça m'a fait un truc dans le ventre. Tu sais, un peu comme dans les montagnes russes. Quand tu descends dans le vide, ça te prend dans le ventre. Je n'avais jamais connu ça avant. Je n'avais connu que l'inceste et les attouchements, mais à ce moment, c'est comme si je commençais à fonctionner différemment en réalisant que je peux jouer à séduire, mais je le fais de façon très maladroite.

Enfin, tout cela pour dire que dans cette période-là, les jeunes qui m'avaient connue à l'école ne me reconnaissaient plus, car je m'étais complètement métamorphosée. Et donc, il me sifflait et j'étais contente. Dès que je sortais de chez moi, je me sentais belle, mais quand je rentrais à la maison, j'étais avec ma mère et j'avais l'impression d'être redevenue ce singe. Cet être tout moche, comme si j'étais un petit lutin dans un coin. Bref, je me voyais comme de la merde, mais pour Rita, j'étais tout le temps la meilleure. Et quand ma mère m'amenait avec elle dans certains endroits, elle emmenait parfois Rita avec moi, parce qu'elle avait compris que c'était très fort entre nous. Elle ne m'a jamais embêtée avec ça. On n'invitait pas d'amis à la maison, mais Rita avait le droit de venir autant qu'elle le voulait. Je me rappelle, je me vois lui faire des spaghettis en plein après-midi pour le goûter et elle m'a dit : « Ohhh, ils sont trop bons tes spaghettis ! » Tu vois, j'ai des souvenirs comme ça. Et donc, durant cette période-là, c'était Rita, Rita, j'étais obnubilée par elle. Ce n'était que Rita qui m'apportait de la joie, de la paix, qui me faisait évader de ma prison, parce que dès que ma mère sortait, j'allais la rejoindre. À cette époque, mon père travaillait en déplacement et ma mère était très souvent à l'extérieur, parce qu'elle avait son permis. D'ailleurs, c'était la seule Maghrébine qui avait son permis et elle a donné l'idée à d'autres Maghrébines. Elle était très indépendante et c'est là que je réalise que ma mère avait une force finalement, que j'ai dû récupérer dans mes gênes. Et ma grand-mère aussi avait cette force intérieure. Elle s'est débrouillée seule pendant des années, car mon grand-père est parti du pays et il l'a abandonnée avec ses enfants. Elle devait donc gérer sa vie toute seule et s'occuper de l'éducation des enfants. Je pense donc que dans notre lignée, les femmes sont très fortes et je le vois avec mes filles maintenant. Elles se débrouillent seules. Sabrina n'est toujours pas en couple et Halima non plus. Ce n'est pas qu'elles ne veulent pas, c'est qu'elles gèrent leur vie d'une main de maître. C'est maintenant, avec tout ce recul, que je conscientise tout ça.

Pour en revenir à Rita, dès que ma mère n'était pas là, j'allais m'évader chez elle. Je me rappelle que dès fois, je partais la nuit, mais je n'arrive pas à me souvenir comment je pouvais le faire. Mais j'ai pu aller en discothèque deux ou trois fois. Par contre, j'avais un peu de mal avec l'énergie là-bas. Les gens qui se touchent, les mecs qui viennent te chasser, j'avais un peu de mal. Mais ça allait, j'arrivais à rester un peu en retrait et je faisais des rencontres. Je me rappelle que j'ai rencontré le premier homosexuel, qui avait fait un travail sur son corps. Il s'était fait faire une poitrine. D'ailleurs, je ne sais pas ce qu'il (elle) est devenu(e). Il était connu dans Reims, parce que c'était dans les premiers à avoir fait de la chirurgie esthétique pour changer son corps. Et je me rappelle qu'au début, je le trouvais mignon avec ses longs cheveux noirs, et c'est là que j'ai appris qu'il allait se transformer en fille. À cette époque, je voulais essayer de sortir avec un garçon, mais Rita m'a dit de laisser tomber celui-là. D'ailleurs, ce soir-là, je crois que c'était Arnaud qui nous avait amenées. C'était une discothèque où il y avait deux niveaux et il n'était pas au même niveau que nous. Il vivait sa vie, et nous, les deux gamines, on vivait la nôtre.

Et donc, on évolue avec Rita : les sorties, les rencontres avec des garçons dans les parcs... J'ai encore des photos de tout ce que j'ai vécu avec elle, car ce sont de merveilleux moments quand je suis avec elle. Elle m'a permis de m'extraire temporairement de la souffrance, parce que je détestais rentrer chez moi. J'étais une esclave, mais avec elle, j'étais une jeune fille qui pouvait vivre la vie d'une ado. Une jeune femme qui avait juste à plaire aux garçons. Dans mes souvenirs, chaque fois que je sortais avec un garçon, je me vois lui donner la main. Il arrivait que je sorte avec des copains du collège, et dès qu'ils voulaient m'embrasser et que leur bouche s'approchait de moi, je me sauvais !! (Éclat de rire) Et après, je demandais aux copines : « Mais comment faut-il faire pour embrasser ? Comment ça se passe, parce qu'à la télévision, on ne voit rien ? » Vois-tu, quand on allait en Algérie et qu'on regardait des films comme Dallas, les parties où il y avait des bisous étaient coupées. Et donc, je demandais à mes copines comment elles faisaient. Je leur disais : « J'ai l'impression que dans la bouche, il y a des mélanges de langue. Qu'est-ce qu'il se passe ? » Et on me répondait : « Nacera, tu dois ouvrir ta bouche, tu mets ta langue dans la bouche du garçon et tu fais tourner ta langue dans le sens des aiguilles d'une montre !! » (Éclat de rire) Et dans ma tête, je me disais : « Ohh, ça a l'air compliqué… Mais pourquoi ce n'est pas naturel ? » Je jouais donc le jeu de la séduction, mais je me sauvais lorsque ça devenait plus sérieux. Lorsqu'un garçon voulait sortir avec moi, j'acceptais, mais dès qu'on arrivait au moment du baiser, j'étais dans la peur, dans la panique et du coup, je me sauvais ! Je laissais littéralement le mec en plan ! (On rigole à nouveau)

— *Tu pourrais me raconter une anecdote à ce sujet ?*

— J'allais justement te parler de Philippe. C'était le grand frère d'un de mes camarades de classe. Il était très très grand, pas loin des deux mètres, et moi je mesure 1m47. Lorsqu'on s'est rencontré, il m'a immédiatement adorée et moi aussi. Il m'invitait chez sa famille qui m'avait bien acceptée, j'ai même mangé avec eux un midi. Quand j'étais avec Philippe, ce que j'aimais, c'était qu'il était très tactile et j'aimais sentir ses mains se poser sur moi. Je me rappelle, ça me donnait des frissons dans le corps. Je me souviens de ces sensations-là. Je me disais : « C'est beau, c'est agréable », mais par contre, on ne s'embrassait pas. C'était juste le contact et de toute façon, ce n'était pas un jeune homme qui allait profiter de moi. Il n'avait pas les mains baladeuses, il était très respectueux. Il voulait me toucher, mais c'était uniquement des caresses. Il a été très très respectueux de ne pas aller plus loin et j'ai adoré ça. Mais un jour, il a voulu qu'on s'embrasse. Il a voulu qu'on franchisse un palier, et là, je me suis sauvée encore une fois, alors que je l'aimais vraiment beaucoup. Et ce qui m'embête, c'est qu'il a pleuré, alors que mon but n'était pas de lui faire de la peine. Mais bon, je ne l'ai plus jamais revu et je crois même qu'après, sa famille et lui ont déménagé.

Je me souviens également que j'ai eu une autre meilleure amie d'enfance, avant Rita. Elle s'appelait Sylvie. Comme elle habitait mon immeuble – moi j'étais au 2e étage et elle était au 4e–, on faisait des allers-retours. Parfois, elle descendait me voir, mais elle ne rentrait pas chez moi. Et parfois c'est moi qui montais pour aller la voir, mais je ne me rappelle pas si je rentrais chez elle. Si je rentrais, ça devait être du genre : « Rentre, le temps que ma fille se prépare, et après, tu sors de chez moi. » Et donc, il me semble qu'avec Sylvie, je passais du bon temps, avant que j'aie la poitrine et tout ça. Je me rappelle vaguement qu'on jouait ensemble devant l'immeuble, mais c'est tellement loin dans ma mémoire… Par contre, j'étais souvent avec elle, mais quand on était à l'école, elle me laissait. Elle était plus avec les autres. Mais dès qu'elle rentrait à la maison, elle venait me voir et nous restions assises dans les escaliers à papoter. Un peu plus tard, elle est partie en colonie de vacances et c'est là qu'elle a eu sa première relation sexuelle. Elle m'a expliqué un peu les garçons et tout ça. Mais j'étais toujours là à essayer de comprendre : « Un homme, une femme, un garçon, une fille, la sexualité, quand on est consentant...» C'était tout embrouillé dans ma tête, et j'avais uniquement des informations d'une enfant qui était en CM2. Je n'arrêtais pas de me demander pourquoi certains hommes me touchaient lorsque j'étais seule avec eux, pourquoi ils étaient affectueux avec moi ? J'essayais d'analyser et de comprendre et tout doucement, j'en ai déduit que les hommes voyaient les femmes comme des objets sexuels. Je pense que c'est pour ça qu'après, j'ai commencé à jouer le jeu de la séduction, sans réellement savoir à quoi je jouais. Par chance, je n'ai jamais eu de problème. En fait, avec le recul, je crois qu'à partir du jour où j'ai porté plainte contre mon frère, c'est comme si je m'étais positionnée, comme si j'avais dit : « Stop, je ne veux plus. » Et ça a arrêté. Enfin, je vais te le dire maintenant, car j'ai peur de ne pas m'en souvenir. Ça s'est reproduit à deux reprises, et c'est quand j'ai demandé le divorce d'avec le père de Sabrina.

— *Abdelaziz ?*

— Oui. J'ai été voir un avocat et je lui ai dit : « Je vous en supplie, vous devez trouver une solution pour que le divorce se fasse très vite. » Vois-tu, à ce moment, Abdelaziz voulait me tuer. J'ai donc dit à l'avocat : « Je vous en supplie, libérez-moi vite de cet homme pour que je puisse enfin pouvoir vivre ma vie. Je vous en supplie, je vous donnerai tout ce que vous voulez. » J'étais tellement dans la détresse, car Abdelaziz essayait de me tuer au quotidien. Mais quand j'ai dit ça à l'avocat, il s'est levé, il a fait le tour de son bureau et il est venu vers moi. Comme j'étais en train de pleurer, j'étais vulnérable et il en a profité. Il m'a pris dans ses bras et il m'a dit : « Est-ce que je peux vous embrasser ? » Je précise que c'était un très beau monsieur, mais je n'avais pas la tête à me dire : « Ah, il est trop mignon !! » Pas du tout, j'étais dans cette envie de divorcer, de me libérer d'Abdelaziz qui voulait me tuer. « J'espère que si je divorce, on va le rapatrier en Algérie pour qu'il ne me fasse plus de mal. » J'ai donc dit à l'avocat de me lâcher et je suis partie. Par la suite, j'ai dû me trouver un autre avocat, mais là, j'ai choisi une femme !

— *Je comprends tout à fait pourquoi ! Et maintenant, pourrais-tu me parler de la seconde fois où ça s'est reproduit ?*

— La seconde fois où ça s'est reproduit, c'est quand j'étais sortie de l'école et que je devais faire des formations. Il y avait un monsieur qui devait s'occuper de moi, mais je n'arrive pas à me rappeler pourquoi je devais le voir tous les jeudis. Je prenais le bus pour aller le voir.

(Elle prend une pause pour réfléchir)

Je pense que c'est Pôle emploi qui m'a envoyée voir ce monsieur. C'est comme s'il devait faire mon suivi, mais je n'arrive pas à me souvenir pourquoi. Et à un moment donné, lors d'une rencontre, il m'a demandé d'aller m'asseoir sur ses genoux. Comme tu t'en doutes, ça m'a surprise et je lui ai demandé pourquoi. Il m'a dit : « Tu as quelque chose, je ne peux pas vraiment l'expliquer, mais tu as quelque chose qu'on ne voit pas chez les autres et on a envie de te prendre dans nos bras. » Je n'ai même pas cherché à comprendre pourquoi ce monsieur voulait me prendre dans ses bras. Je suis simplement partie en me disant que ce n'était pas normal et je ne suis plus jamais revenue. Avec le recul, je pense qu'à ce moment, j'ai compris que je pouvais dire non, et je n'ai plus jamais reproduit cette expérience. Plus personne ne m'a touchée contre ma volonté, sauf à deux reprises.

La première, c'est avec mon premier mari, le papa de Sabrina. Au moment où je lui ai annoncé que je voulais divorcer, il m'a prise de force et c'est là que je suis tombée enceinte de ma fille. Il avait bu, il était ivre, et il m'a imposé la relation qui a donné naissance à la merveilleuse Sabrina qui est un vrai cadeau. Et la deuxième fois où l'on m'a touchée contre mon gré, c'est avec mon deuxième mari. Vois-tu, les fois où l'on faisait la fête ensemble dans la chambre à coucher, il m'arrivait de lui dire non. Mais une fois, il a joué à celui qui attrape la femme de force par les poignets. Mais comme je n'étais pas amoureuse de lui, j'ai vécu cela comme une obligation et j'ai crié : « Lâche-moi tout de suite !! » Et il a riposté : « Mais là, qu'est-ce que tu as ? On est marié ! On a bien le droit de s'amuser. » Mais j'ai tenu mon bout et je lui ai dit qu'il me faisait revivre des souvenirs.

— *Concernant ton frère ?*

— C'est ça, et il a voulu savoir quels étaient ces souvenirs, mais je n'ai pas voulu le lui dire. Il a tout de même été chercher les informations et il a su pour mon frère. Quand il l'a appris, il a dit que j'étais une salope. Mon premier mari m'avait d'ailleurs dit la même chose lorsqu'il avait appris pour les attouchements. En plus, Abdelaziz a bien vu que j'étais encore vierge. Mais bon, tout ça pour dire qu'à partir du moment où j'ai porté plainte contre mon frère, dès que l'expérience se représentait à moi, je disais non. Je me positionnais et fermement.

— *Je suis heureuse pour toi, car c'est un apprentissage important sur notre chemin. Et maintenant, que dirais-tu de revenir sur le jeu de la séduction ?*

— Avec plaisir, car j'ai d'autres anecdotes à te raconter. Alors, le premier garçon que j'ai embrassé… Avant de t'en parler, tu dois savoir que Sylvie avait déménagé et c'est une famille chinoise qui est venue s'installer dans son ancien appartement. Ils étaient tous très gentils et il m'arrivait de monter à l'étage pour leur parler. Et un jour, un jeune homme de la famille m'a embrassée. Je me souviens, j'étais dans une longue robe maghrébine. C'était un tissu très très doux et je me rappelle encore qu'il me caressait. Et encore une fois, je trouvais ce contact très agréable (la main d'un homme posé sur mon corps). Par contre, à ce moment, j'étais dans le lâcher-prise total et je l'ai laissé m'embrasser. J'ai adoré ce premier baiser langoureux avec les caresses qui l'accompagnaient. Et là, j'ai vu que c'était beau. C'est beau quand c'est entre adulte consentant et quand il y a le côté tactile. J'ai pensé : « Mais c'est beau ça !! » Et pourtant, je ne l'ai jamais reproduit. Je n'ai pas osé.

Donc le temps passe, et je rencontre Rita… Je grandis, j'évolue dans cette nouvelle féminité où les garçons du collège ne se rappelaient pas de moi, ou ceux qui se rappelaient étaient maintenant gentils avec moi. On crée des liens d'amitié, et du coup, quand je sortais, c'était souvent les garçons qui venaient me dire bonjour. Tu dois savoir qu'à cette époque, je n'arrivais pas à me faire des copines. Enfin, les copines, c'était très rares. Les filles ne me trouvaient pas intéressante... Ma mère l'avait remarqué et un événement est venu tout basculer. C'est en lien avec une jeune fille du quartier. Je n'avais jamais été méchante avec qui que ce soit, mais je ne sais pas pourquoi, mais avec elle, j'ai fait quelque chose de pas sympa. Tous les enfants à l'école se moquaient d'elle, car elle avait une particularité. Mais moi, je ne me moquais pas d'elle. Par contre, un jour, il y a un jeune garçon, Karim, qui s'intéressait à elle. Je le trouvais très mignon et il a commencé à sortir avec cette fille.

— *Quel âge avais-tu à cette époque ?*

— Je devais avoir environ 17 ans. Et comme ce garçon m'intéressait, j'ai été le voir et je lui ai dit : « Mais pourquoi tu sors avec cette fille ? » Il m'a répondu que c'est parce qu'elle lui plaisait, mais j'ai riposté : « Tu ne devrais pas sortir avec elle, tout le monde se moque d'elle. Donc si tu sors avec elle, on va se moquer de toi ! » Mais ce n'était pas véhément, ce n'était pas vicieux. Ce que je veux dire, c'est que ce n'était pas méchant de ma part, et je me souviens que je la trouvais sympa cette fille. D'ailleurs, quelques jours avant d'aller dire ça à Karim, j'avais copiné avec elle et je me souviens qu'elle m'a dit qu'elle parlait avec les abeilles. Même si c'est assez étrange, j'ai senti qu'elle disait la vérité, sauf que j'étais dans mon délire et j'avais accumulé beaucoup de rancœur envers les autres enfants, car ils s'étaient montrés souvent cruels envers moi. Je ne me suis pas moquée d'elle sur le coup, mais quand j'ai revu Karim, je lui ai dit : « Tu sais, elle n'est pas nette cette fille, elle dit même qu'elle parle aux abeilles ! » Et de là, il l'a laissée et je m'en suis voulu. Alors lorsque je l'ai revue, je lui ai avoué ce que j'avais fait afin de m'excuser. Je lui ai dit : « Tu sais, je m'en veux, parce que tu sortais avec Karim, mais puisqu'il me plaisait, j'ai foutu le bazar pour qu'il te laisse tomber. »

— *Comment a-t-elle réagi ?*

— Étrangement, elle ne m'en a pas voulu du tout. C'est comme si elle ne trouvait pas cela grave et elle est passée à autre chose. Et ensuite, elle a déménagé. C'est drôle, parce que je viens tout juste de prendre conscience que quand j'expérimente des choses avec les gens, par la suite, ils déménagent... Mais bon, pour en revenir à Karim, je dois te dire que je l'ai lui aussi embrassé. C'était un jeune homme qui avait une expérience de vie très difficile, c'était un enfant battu, et du coup, comme il était blessé et que ça se passait très mal dans sa famille, il avait atterri dans un foyer de jeune. Chaque fois que j'allais le retrouver, c'était dans ce foyer et j'ai des souvenirs où il m'embrasse et il me caresse. J'étais très très bien avec lui et vice-versa. Je me souviens même qu'un jour, il m'a dit : « Nacera, j'aimerais qu'on passe le cap et qu'on fasse le ding ding ! » Je lui ai dit non et je lui ai avoué que je voulais être vierge à mon mariage. Il m'a répondu : « Ok, pas de problème, je vais aller voir ta mère et lui demander ta main. » C'est ce qu'il a fait, il est venu à la maison et il a demandé ma main. Eh bien, c'est à partir de là que ma mère m'a amenée en Algérie. Entre-temps, elle avait vu des gens de la famille de Karim et ils lui avaient dit : « Ne laisse pas ta fille se marier avec lui, parce que ça va être une catastrophe ! » Effectivement, quand je suis revenue en France, j'ai su qu'il était souvent en prison. Il avait tout le temps des problèmes avec la police, il était très abîmé par la vie. C'est donc après cette anecdote que ma mère m'a amenée en Algérie pour me marier.

— *D'accord, et qu'en est-il de Rita ? Est-ce qu'elle était encore dans ta vie à ce moment-là ?*

— C'est justement lorsque je suis partie en Algérie que Rita et moi, on ne s'est plus vu. Ça a été très dur pour nous deux d'être séparées. Nous passions notre temps à pleurer, car on s'ennuyait beaucoup. Rita a dû passer cette période difficile sans moi, et je me rappelle qu'en Algérie, c'était encore l'époque des petites cassettes audio. Je lui chantais des chansons de George Michael qu'on adorait toutes les deux. J'ai même dessiné son visage. On le voit sur la pochette de la chanson *Careless Whisper* et je l'ai reproduit. Je dessinais très bien à l'époque.

En deux minutes, je faisais le visage d'une personne, mais on m'a coupé cette capacité, je ne sais plus du tout le faire. Et donc, je chantais des chansons à Rita et je lui faisais des messages dans les cassettes. Et quand ma famille est retournée en France, je leur ai demandé de les lui donner. D'ailleurs, lorsque je suis rentrée en France, Rita m'a dit qu'elle adorait la cassette et qu'elle l'écoutait tout le temps.

Je me souviens également que quand je suis revenue d'Algérie, ma famille m'avait fait un flan. C'était mon gâteau préféré. Ils m'ont fait un flan pour me faire une surprise, et Rita était là pour m'accueillir. C'était trop beau. J'étais heureuse de retrouver mes frères, mais c'est avec Rita que ça a été le plus fort. J'étais également heureuse de revenir avec Adbelaziz, parce que j'étais mariée avec quelqu'un dont j'étais amoureuse. À cette époque, je ne savais pas que ça allait partir en cacahuète. J'étais simplement heureuse de rentrer chez moi avec lui. D'ailleurs, je me souviens du moment où l'on a passé la douane pour quitter l'Algérie et rentrer en France. Je me rappelle avoir dit à Abdelaziz que je ne me sentais pas à ma place en Algérie. À ce moment, je n'avais pas pris conscience que ce que je détestais, ce n'était pas l'Algérie, mais mon expérience. Ce pays-là, il ne m'avait jamais rien fait de mal et je l'ai compris beaucoup plus tard...

(Pendant un moment, elle se plonge dans ses pensées. Elle finit par reprendre.)

J'ai oublié de te dire qu'à la douane, ça a été très compliqué. Avant de prendre l'avion, les douaniers m'ont dit : « Madame, vous ne passez pas. » Ahurie, je leur ai demandé pourquoi et ils ont répondu : « Vous n'avez pas 21 ans et votre père n'est pas là, et votre mère n'a pas l'autorisation de vous faire sortir du pays. » Ma mère a aussitôt riposté : « Mais attendez, c'est moi qui l'ai fait rentrer, c'est moi qui l'ai laissée en Algérie, et maintenant je veux qu'elle revienne en France. » Malgré cela, les douaniers ont maintenu leur position. Ils ont dit qu'Abdelaziz pouvait passer, car ses papiers étaient en règle, et que ma mère pouvait passer aussi. Moi, par contre, je devais rester là. J'ai commencé à pleurer, parce que je croyais que j'allais quitter ce pays que je détestais et retrouver la France. Abdelaziz s'est mis en colère et il leur a dit d'un ton outré : « Comment ça, ma femme ne peut pas venir avec moi ?! » Les douaniers ont été surpris : « Eh bien, il fallait le dire que c'était votre femme !! Avez-vous un livret de famille ? » Il a acquiescé et leur a montré pour leur prouver qu'on était marié, et comme c'était mon époux qui m'autorisait à quitter le pays, c'était correct. J'ai donc pu rentrer en France et quand je suis arrivée chez moi, Rita était là pour m'accueillir, sauf que ma vie prenait une nouvelle tournure. Puisque j'étais mariée, je ne sortais plus comme avant. Je ne pouvais plus revoir Rita autant, car mon père s'en est mêlé et il a dit à mon mari : « Fais attention ! Elle est très spéciale Nacera. » J'ai d'ailleurs une anecdote à ce sujet. Je me rappelle d'une voisine qui m'aimait beaucoup, elle nous avait offert deux places de cinéma, et mon père a dit à Abdelaziz : « Non non non non. Tu vas aller au cinéma avec quelqu'un d'autre, mais tu n'amènes pas Nacera, parce que si tu l'habitues à ça, elle va commencer à demander cinéma, restaurant, sortie, etc. Non, elle reste à la maison et elle fait le ménage, elle fait à manger, et c'est tout. »

(Elle change soudain de direction et elle m'avoue qu'Abdelaziz voulait qu'elle soit sexy)

J'ai oublié de préciser qu'à mon mariage, ma mère m'a quand même gâtée. Lors de mon enfance, elle ne m'aimait pas, mais lorsque j'ai grandi, elle me voyait comme une poupée et elle prenait plaisir à m'habiller. Au mariage, elle a demandé à ma

tante de me faire des robes. Elle était couturière et à l'époque, elle regardait la série Dynastie et dès qu'elle voyait une robe dans un épisode, elle demandait à ma tante de reproduire la même chose. Chaque fois que j'étais invitée quelque part ou chaque fois qu'il y avait un mariage – et je peux dire qu'à Reims où j'habitais il y avait une grande communauté maghrébine, il y avait donc beaucoup de mariages arabes –, eh bien ma mère m'exhibait toujours comme une poupée dans les belles robes de soirée. Et c'est vrai que les gens disaient : « Olala, comme elle est belle sa robe ! Et comme elle est belle Nacera ! » Je me souviens qu'à cette époque, j'avais coupé mes cheveux. C'est ma mère qui avait toujours voulu que j'aie de longs cheveux, et comme j'étais maintenant mariée, c'est comme si je m'étais dit : « Ça y est, maintenant, elle n'a plus aucun droit sur moi. » Et bing, j'ai coupé mes cheveux.
J'étais donc revenue en France, j'avais mes longues robes de soirée qui mettaient ma poitrine et mes formes en valeur, et c'est à ce moment que mon père a commencé à s'inquiéter : « Oulalaaaa, ça part en cacahuète !! » C'est comme s'il ne maîtrisait plus le truc et il disait à Abdelaziz de ne pas me laisser faire ça. Sauf qu'Abdelaziz voulait que je mette du vernis, il voulait que je sois belle, il voulait que je sente bon. Il voulait une belle femme et j'avoue que c'était agaçant, car j'habitais chez mes parents et j'étais confrontée à des cultures différentes, à des mentalités différentes, et ça, je l'ai mal vécu. En plus, je ne pouvais plus voir Rita… Et entre-temps, Abdelaziz s'est fait des amis qui lui procuraient de l'alcool, et tout doucement, il revenait ivre à la maison. C'est à partir de ce moment que son comportement a changé. Pour te dire, le mariage a duré trois mois. Il rentrait à la maison, il était ivre, il faisait même pipi au lit. Il était tellement ivre que parfois, il me confondait avec ma mère et il la draguait. Il draguait également dans la rue et quand on sortait, il draguait mes

copines devant moi.

— *Est-ce qu'il était violent quand il était saoul ?*

— Pas avec moi. En fait, il m'a battue une fois dans l'immeuble de Rita. C'était à notre retour d'Algérie et là-bas, il avait su que je voulais divorcer. Avec toutes les choses désagréables que je commençais à vivre avec lui, le mariage avait pris une mauvaise tournure, et il avait appris mes intentions. Ça l'a rendu dingue et comme il savait que j'étais allée chez Rita, il est rentré dans l'immeuble, il m'a trouvée et il m'a frappée. Je suis tombée au sol et j'étais déjà enceinte d'environ deux ou trois mois, je n'arrive pas à me souvenir exactement. Je crois que ça ne se voyait pas encore, mais j'étais nauséeuse. Et donc, il m'a battue et je me suis retrouvée aux urgences. Vois-tu, il portait des santiags et lorsque je suis tombée par terre, il m'a frappée avec la pointe de ses bottes. Je me souviens qu'il appuyait ses mains contre le mur et il me donnait de grands coups de pied dans le corps. Là où il pouvait frapper, il frappait, et je criais, je pleurais. À un moment donné, j'ai entendu la porte de Rita s'ouvrir et je l'ai entendue crier qu'elle voulait venir m'aider. Mais sa mère lui a dit non, et elle a refermé la porte. Donc Rita m'entendait pleurer et crier dans l'immeuble, mais elle n'a pas pu venir me sauver. D'ailleurs, sur le palier de l'immeuble où j'étais, la porte d'un voisin s'est ouverte et il a vu ce qui était en train de m'arriver, mais il l'a tout de suite refermée. Personne n'a appelé la police, personne n'est venu m'aider. Et Abdelaziz m'a laissée pour morte. Il croyait qu'il m'avait tuée et lorsqu'il est parti, il était ivre. Par la suite, je me suis relevée, je ne sais plus dans quel état… J'ai été directement chez ma voisine et elle a appelé son médecin généraliste. Il me semble qu'il m'a donné deux semaines d'arrêt de travail. On m'a également envoyée aux urgences pour faire une échographie afin de voir si le bébé n'avait rien.

Petite parenthèse : la vraie maman d'Abdelaziz a été foutue dehors par sa belle-mère. Et cette femme battait Abdelaziz, ainsi que ses frères et sœurs. Ils étaient deux filles et deux garçons dans la famille. Sa maman, elle, elle était toute gentille et toute douce, mais comme je te l'ai dit, elle a été foutue dehors par la belle-mère. Elle, par contre, sur son visage, ça se voyait qu'elle était diabolique. D'où ceux qui ont fait la sorcellerie sur Abdelaziz et moi. Et donc, ma mère était partie en Algérie et elle avait retrouvé sa vraie maman. Abdelaziz, lui, ne savait pas où elle était. Ma mère a donc fait son enquête et comme elle l'aimait bien, elle a trouvé sa vraie mère et je me suis servie d'elle pour lui tendre un piège. Je voulais le ramener en Algérie pour le laisser là-bas, et après, détruire les papiers. Tu sais, j'ai compris avec le temps qu'il m'avait épousée pour venir en France. Du moins, en partie. Il voulait même changer de prénom, il voulait s'appeler François.

(Elle parle de lui avec beaucoup de tendresse et je lui avoue que cela me surprend. Elle m'explique pourquoi.)

Avant, je parlais de lui avec de la haine, mais maintenant, c'est avec tout mon amour. J'ai compris qu'il avait eu un rôle important à jouer dans ma vie. J'ai même hâte de le retrouver de l'autre côté et de lui dire : « Purée, on a expérimenté de drôles de choses ensemble ! » Et donc, Abdelaziz accepte d'aller rencontrer sa mère et de retourner en Algérie. J'ai payé les deux billets d'avion, car j'espérais que mon plan marche. Lorsque nous sommes arrivés en Algérie, nous sommes allés rencontrer sa vraie maman et j'en ai profité pour dire à

Abdelaziz : « Maintenant que vous vous êtes retrouvés, vous pourriez rester ensemble, parce que moi, je vais divorcer. » Il ne s'y attendait pas du tout et il a paniqué : « Hein ? Quoi ?! » Pendant ce temps, je me suis tournée vers sa mère et j'ai dit : « Avec Abdelaziz, ça ne va pas du tout, il y a ci, il y a ça… » Mais sa mère m'a suppliée : « Je vous en prie, ne laissez pas mon fils. Restez ensemble. En plus, vous avez un bébé qui va bientôt arriver, le fruit de votre mariage. » Ma mère l'a secondée : « Nacera, reste avec lui. Donne-lui encore une chance, c'est moi qui me porte garante de lui. » J'ai riposté en lui mentionnant que j'avais réussi à le faire venir jusqu'ici et que j'avais l'intention de rentrer toute seule en France. Elle a riposté à son tour en me répétant qu'elle se portait garante de lui. Mais je ne voulais pas rester en Algérie, je suis donc repartie au bout d'une semaine. Ma mère, elle, est restée en Algérie plus longtemps, car mon grand frère était là-bas.

Lorsque je suis revenue en France avec Abdelaziz, c'est là qu'il m'a battue. Avec le recul, je me dis encore une fois que ma mère a interféré. Je réalise que j'aurais dû me positionner. Ma mère a interféré, mais c'était à moi de dire : « Non, je ne veux pas, il reste ici et moi je repars toute seule. »

Maintenant, il va falloir que je me rappelle d'un événement qui est très important. Je n'arrive pas à me souvenir si c'est après mon mariage ou avant… Non, c'est après le mariage, c'est obligé ! Cette information-là, je me demande si elle n'a pas une conséquence sur ce que je vais raconter par la suite. Alors, je t'ai dit qu'après cette histoire d'attouchement, ma mère a dû ramener mon frère en Algérie et elle l'a marié. Mais une fois en Algérie, elle voulait que son fils revienne en France. Elle a insisté pour que je demande à Rita si elle voulait faire un mariage blanc avec mon frère afin qu'il ait ses

papiers. Elle a même proposé à Rita de la payer, mais de mon côté, je ne voulais pas, je n'étais pas du tout d'accord, car je ne voulais pas que mon frère revienne. De plus, je ne voulais pas que Rita soit mêlée à ça, mais ma mère – avec toute sa cruauté – a dit quelque chose comme : « Nacera, c'est de ta faute si ton frère est en Algérie. Tu as donc intérêt à corriger ça. » J'ai été le dire à Rita, mais je ne me souviens plus trop ce qu'elle a dit. Je pense qu'elle voulait tellement me faire plaisir qu'elle aurait accepté de marier mon frère. Je n'arrive pas à me rappeler si j'ai essayé de la convaincre, mais je sais qu'au fond de moi, je me disais : « Purée, je ne veux pas que mon frère revienne. » Et ma belle-sœur, comme elle n'était déjà pas sympa avec moi, ça voulait dire que si mon frère revenait, ma belle-sœur serait venue vivre avec nous, et je ne voulais pas. Je ne voulais ni la belle-sœur ni mon frère.
Enfin, pour en revenir à Rita, je me souviens que sa maman a refusé. C'était donc une affaire classée pour moi et j'ai été le dire à ma mère. Voilà, on garde cette information-là, parce que pour la suite, pour essayer de comprendre pourquoi Rita est sortie de ma vie, c'est peut-être important. En fait, jusqu'à aujourd'hui, je ne sais toujours pas.

(Elle arbore une expression triste. Je ressens combien Rita était importante pour elle et on garde le silence. Au bout d'un moment, je relance la conversation.)

— *Donc, Abdelaziz et toi, vous revenez en France.*

— Oui, et c'est là qu'il m'a battue et que j'ai atterri à l'hôpital. Par la suite, je rentre à la maison.

— *Le bébé n'a rien ?*

— Heureusement, le bébé n'a rien et aujourd'hui, Sabrina est adulte.

— *Quel genre de femme est-elle ?*

— Mise à part que je sais qu'elle est toujours célibataire, je ne connais pas grand-chose d'elle et de sa vie, car elle est très renfermée. Je me demande si elle ne souffrirait pas de la blessure du rejet, puisque son père a voulu la tuer. Ça me fait penser, j'ai oublié de te dire que quand Abdelaziz m'a battue, il est sorti de l'immeuble en chantant : « J'ai tué ma femme et mon bébé ! »

— *Bon sang, il était complètement déconnecté...*

— Eh oui, il était ivre, et le soir, quand je suis rentrée de l'hôpital, on était tous effrayés. Mon père était en déplacement et ma mère était encore en Algérie. Mes frères, mes sœurs et moi étions donc seuls à la maison et Abdelaziz a voulu rentrer. J'avais très peur, car déjà, dans l'après-midi, il avait essayé de me tuer. Et là, il voulait rentrer à tout prix et il donnait des coups de pied dans la porte. Il hurlait : « Je veux rentrer, laisse moi rentrer dans la maison !! » J'ai donc appelé la police et j'ai dit : « Mon mari m'a battue, il m'a envoyée à l'hôpital et maintenant, il essaie de rentrer dans la maison. Je ne veux pas qu'il entre, parce qu'il veut absolument m'éliminer. Il n'arrête pas de dire qu'il veut me tuer. » Les agents de police sont donc venus, je peux même dire qu'ils sont venus souvent. Ils auraient pu monter une tente à côté de la maison, car ils étaient tout le temps là. Et donc, la première fois qu'ils sont venus, ils m'ont demandé si j'étais la propriétaire. Je leur ai dit que c'était la maison de mes parents. Que j'étais mariée et que j'habitais chez eux avec mes frères et sœurs. Ils m'ont ensuite demandé où étaient mes parents et je leur ai dit que mon père était en déplacement et que ma mère était en Algérie. Ils ont alors déclaré que puisque les propriétaires n'étaient pas là, j'étais obligée de laisser entrer mon mari chez moi. J'ai paniqué : « Mais comment ça ? Il a essayé de me tuer, il m'a même envoyée à l'hôpital ! » Ils ont riposté : « Madame, vos parents ne sont pas là pour dire qu'ils ne veulent pas de sa présence, et puisqu'ils ne sont pas là, vous êtes obligée d'accepter qu'il rentre chez vous. Sinon, c'est vous qui êtes en infraction. » J'étais complètement sidérée : « Mais vous rendez-vous compte dans quelle situation vous me mettez ? On va être livré à nous-même, mes frères, mes sœurs et moi. »

J'ai donc dû gérer la situation, car la police m'a dit de laisser entrer chez moi un homme qui venait d'essayer de me tuer dans la journée. Ma sœur Souad – celle qui m'a sauvé la vie quand j'étais sur le balcon et qui a appelé ma mère – a pris une batte de baseball et elle a dit que nous allions tous dormir dans la même chambre cette nuit. Abdelaziz, lui, allait dormir dans notre lit, celui que mes parents nous avaient laissé. Mais finalement, il avait tellement bu qu'il ne nous a pas embêtés. Malgré cela, ma sœur a passé la nuit allongée le long de la porte et les yeux ouverts. Elle tenait la batte dans ses mains en se disant : « S'il vient et s'il touche à ma sœur, je le démonte. » Même si elle était traumatisée, elle faisait la forte et ça m'a fait mal au cœur pour elle. J'en voulais à ma mère et je me disais que tout ça, c'était de sa faute. « Elle se porte garante de lui, mais maintenant, qui se porte garant de nous ? »

Dans les jours qui ont suivi, le même scénario s'est reproduit. Enfin, c'était presque la même chose. J'ai entendu des cris qui provenaient de l'extérieur et je me demandais ce qui se passait. Quelqu'un m'a dit de fermer la fenêtre. Elle était grande ouverte et je me suis penchée pour regarder. Abdelaziz avait un couteau entre les dents et il grimpait le long de la gouttière. Je crois qu'un individu en temps normal n'aurait pas réussi à s'accrocher et à monter le long de la gouttière, mais il était tellement déterminé à m'éliminer qu'il trouvait la force. Il avait mis le couteau dans sa bouche et il grimpait pour venir m'éliminer. J'ai donc fermé la fenêtre.

(Elle se plonge dans ses pensées un instant.)

Je crois que c'est seulement quand ma mère va passer dans l'autre plan qu'elle va réaliser tout ce qu'elle a fait. Lorsqu'elle est revenue en France, on lui a raconté ce qu'on avait vécu, mais ça n'a pas le même impact que quand tu le vis. Mes frères, mes sœurs et moi, on était tellement stressé qu'on s'enfermait à la maison et on se disait : « Il va venir et il va tous nous tuer, ou il va tuer Nacera. » C'est horrible ce que ma mère nous a fait vivre.

(À nouveau, elle se plonge dans ses pensées.)

Je ne me souviens plus de tout ce qui s'est passé par la suite, mais je me rappelle qu'il a essayé de m'éliminer à plusieurs reprises. Depuis que j'étais mariée, je n'avais déjà plus le droit de sortir seule, mais après cet incident, je sortais toujours avec ma famille, avec ma mère, avec mes frères... Je viens de me souvenir d'un autre incident qu'on a vécu. C'était le soir, on était dans la cuisine et il arrivait qu'on oublie de fermer la porte à clé. Heureusement, parce que la voisine de l'étage d'en dessous est venue en courant chez nous, elle est entrée sans cogner et elle a éteint la lumière de la cuisine. Interloquée, ma mère lui a demandé ce qu'elle faisait.

D'ailleurs, tout le monde se demandait pourquoi notre voisine Pierrette était montée comme ça et qu'elle était entrée chez nous sans frapper. Je l'ai interrogée à mon tour et elle s'est exclamée : « Il y a votre mari, depuis tout à l'heure il est là à vous viser avec un fusil. » Comme c'était la nuit et que la lumière de la cuisine était allumée, il pouvait voir à l'intérieur. C'est pour ça qu'elle a éteint la lumière. Pour qu'il ne me voie plus. Juste à y penser, j'en ai la chair de poule.

— *Moi aussi, c'est l'horreur ce qu'il t'a fait vivre.*

— Oui, mais tu as vu comment l'Univers arrange bien les choses ? La voisine était chez elle et elle a eu le réflexe de monter. Puisqu'on avait oublié de barrer la porte, elle a pu entrer chez nous et elle a aussitôt fermé la lumière. Après, on entendait Abdelaziz charger son arme, mais comme il était ivre, il a mis du temps à viser.

J'ai également une autre anecdote qui me vient à l'esprit. J'étais plus avancée dans la grossesse et j'avais un gros ventre. J'étais sur le point de partir avec mon frère et un de ses copains pour aller à une visite de grossesse. Le copain de mon frère s'appelait Michael et Abdelaziz est arrivé avec un couteau. Comme toujours, il était déterminé à m'exterminer, et mon frère lui a ordonné de me laisser tranquille. Mais Abdelaziz s'est mis à crier : « Poussez-vous !! Si moi je ne l'ai pas, aucun autre homme ne l'aura. C'est ma femme, elle m'appartient. Aucun autre homme ne posera les mains sur elle. » Après avoir prononcé ces paroles, il s'est élancé pour donner son coup de couteau, mais Michael s'est mis entre nous deux. Entre la lame et mon ventre. Il s'est donc pris le coup de couteau dans les côtes. En passant, je l'ai revu plusieurs années plus tard et je lui ai dit que j'étais désolée et que je n'avais jamais pu le remercier. Il m'a répondu que si c'était à refaire, il le referait. Ça m'a fait chaud au cœur. C'est beau de voir qu'il y a des gens qui m'aimaient à leur manière, mais je ne le réalisais pas à l'époque. J'étais tellement focalisée sur le fait que certaines personnes ne m'aimaient pas, que je ne voyais pas ceux qui m'aimaient.

Mais bon, le temps passe, et j'accouche. Rita vient régulièrement me voir et j'ai beaucoup de photos d'elle et de Sabrina. À ce moment, j'ai l'impression qu'elle est toujours heureuse de me voir, mais par la suite, il s'est passé quelque chose.

(Elle réfléchit un instant afin de faire émerger certains souvenirs. Elle finit par déclarer qu'elle ne sait pas ce qui s'est passé pour que Rita s'éloigne d'elle.)

Tout ce que je me rappelle, c'est que c'était avant que Sabrina marche, c'était donc avant qu'elle ait un an. Est-ce que c'est là que je lui ai dit que ma mère aimerait qu'elle se marie avec mon frère pour qu'il puisse rentrer en France ? Je ne sais pas. Dans ma mémoire, tout est mélangé. Tout ce que je sais, c'est que son comportement a changé. Je me rappelle être venue la voir avec Sabrina et je voulais qu'elle me prête un pantalon pour faire des vendanges. Pourquoi est-ce que je lui ai demandé un pantalon ? Je ne sais pas. Est-ce que c'est parce que j'avais perdu du poids, parce que je me rappelle que quand j'ai accouché de Sabrina, je remettais les mêmes vêtements, car je vomissais beaucoup durant la grossesse. De plus, j'avais tellement peur d'Abdelaziz que je n'avais pas pris un gramme. Lorsque je suis sortie de l'hôpital, je faisais toujours ma taille 34-36. J'ai même la photo où je porte Sabrina sur mes genoux, elle est toute petite, elle n'a même

pas un mois et je porte ma petite jupe en daim.
Bref, je vais voir Rita, je lui demande un jean et elle me le prête. Je me souviens qu'elle m'a dit de ne pas le couper. Cela m'a surpris et j'ai répondu : « Mais pourquoi veux-tu que je le coupe ? Comme tu me le prêtes, j'en prendrai soin. Je vais le laver et le repasser. » Je me souviens que sa façon de me parler n'était pas agréable. Elle ne m'avait jamais parlé comme ça avant. Enfin, une fois les vendanges terminées, je lui ramène son pantalon. Je me souviens qu'à la fin il y avait une fête avec du champagne. Un repas d'au revoir où l'on nous donne notre salaire. J'ai amené Rita avec moi et je me rappelle vaguement d'avoir parlé de chaussures pour bébé. Je ne sais plus ce que je lui ai dit à ce sujet, mais elle m'a répondu d'un ton brutal : « Je n'en sais rien, Nacera, tu n'as jamais mis de chaussures à ta fille. » C'est bizarre, car elle ne m'avait jamais parlé comme ça. J'ai répliqué que je n'avais jamais mis de chaussures à ma fille parce que c'était un bébé qui ne marchait pas. Et tout doucement, on ne se voyait plus. On a coupé les ponts. Plus de coups de téléphone, plus rien, et je n'ai jamais su ce qui s'était passé. Aucune idée. Un jour, je l'ai revue dans un abribus et je ne me souviens plus si c'est elle qui est venue vers moi ou l'inverse. Tout ce que je sais, c'est que je lui ai dit : « Ah, tu es encore vivante ?! » C'est le premier réflexe que j'ai eu. Elle s'est exclamée : « Parce qu'en plus, tu souhaites ma mort ?! » À ce moment-là, je me suis demandé à quel moment ça avait changé. Mais c'était terminé. Notre amitié avait disparu, et les rares fois où l'on se rencontrait par hasard, elle faisait celle qui était contente de me voir et elle me prenait dans ses bras. Elle me disait : « Ah, ma chérie, comment vas-tu ? » Mais c'était un « ma chérie » hypocrite. C'est comme si la Rita qui était dans l'innocence, celle qui était pure, vraie, qui était un ange sur Terre, avait disparu. Ce n'était plus celle que j'avais connue. Quand on se

rencontrait, elle jouait la comédie, même si elle me disait qu'il fallait qu'on se voie. Elle est effectivement venue me voir chez moi, dans la maison où je vivais quand j'étais toute seule avec mes trois enfants. Je me souviens qu'elle m'a dit : « Ah, comme elle est belle, ta maison ! » Chaque fois qu'elle venait chez moi, j'avais l'impression qu'elle était heureuse de me voir, mais après, plus de nouvelles ! Et elle ne me donnait jamais d'explications. J'aurais tellement aimé en avoir. J'aurais aimé qu'elle me dise ce que je lui ai fait. Comme ça, j'aurais pu m'excuser. Si c'est quelque chose qui a été mal interprété, j'aurais pu m'expliquer…

(Elle est très émotive et elle poursuit sur le même ton)

La dernière fois que je l'ai vue, c'était à son anniversaire et à ce moment, j'étais en couple. Elle nous avait invités et il y avait des amis à elle et des collègues, et elle leur a dit : « Je vous présente Nacera, celle qui a toujours fait semblant d'être mon amie pour se faire mon frère ! » Ça m'a fait vraiment beaucoup de peine et j'ai répliqué : « Mais Rita, pourquoi dis-tu ça ? Tu sais très bien que c'est faux. » Je me souviens que tous les regards étaient braqués sur moi et je me suis sentie jugée. Mais je ne me rappelle pas comment la soirée s'est terminée. Je me rappelle juste que je lui ai donné son cadeau, et c'est la dernière fois que nous nous sommes vues. Enfin, on s'est croisé à quelques reprises dans la rue et l'on s'est fait des petits coucous sur Facebook, mais tout s'était étiolé. Ce n'était plus une vraie amitié. Ce n'était que des bonjours de politesse. En passant elle est née le 7 mai, et moi le 18. Quand c'était son anniversaire, je lui envoyais un message : « Coucou, ma petite sœur chérie, je t'aime, j'espère que tu vas bien et j'espère qu'un jour tu me diras ce que je t'ai fait pour qu'on puisse enfin s'expliquer. » Chaque fois, elle me répondait qu'elle m'aimait aussi et que je lui manquais. Mais c'est tout. Je n'ai donc jamais pu savoir si je lui ai mis un coup de couteau avec des mots, une attitude, je n'en ai aucune idée. Et je trouve ça terrible, mais ça ne m'empêchera pas de toujours l'aimer. Elle aura toujours une place particulière dans mon cœur… Rita a été une des personnes qui a eu la plus grande place dans mon cœur, avec les autres que j'ai aimées. Arnaud, le père de mes enfants, Abdelaziz, mes sœurs, quoique mes sœurs, je les aime, mais ce n'est pas comme Rita. Elle a eu une place immense dans ma vie, et je pense qu'elle ne l'a jamais réalisé. C'est comme si elle avait pris toute la place au début, et qu'ensuite, il avait fallu pousser un petit peu pour laisser de la place aux autres. Et quelque part, c'est comme si elle avait piétiné tout ça. Mais je ne lui en veux pas, car je me dis que j'ai dû faire quelque chose. Et j'espère sincèrement qu'avant qu'on ne quitte ce plan, on pourra un jour s'expliquer. Mais l'année dernière, je ne lui ai pas souhaité un joyeux anniversaire, et je sais que je ne le ferai pas non plus cette année. Je ne veux pas courir après des chimères, je ne vais pas courir après des souvenirs de mon enfance. C'est coupé, eh bien voilà ! Peut-être qu'elle attend que je l'appelle, je ne sais pas... Mais je ne vais pas courir après.

Donc voilà. C'est une page de ma vie, une trace dans ma vie qui est très douloureuse. Et je ne sais même pas si je vais pouvoir la réparer celle-là. J'espère que je vais en avoir la chance avant de quitter ce plan.

— *Eh bien, la demande à l'Univers est envoyée.*

— Oui, et d'ailleurs, en méditation, je lui envoie toujours tout mon amour, et je me dis que peut-être un jour elle reviendra vers moi, je n'en sais rien. Une chose est sûre, je ne peux plus courir après un souvenir. Parfois, je me demande si c'est encore ma mère qui a foutu le bazar, je ne sais pas… Mais voilà, j'ai une tonne de souvenirs avec Rita… Cette fille, elle m'a permis de m'évader, elle m'a fait vivre plein de choses, elle m'a amenée en discothèque, elle m'a aidée à parler aux garçons. Elle m'a aidée à traverser plein de choses dans mon adolescence. Elle gardera toujours une place particulière dans mon cœur, même si je n'ai plus de nouvelles d'elle.

(Le silence plane pendant quelques secondes. J'oriente ensuite la discussion dans une autre direction.)

— *Au sujet d'Abdelaziz, tu as dit que vous aviez été mariés durant trois mois. Ça veut dire que tu as divorcé lorsque tu étais enceinte ?*

— Abdelaziz… J'ai encore beaucoup à en dire et voici ce qui
s'est passé. Alors, lorsque nous sommes rentrés en France, il faisait beaucoup de bêtises. Il volait dans les magasins du quartier et comme j'avais grandi là, les gens me disaient : « Ouais, votre mari, il a encore fait une bêtise… » C'est comme si c'était devenu ma responsabilité. Il s'est même mis à attaquer des mamies dans la rue. Il volait leur sac et il s'est lié d'amitié avec un voyou du quartier, un voyou qui vendait de la drogue, je crois… Enfin, lorsque ma mère est rentrée en France, on l'a mis dehors de chez nous et on ne l'a plus jamais laissé entrer dans la maison. Le divorce a mis du temps quand même. D'ailleurs, j'avais un avocat qui s'occupait du divorce en Algérie et il me demandait des trucs saugrenus.

— *Comme quoi, par exemple ?*

— Eh bien, il voulait un aspirateur, parce qu'en Algérie, ils n'ont pas la même qualité. Ensuite, il voulait que je lui achète un chien, mais là, on s'est dit qu'il allait trop loin. On a laissé tomber le divorce d'Algérie et on m'a expliqué que le plus important, c'était le divorce en France. Une fois que le divorce sera fait en France, il sera également dissout en Algérie.

Au sujet du divorce, ce qui a été très dur, c'est qu'Abdelaziz est mort le mois suivant. Je me souviens qu'entre-temps, comme il avait fait des bêtises, il était allé en prison. D'ailleurs, plusieurs personnes sont allées le voir là-bas, car quand il n'était pas ivre, c'était un homme adorable. Elles allaient donc lui rendre visite et elles m'ont dit que dans la poche intérieure de sa veste, il avait tout le temps une photo de moi. Et je ne me souviens plus des termes qu'elles ont employés à l'époque, mais plusieurs m'en ont voulu. Il y en a même qui m'ont détestée. Elles m'ont dit : « Mais qu'est-ce que tu lui as fait ? Lui il t'aimait, et tu l'as jeté dehors, tu l'as humilié, il dormait dans la cave. » Il lui arrivait même de dormir par terre dans la rue. C'est comme s'il était un sans-abri, sauf qu'ensuite, comme ça partait en cacahuète, il a été ramené en Algérie. C'est à ce moment qu'il est tombé malade.

(Elle se plonge un moment dans ses pensées.)

Je ne me souviens plus s'il a su pour le divorce. Je me rappelle par contre qu'il m'a appelée d'Algérie et il était très malade. On savait qu'il allait mourir. En revanche, sa famille ne m'a jamais dit de quoi il est mort. Tout ce que je sais, c'est qu'il avait des cloques sur le corps, qu'il avait perdu ses cheveux et ses sourcils, alors qu'en Algérie, il n'y a pas de chimiothérapie. Mais personne ne m'a donné de détails sur la façon dont il a été soigné et sur la manière dont il a quitté ce plan. Mais il m'a appelée un mois avant de mourir pour s'excuser. Il voulait mon pardon et je lui ai donné sans hésiter. Pour moi, ça coulait de source. Ensuite, il m'a demandé si je pouvais lui rendre service. Il désirait que je prenne des photos de notre fille et que je lui envoie. À ce moment, Sabrina avait quatre ans. J'ai donc pris beaucoup de photos d'elle dans de belles robes et sous des angles différents afin qu'il voie un peu ses profils. Je les lui ai envoyées par la suite, mais comme par hasard, ça a traîné. Ça a mis au moins un mois avant que les photos n'arrivent en Algérie et quand il les a reçues, il était aveugle. Il n'a donc jamais vu les photos. C'est terrible, hein ? D'ailleurs, avec le recul, je me demande si c'est moi qui ai créé tout ça. Pendant un long moment, j'ai été tellement en colère contre lui, j'ai voulu qu'il quitte ce monde, et je me demande si ma colère est responsable de ce qui lui est arrivé. Je n'ai jamais eu de réponse, bien évidemment. J'espère que je n'y suis pour rien et à bien y penser, je crois qu'on a vécu ce qu'on avait besoin de vivre.

— *Je suis d'accord. Vous avez vécu ce que vos âmes avaient choisi d'expérimenter ensemble. Enfin, c'est mon avis.*

— Oui, mais par contre, quelques médiums m'ont dit que quand ils entraient en contact avec lui, il était resté dans la colère. Sauf qu'il est arrivé quelque chose par la suite. Plusieurs années plus tard, j'étais à l'école de Jade, et j'ai senti qu'on voulait que je lève la tête. On voulait que je regarde en haut d'un arbre et puisque c'était l'hiver, il n'avait pas de feuillage. À ce moment, j'ai vu comme une silhouette toute nébuleuse, tu sais comme un nuage de vapeur. Je me suis aussitôt exclamée : « Abdelaziz ! » Dès que j'ai dit son prénom, il s'est envolé. Et quand je suis rentrée à la maison, une médium m'a contactée et m'a dit : « Il y a le père de ta fille Sabrina qui est là. » Et apparemment, il était en paix cette fois-ci. C'est comme s'il était venu pour me le faire comprendre. J'ai la chair de poule en te le disant. C'est comme si grâce au fait que je lui envoyais continuellement de l'amour, il a su trouver la paix. Je n'arrêtais pas de lui dire intérieurement que je lui pardonnais, que j'étais passée à autre chose et que sur le coup, je n'avais rien compris. Je lui en voulais, alors que si j'avais été plus mûre, j'aurais compris plus de choses sur la vie et je n'aurais pas vécu les choses de cette manière.

Enfin, comme il était marin pêcheur et qu'il me ramenait souvent des hippocampes, eh bien depuis 2-3 ans, je n'arrête pas d'en voir partout. D'ailleurs, en ce moment, je regarde une série sur Netflix qui s'appelle *Jane the Virgin*. Eh bien, dans l'hôtel où Jane est, il y a plein d'hippocampes. Et comme c'est Abdelaziz qui m'a dépucelée, je me dis que c'est une drôle de coïncidence. À mon avis, c'est lui qui m'envoie ces signaux-là et ça me fait plaisir.
Pour en revenir au divorce, je ne me souviens pas en quelle année il a eu lieu, mais je sais que Abdelaziz est décédé lorsque Sabrina avait quatre ans.

— *Est-ce qu'il a déjà vu sa fille ?*

— Oui, il l'a vue deux fois, mais il était dans un état second à cause de l'alcool. Il est venu chez moi la voir. Sabrina était bébé, car je me souviens que je venais de sortir de l'hôpital. Il a frappé à ma porte et il a dit qu'il voulait voir sa fille. Mais il avait la varicelle et j'ai dit à ma mère qu'il ne fallait pas le laisser entrer. « Imagine s'il lui donne la varicelle, c'est dangereux pour un bébé. » Mais ma mère a dit que puisqu'il était le père, il fallait le laisser voir sa fille. Je l'ai donc laissé entrer. Je me souviens, il a mis son blouson jusqu'en haut de son nez. Il avait les mains dans les poches et il a regardé le bébé, puis il est parti. Quelque temps après, il a acheté plein de choses pour elle à ses 1 an et il me les a données, mais il est revenu les réclamer. Il les a vendues pour s'acheter de l'alcool. Ensuite, tout est parti en cacahuète. Il volait dans les magasins du quartier, il attaquait les mamies, donc il est allé en prison. Par la suite, ils l'ont amené en Algérie et c'est à ce moment qu'il est tombé malade. C'est un homme qui a vécu beaucoup de souffrance…

(Elle dit cela d'une voix légèrement triste et elle prend une pause.)

Et donc, l'histoire Abdelaziz, ça s'est fini là. Mais après, il y a eu un autre Abdelaziz qui est entré dans ma vie. Il n'est pas resté bien longtemps, je crois qu'il n'est resté qu'un an. Il était mignon, il était gentil, mais il voulait juste les papiers. Je l'ai su, parce qu'il ne voulait jamais que je sorte. Par contre, avec lui, j'ai eu des relations sexuelles, alors qu'on était censé attendre le mariage. Mais comme on savait qu'on allait être marié, on a eu des rapports intimes avant le grand jour. Au début de notre relation, on a attendu, car je voulais que le divorce soit officiel. Mais les mois passaient, et ça ne venait pas. On a donc cessé d'attendre.

Petit détail rigolo, son frère a épousé ma sœur. J'ai donc été mariée avec un Abdelaziz dont la sœur s'est mariée avec mon frère, et le second Abdelaziz, son frère s'est marié avec ma sœur.

— *C'est drôle, en effet ! Mais dis-moi, vous êtes-vous mariés, finalement ?*

— Non, car comme je te l'ai mentionnée, il ne voulait pas que je sorte et ça m'agaçait. Bien sûr, au début, j'étais aveuglée par l'amour, mais ensuite, il a commencé à m'énerver. Il me demandait toujours des trucs. Vois-tu, il ne travaillait pas, il n'avait donc pas d'argent, alors il me demandait constamment de lui acheter des choses. Je me souviens, il habitait chez son frère à l'époque et il en avait marre d'être là-bas, car c'était un tout petit studio. Il était donc obligé de dormir dans la cuisine, et je lui avais acheté un gros pouf pour qu'il ne dorme pas par terre. Mais il n'était pas content, et il s'est plaint. En fait, il se plaignait tout le temps. Rien n'était jamais parfait à ses yeux, et tout doucement, ça a commencé à m'agacer. Par contre, au niveau de crack crack, c'était sympa ! (On s'esclaffe) C'est pour cette raison qu'au début de notre relation, je ne disais rien ! Sauf qu'à un moment donné, je me suis tannée.

Je me souviens d'une anecdote le concernant. À cette époque, ma mère travaillait avec des femmes de ménage dans une grande usine de bonbons kréma. Ce sont des petits bonbons au citron, orange, cerise, et ils sont bons. Elle travaillait dans cette usine-là et elle faisait le ménage, alors elle avait le droit de ramener des bonbons. Et à un moment donné, sa voiture est tombée en panne et Abdelaziz et moi devions nous rendre à pied jusqu'à l'usine pour l'aider à faire le ménage. Elle nous accompagnait et sur le chemin, je me souviens qu'Abdelaziz et moi, on parlait anglais. À cette époque, j'étais encore très forte en anglais, donc il me parlait dans cette langue pour me dire des choses comme : « Demain, on se retrouve là, à cette heure-là. » Ça a mis la puce à l'oreille de ma mère et elle a

compris qu'on couchait ensemble. Je me souviens qu'elle n'était pas contente, mais j'ai menti et je lui ai dit que ce n'était pas vrai. Entre-temps, une copine de ma sœur est venue à la maison et elle lui a dit : « Dis à Nacera que son copain, je le vois souvent en ville et il drague à chaque fois. Il a des rencarts. » Lorsque ma sœur m'a fait le message, ça n'a fait ni un ni deux, j'ai immédiatement coupé. Terminé. Mais Abdelaziz m'a suppliée : « Nacera, je t'en prie, ne me laisse pas tomber, je t'aime. » En colère, j'ai répliqué : « Non, mais, tu te moques de moi ?! Je ne comprenais pas pourquoi tu m'obligeais à rester à la maison et que tu m'interdisais de sortir. Maintenant j'ai compris, c'est parce que comme ça, tu pouvais faire tes conneries dehors tranquillement. Eh bien continue, tu es libre ! »
Enfin, pour en revenir à ma mère, elle soupçonnait fortement que Abdelaziz et moi nous couchions ensemble. Mais elle a uniquement eu la confirmation lorsque j'ai demandé le divorce à Abed.

— *Qui est Abed ?*

— Le père de mes deux autres enfants. Pour te résumer l'histoire, lorsque j'ai demandé le divorce à Abed, il m'a dit : « C'est bizarre, comment ça se fait que tu as envie de divorcer maintenant ? Il y a un truc qui cloche. À mon avis, il y a des choses que tu me caches. » Avec le recul, je pense qu'il essayait de me tirer les vers du nez. Quelqu'un lui avait dit pour Abdelaziz et moi et il m'a dit : « Je suis sûr que tu as couché avec le gars avant moi. » je ne pouvais plus mentir. Je n'ai donc pas parlé, j'ai juste baissé la tête. Il s'est fâché et s'est exclamé : « Ohhhh habille-toi tout de suite ! Je te ramène chez tes parents ! » On s'en va donc chez mes parents et il leur dit qu'il a quelque chose d'important à leur dire. « Je peux vous garantir que vous allez tomber de haut ! » Devant son air sérieux, ma mère et mon père se sont assis pour écouter ce qu'il avait à leur dire. Abed prend alors un malin plaisir à me balancer : « Vous devez savoir que votre fille, avant de se marier avec moi, elle a couché avec le Marocain. » Déjà que chez les Maghrébins, c'est très gênant de parler de ces choses, mais là, j'étais certaine que mes parents allaient être en furie. Mais ils n'ont pas du tout réagi comme je l'avais cru. J'étais certaine qu'ils allaient m'insulter et me jeter à la rue, mais ils ont simplement dit : « Ah, mais on pensait que tu allais nous annoncer un truc grave ! » Ma mère a ensuite ajouté qu'elle le savait, mais que je n'avais jamais voulu le lui dire. De son côté, mon père a dit : « Ce n'est pas de sa faute, ça faisait un an qu'ils attendaient les papiers du divorce. Ils ont patienté comme ils ont pu, mais ils ont fini par craquer. » Mes parents ne m'ont donc pas insultée, ils ne m'en ont jamais voulu d'avoir eu des relations sexuelles en dehors du mariage. J'ai donc dit à Abed : « Tu es content ?! Tu as vidé ton sac et moi ça m'a fait du bien, j'ai ça en moins sur les épaules et maintenant, on va s'occuper du divorce. »

(Elle change soudain de sujet)

Ça me fait penser… Lorsque j'ai accouché de Sabrina, j'ai accouché sous X. À l'hôpital, on a marqué madame X. Je me rappelle que l'avocat m'avait dit une grosse connerie. Puisque j'avais peur qu'Abdelaziz m'embête avec ma fille et qu'il demande sa garde, le monsieur m'avait dit de lui donner mon nom de famille. Je l'ai donc appelée Sabrina Helal. Mais le procureur de la justice m'a appelée pour me dire que je n'avais pas le droit de faire ça. Comme j'étais mariée, ma fille devait porter le nom de son père. Enfin, maintenant, je prends tout ça à la rigolade.

— C'est ce qui est beau dans ton récit. D'ailleurs, tu me parles du chapitre Abdelaziz avec humour, alors que cet homme a tenté de te tuer. Pour ma part, j'aurais été terrorisée !

— C'est drôle que tu dises ça, et ça me fait penser à ce qui est arrivé à Marie. C'était la cousine de Rita et on l'avait surnommée Poupouille. Je me souviens, son frère allait faire une sortie avec deux de ses copains. Ils venaient d'embarquer dans la voiture et Poupouille a demandé à sa mère si elle pouvait y aller avec eux. Elle n'a pas voulu, alors Poupouille a tout bonnement commencé à préparer une belle petite salade de fruits pour sa maman. Du coup, cette dernière s'est attendrie et elle a changé d'idée. « Bon, très bien, vas-y » Eh bien, tu veux savoir ce qui est arrivé à Poupouille ? Accident de voiture, et elle est morte. Poupouille est morte et je me rappelle que 2-3 jours avant, elle avait fait un truc qui avait énervé ma sœur. Tu sais, dans les toilettes à l'école, il n'y avait pas de plafond, alors si quelqu'un monte sur la toilette, il peut te voir assis sur le trône. C'est ce que Poupouille faisait et ça agaçait ma sœur. Elle était donc en colère après elle, même si d'ordinaire, elle l'adorait. Lorsque ma sœur m'a raconté ce qu'elle faisait, j'ai dit : « Oh, mais ce n'est pas du tout sympa de faire ça ! » Mais par la suite, ma sœur m'a dit qu'elle s'était réconciliée avec elle. Et je me rappelle l'avoir vue en fin de journée faire des courses dans le quartier. Elle a voulu me faire la bise, mais j'ai reculé. Elle est donc partie, et je m'en suis voulu. Je me suis dit à moi-même : « Mais c'est n'importe quoi, Nacera ! Cette pauvre gamine, elle vient te fait la bise et toi, tu ne veux pas. Et en plus, ta sœur s'est réconciliée avec elle, mais toi, tu restes bloquée sur un truc. » Je m'en suis voulu et je me suis dit que la prochaine fois que je la verrai, je lui ferai des bisous. Mais le lendemain, elle est morte. Je suis allée la voir au crématorium et je me suis excusée. J'ai dit intérieurement : « Poupouille, je suis désolée. Avec le recul, je trouve que mon attitude était ridicule. En plus, tu es une fille adorable, ma sœur t'adore et elle s'est réconciliée avec toi. S'il te plait, accepte mes excuses. Hier, je me suis même dit que lorsque je te verrai, j'allais t'embrasser. » Je l'ai donc embrassée sur le front, mais je ne savais pas qu'un cadavre, c'était glacé. J'ai eu l'impression d'embrasser un glaçon. En plus, c'est la seule fois de ma vie où j'ai vu quelqu'un de mort, ça m'a donc marquée. Par contre, du moment où je l'ai embrassée, j'ai su qu'elle était là. Je le sentais, je le savais, chaque fois que je me retournais je sentais qu'elle voulait me dire un truc. Malheureusement, je n'arrivais pas à capter ce qu'elle voulait me dire. J'étais dans la peur.

Quelques jours après, il y a eu son enterrement et c'était à l'époque où Abdelaziz voulait me tuer. J'avais mon gros ventre, je crois que j'étais à mon 7e ou 8e mois de grossesse. Je voulais absolument aller à l'enterrement de Poupouille pour m'excuser, mais en même temps, je me disais que c'était un péché de rentrer dans l'église. De plus, j'avais peur de sortir, car je me disais qu'Abdelaziz allait me choper et me tuer. Dans ma tête, il y avait donc cette bataille : si je vais à l'enterrement, je risque de mourir et si je rentre dans l'église, Dieu va être en colère contre moi, mais en même temps, je tiens absolument à y aller. Je me disais également que ce serait quand même ballot si je mourais le jour où j'allais à l'église. Mais avec le recul, je me dis que c'est bête de s'arrêter à ce genre de pensée. Mais bon, à cette époque, je n'avais pas fait tout le chemin que j'ai parcouru aujourd'hui. J'ai finalement choisi d'aller à l'enterrement. « J'ai envie de dire au revoir à cette fille, parce que j'ai été stupide de ne pas lui faire la bise et puis, si je dois mourir, eh bien, ce sera l'heure. » Puisque je me suis positionnée, je n'ai pas rencontré Abdelaziz sur ma route. Pourtant, j'en avais du chemin à parcourir et il était tout le temps dans le quartier à surveiller si je sortais. Je suis allée dans l'église, j'ai écouté un petit peu, et ensuite, j'ai écrit quelque chose dans un livre, comme un message d'au revoir. Je ne me rappelle pas par contre ce que j'ai écrit. Vaguement, il me semble que j'ai écrit : « Tu t'es envolée comme un ange. » Et sur le chemin du retour, je n'ai toujours pas croisé Abdelaziz. Comme quoi, quand on est dans la peur, on crée des choses indésirables, mais quand on n'a pas peur, quand on se positionne, c'est comme si là-haut ils nous disaient : « Bien, vas-y, on veille sur toi, fais ce que tu as à faire. »

(Avant de conclure cette section, Nacera me raconte une autre anecdote plutôt rigolote.)

Dans mes souvenirs, j'ai mis des coups de pied dans les « coucougnettes » de mes 2 maris. Je ne sais pas si ça va faire rire les lecteurs, mais ils y ont eu droit ! Je me rappelle qu'Abdelaziz m'embêtait quand j'étais enceinte. Parfois, ma mère le laissait revenir à la maison, parce que mon père le surveillait. Il revenait donc à la maison et il m'embêtait avec des cafards. D'ailleurs, un jour, il a essayé de faire en sorte qu'un cafard me touche. Je lui ai dit d'arrêter Ma mère lui a ordonné d'arrêter également, car elle savait que j'allais faire une bêtise. Mais comme il ne m'écoutait pas, j'ai trouvé une trousse remplie de stylos et de crayons, et je lui ai jetée dans les coucougnettes ! Il a eu tellement mal qu'il est tombé par terre à plat ventre !
Et j'ai un autre truc saugrenu à te raconter. Abdelaziz a volontairement fait couper son doigt pour pouvoir rester à la maison, afin de me surveiller. Je me souviens qu'on était

enfermé à la maison, mais je n'arrive pas à me rappeler pourquoi. Tout ce dont je me souviens, c'est que mon père travaillait en déplacement et il avait réussi à faire rentrer Abdelaziz à son travail. Et un jour, mon père est venu le chercher pour qu'il aille travailler, mais on a pris des draps comme dans les films. On a fait des nœuds dedans et il a glissé le long des draps pour aller à sa voiture. Il a réussi à s'évader cette fois-ci, mais les autres jours, il devait aller au boulot. Toutefois, il rentrait ivre. Il était tellement bourré que ses patrons ont fini par avoir marre de son attitude. C'est à ce moment que Abdelaziz a fait exprès de couper le bout de son doigt au travail. De cette manière, il pouvait rester à la maison et me surveiller. Pourtant, à la base, c'est lui qui voulait que je sois belle et sexy. Avec le recul, je pense que mon père lui avait donné trop d'informations, au point où il croyait qu'il y avait matière à s'inquiéter. Il est donc devenu légèrement parano.

— *C'est un gros contraste que vous avez vécu, Abdelaziz et toi. Comme on voit souvent dans les films romantiques, c'est une histoire d'amour parfaite qui commence, mais malheureusement, elle se dégrade férocement.*

— Effectivement, et ton commentaire me rappelle cette époque où ma mère m'avait laissée en Algérie. Je vivais donc chez lui, à Dellys, mais avant de nous marier, je suis allée vivre quelque temps chez mon frère. Vois-tu, il fallait que nous soyons chacun de notre côté pour que nous ne fassions pas de bêtises. Je ne devais surtout pas perdre ma virginité avant le mariage. Mais je me souviens qu'on souffrait tous les deux d'être séparés. On pleurait beaucoup et je me rappelle d'un moment en particulier. Les larmes coulaient sur mes joues et il m'a demandé d'ouvrir la fenêtre de la voiture. C'est là qu'il m'a dit : « Tu es belle, même quand tu pleures. »

Des petits souvenirs qui me reviennent comme ça en mémoire, je trouve ça trop beau. Ça me fait penser que ce qu'on a vécu en Algérie, c'était magique, mais dès qu'on est venu s'installer en France, il était comparable à Docteur Jekyll et Mister Hyde ! La France, c'est ce qui l'a empoisonné, car l'alcool était facile et accessible. Tandis qu'en Algérie, c'est dur à trouver.

Voilà. À présent, tu connais ce qui s'est produit entre ce beau jeune homme abîmé par la vie et moi. Et avant de conclure, j'aimerais dire que j'ai la forte conviction qu'Adbelaziz était une vieille âme. Je me souviens qu'il disait tout le temps qu'on était de passage sur Terre. « On voyage, on vient et en un claquement de doigts, on n'est plus là. » Cette phrase, elle est restée gravée dans ma mémoire, car il la répétait régulièrement.

***

ENSEIGNEMENTS

À mes yeux, il y a deux enseignements majeurs qui se dégagent de cette partie du récit, mais avant de vous les présenter, je voulais revenir sur cette force intérieure qui anime Nacera. Dans la section précédente, nous avions vu que le fait d'avoir choisi une maman au caractère bien trempé lui avait permis de faire jaillir ce feu qui bouillonne en elle. Et dans cette section-ci, Nacera va encore plus loin en nous disant ceci : « Ma mère était très souvent à l'extérieur, parce qu'elle avait son permis. D'ailleurs, c'était la seule Maghrébine qui avait son permis et elle a donné l'idée à d'autres Maghrébines. Elle était très indépendante et c'est là que je réalise que ma mère avait une force finalement, que j'ai dû récupérer dans mes gênes. Et ma grand-mère aussi avait cette force intérieure. Elle s'est débrouillée seule pendant des années, car mon grand-père est parti du pays et il l'a abandonnée avec ses enfants. Elle devait donc gérer sa vie toute seule et s'occuper de l'éducation des enfants. Je pense donc que dans notre lignée, les femmes sont très fortes et je le vois avec mes filles maintenant. Elles se débrouillent seules. C'est maintenant, avec tout ce recul, que je conscientise tout ça. »

Ce passage nous révèle qu'elle n'a pas choisi sa famille au hasard. Les femmes qui font partie de sa lignée familiale sont des femmes de tête, et cela se transmet de génération en génération. Encore une fois, le fait d'observer les choses d'un point de vue élargi nous aide à mieux comprendre pourquoi Nacera a dû affronter toutes ces difficultés avec sa mère. En effet, dans cette section, on s'aperçoit qu'elle continue de lui mener la vie dure et de l'exposer au danger, au lieu de la protéger. Ce passage dans lequel Abdelaziz tente de tuer Nacera nous le démontre bien : « J'en voulais à ma mère et je me disais que tout ça, c'était de sa faute. Elle se porte garante de lui, mais maintenant, qui se porte garant de nous ? Je crois que c'est seulement quand ma mère va passer dans l'autre plan qu'elle va réaliser tout ce qu'elle a fait. Lorsqu'elle est revenue en France, on lui a raconté ce qu'on avait vécu, mais ça n'a pas le même impact que quand tu le vis. Mes frères, mes sœurs et moi, on était tellement stressé qu'on s'enfermait à la maison et on se disait : *Il va venir et il va tous nous tuer, ou il va tuer Nacera.* C'est horrible ce que ma mère nous a fait vivre. »

Du point de vue humain, c'est effectivement horrible ce que Zakia a fait vivre à Nacera, mais cela va lui permettre de tirer un enseignement essentiel qui aura un impact majeur sur le reste de son parcours. Cette leçon, c'est le respect de soi. D'ailleurs, dans son témoignage, Nacera mentionne à plusieurs reprises qu'elle aurait dû mieux se positionner intérieurement, afin d'être fidèle à son ressenti. Lorsque les choses n'étaient pas en accord avec ce qu'elle désirait tout au

fond de son cœur, elle était en droit de dire non. Elle revient sur ce point très souvent, mais deux passages m'ont particulièrement touchée. Le premier, c'est celui-ci : « Lorsque je suis revenue en France avec Abdelaziz, c'est là qu'il m'a battue. Avec le recul, je me dis encore une fois que ma mère a interféré. Je réalise que j'aurais dû me positionner. Ma mère a interféré, mais c'était à moi de dire : *Non, je ne veux pas, il reste ici et moi je repars toute seule.* »
Le second passage, c'est lorsque sa copine Rita lui explique comment ça fonctionne avec les garçons et qu'elle essaie de comprendre : « Un homme, une femme, un garçon, une fille, la sexualité, quand on est consentant… C'était tout embrouillé dans ma tête, et j'avais uniquement des informations d'une enfant qui était en CM2. Je n'arrêtais pas de me demander pourquoi certains hommes me touchaient lorsque j'étais seule avec eux, pourquoi ils étaient affectueux avec moi ? J'essayais d'analyser et de comprendre et tout doucement, j'en ai déduit que les hommes voyaient les femmes comme des objets sexuels. Je pense que c'est pour ça qu'après, j'ai commencé à jouer sans réellement savoir à quoi je jouais. Par chance, je n'ai jamais eu de problème. En fait, avec le recul, je crois qu'à partir du jour où j'ai porté plainte contre mon frère, c'est comme si je m'étais positionnée, comme si j'avais dit : *Stop, je ne veux plus*. Et ça a arrêté. »
Un peu plus tard, elle explique que lorsque nous sommes dans la peur, nous créons des choses indésirables, mais tout devient différent lorsque nous nous positionnons. Comme elle le dit, lorsque cela advient, c'est comme si là-haut ils nous disaient : « *Bien, vas-y, on veille sur toi, fais ce que tu as à faire.* »

Le second enseignement qui se dégage de cette partie du récit n'est pas des moindres. J'ai été très émue de voir qu'après tout ce qu'Abdelaziz a fait subir à Nacera, elle lui a tout de même octroyé son pardon. Lorsqu'elle me parlait de lui, je pouvais ressentir toute la tendresse qu'elle éprouvait à son égard et lorsque je l'ai interrogée, sa réponse m'a beaucoup touchée : « Avant, je parlais de lui avec de la haine, mais maintenant, c'est avec tout mon amour. J'ai compris qu'il avait eu un rôle important à jouer dans ma vie. » Cela nous démontre qu'elle a conscientisé que leurs âmes avaient choisi d'expérimenter certaines choses ensemble, afin de grandir et d'en tirer des leçons. Pour cette raison, elle n'a pas hésité à lui donner son pardon, et cela a eu de merveilleuses répercussions qu'elle nous explique dans ce passage : « C'est comme si grâce au fait que je lui envoyais continuellement de l'amour, il a su trouver la paix. Je n'arrêtais pas de lui dire intérieurement que je lui pardonnais, que j'étais passée à autre chose et que sur le coup, je n'avais rien compris. Je lui en voulais, alors que si j'avais été plus mûre, j'aurais compris plus de choses sur la vie et je n'aurais pas vécu les choses de cette manière. »

Quand j'ai retranscrit ce passage, je me suis dit que Nacera était bien sévère envers elle-même, car à mes yeux, elle a compris très rapidement la leçon. Elle a réalisé que c'était un homme qui avait été abîmé par la vie et qui souffrait énormément. Dans ces circonstances, pouvons-nous réellement lui en vouloir ? Et qui sait, peut-être que son âme avait choisi de faire un bref passage sur Terre, simplement pour permettre à Nacera d'expérimenter le pardon ? Et peut-être qu'il est également venu pour nous enseigner que la vie est courte et que nous devons en profiter pendant qu'il est encore temps ? Comme il le dit : « Nous sommes de passage sur Terre. On voyage, on vient et en un claquement de doigts, on n'est plus là. »

PARTIE III

Comme à chaque rencontre, nous papotons un peu ensemble de nos vies respectives avant de débuter l'enregistrement. Il est 17h17 quand je le lance. Lorsque nous commençons l'entretien, Nacera a la gorge qui chatouille. « Je crois que ça travaille au niveau du chakra de la gorge », me dit-elle, et nous en comprenons la raison au cours de l'entretien. C'est moi qui ouvre le bal, car je tiens à lui faire part d'une réflexion que j'ai eue.

— *Jusqu'à présent, tu ne m'as raconté qu'une parcelle de ton parcours de vie, mais déjà, je peux te dire que je suis fascinée par cette force extraordinaire qui te pousse sans cesse vers l'avant.*

— Je crois que le fait que je suis un walk-in y est pour quelque chose. D'ailleurs, il y a beaucoup de choses que j'ai oubliées, comme si c'était effacé de ma mémoire. Comme la maison dans laquelle j'ai grandi jusqu'à mes six ans. Je ne me rappelle rien : ni ma chambre, ni la cuisine, ni le salon. Je n'ai aucun souvenir. C'est la même chose à propos de ce que ma mère m'a fait. C'est mon père qui m'a raconté qu'elle me frappait et qu'elle ne m'aimait pas. Et c'est ma mère qui m'a raconté que j'ai failli tomber en bas du balcon à l'âge de deux ans. Moi, je ne m'en souviens pas.

Bref, il y a des choses que j'ai oubliées et d'autres choses que j'ai travaillées intérieurement, car j'ai tellement envie d'être légère ! Il m'arrive de visualiser que j'enlève mon sac à dos avec toutes mes blessures, et maintenant, je veux juste m'envoler ! C'est tout ce que je veux. Je souhaite que plus rien ne me rattache au passé.

— Ça me fait penser à quelque chose que tu as dit dans un de tes lives. Tu as mentionné que nous étions dans une cour d'école, ici sur Terre, et que nous n'avions qu'à jouer. Quand tu dis ce genre de paroles, on le vit avec toi. Ce ne sont pas des paroles en l'air. Les enseignements que tu transmets, tu les incarnes, et c'est ce qui fait ta force.

— À propos des enseignements que je communique, ce qui est intéressant, c'est que je ne connaissais rien de Jésus. Mais les phrases, elles arrivent comme ça dans ma tête (Au même moment, elle se racle la gorge) Ma voix commence à changer, c'est bizarre ! Surtout que nous allons arriver au moment de mon récit où je perds ma voix. (Elle se racle encore la gorge) Là, il se passe un truc avec ma gorge, je ne peux pas l'enlever. Oh mon dieu !!

(On éclate de rire. Elle reprend tout de même son récit et m'explique que sa sœur s'est fait demander en mariage.)

Je n'arrive plus à me rappeler comment ça s'est fait. Tout ça, c'est parti de ma mémoire, il ne me reste que des bribes de souvenir. C'est pour ça que lorsqu'on me demande comment je sais que je suis un walk-in, je leur dis que tout est effacé de ma mémoire ! C'est ma vie, soi-disant, et il n'y a plus rien. Enfin, je me rappelle que ma sœur a été demandée en mariage et qu'elle a épousé un Marocain qui s'appelait Karim. Et moi, je suis tombée amoureuse de son frère, qui s'appelait Abdelaziz, alors que je venais de quitter un Abdelaziz. Nous sommes restés un an ensemble, jusqu'à ce que je découvre que ce jeune homme se servait de moi pour avoir la carte de séjour pour pouvoir rester en France. En vrai, il se fichait de moi et il m'empêchait de sortir. Je pourrais dire que comme ma mère, il m'emprisonnait.

(Elle se racle la gorge à nouveau)

Par contre, cet homme, je l'aimais vraiment et j'attendais avec impatience le divorce, alors qu'en vrai, je crois que l'Univers ne voulait pas que je marie avec lui. Mais quand j'ai appris qu'il draguait dehors, eh bien, je lui ai dit que c'était fini.

Et maintenant, venons-en à Abed. Comment nous sommes-nous rencontrés ?

(Elle réfléchit, puis elle se lance dans un long récit)

Ma mère sortait le soir et pour avoir l'autorisation de sortir, mon père lui disait tout le temps : « Amène une des filles avec toi. » Elle avait un chaperon, quoi, et c'est souvent moi qu'elle amenait. Même si elle ne m'aimait pas vraiment, il y avait quand même quelque chose qui faisait que c'était avec moi qu'elle préférait être. Chaque fois qu'elle était invitée et qu'elle sortait, elle m'amenait, alors qu'on était quatre filles à la maison. Enfin, la quatrième, c'était ma tante, parce que comme ma grand-mère était décédée, ma mère l'avait fait venir en France. Ma tante a donc grandi avec nous. Elle avait treize ans lorsqu'elle est venue habiter à la maison. Elle était plus jeune que moi et je l'adorais. Encore aujourd'hui, je suis folle d'elle et elle a une place super importante dans ma vie. J'ai toujours dit que c'était un ange qui venait du ciel. En plus, elle est blanche comme la neige et elle est gentille avec tout le monde. Un amour, quoi.

Donc, ma mère m'amenait toujours avec elle et un jour, elle m'amène chez une copine, qui en profite pour nous présenter quelqu'un. C'est ce fameux Abed, le père de mes deux autres enfants. Elle nous le présente et aussitôt, je trouve qu'il est nerveux. Très nerveux, speed, direct, maladroit. Je n'aime pas sa façon d'être. Un instant, il nous fait rire, il est agréable, et l'instant suivant, il est brutal dans sa manière d'être et de s'exprimer. Et donc, quand on rentre à la maison, ma mère me demande : « Il te plait, le monsieur que tu as vu ce soir ? » Je lui réponds qu'il ne me plait pas du tout, et le pire, c'est que dans la journée, elle m'avait envoyée chez une copine à elle qui faisait de l'épilation au caramel. Aïe !! (On éclate de rire) J'ai pleuré comme un bébé ! La nana, elle m'épilait partout, on aurait cru que j'étais une future mariée ! Le maillot, les cuisses, les jambes, tout y passait ! Elle a fait tout ça juste pour que je rencontre un monsieur qui n'allait rien voir, car je suis restée habillée !! Et je pleurais comme un bébé tellement c'était horrible. À un moment, je me suis exclamée : « Mais pourquoi vous me faites ça ?! » Elle a simplement répondu que ma mère lui avait dit qu'il fallait qu'on me le fasse. Je ne sais pas quelle idée elle a eue, ma mère, mais c'était une vraie torture. En plus, je ne m'étais jamais épilée avant. Je n'avais pas le droit de me raser les jambes, et comme j'étais célibataire, je pouvais laisser mes poils pousser, ça me tenait au chaud, quoi ! (Autre éclat de rire)

J'ai donc dit à ma mère que ce monsieur ne m'intéressait pas et que je le trouvais nerveux et pas sympa. D'ailleurs, j'ai un souvenir où il vient faire les courses avec ma mère et moi. Même si je lui avais dit qu'il ne me plaisait pas, elle voulait que j'apprenne à le connaître. Il est donc venu faire les courses avec nous. J'avais amené Sabrina qui, à l'époque, devait avoir environ deux ans. J'essayais de l'installer dans le petit siège d'enfant des caddies, et elle ne cessait de secouer ses petits pieds dans les airs. C'était étonnant, parce que Sabrina était une petite fille très sage, très calme, mais là, c'était comme si elle ne voulait pas rester tranquille. Elle n'arrêtait pas de battre des pieds et comme je suis toute petite, j'avais de la difficulté à l'installer dans le siège. Je l'ai donc reposée sur le sol et Abed s'est exclamé : « Quoi, tu ne sais pas mettre un enfant sur un caddie ?! » Il l'a ensuite prise et l'a installée dans le caddie, mais il ne roulait pas bien. Ça l'a énervé et il s'est à nouveau exclamé avec arrogance : « Mais c'est quoi ça ? Tu ne sais même pas choisir un caddie ?! » Et le soir, ma mère m'a demandé si je l'aimais bien et je lui ai répondu non : « Il est nerveux, il n'est pas agréable, je t'en prie, ne me fais plus sortir avec lui. » Elle m'a écoutée, du moins c'est ce que je croyais, et elle m'a dit qu'on laissait tomber. Le reste, je ne m'en souviens pas…

Enfin, je me rappelle que j'étais l'esclave de la maison et entre-temps, ma mère avait fait venir en France son frère qui habitait en Algérie. À la maison, nous étions les sept enfants, mon père et ma mère, plus son frère et sa sœur. Nous étions donc onze à vivre sous le même toit, et je devais faire le ménage et les repas pour toute la famille. J'étais devenue l'esclave. C'était devenu une prison. J'ai fait des cauchemars pendant des années. Au moins une fois par semaine, je rêvais de cette vie, de cette prison. Je n'avais même pas le droit d'amener Sabrina en bas, dans le quartier, et je n'avais pas le droit d'aller faire les courses pour elle. Je devais donner l'argent à mon frère et faire une liste. C'était devenu une prison dans tous les sens du terme. Et un dimanche en début d'après-midi, le téléphone sonne, mon père décroche et il commence à parler et à monter le ton. Il s'exclame : « J'en ai ras le bol, je vais faire ma valise et je m'en vais ! » Je me demande ce qui se passe et il me tend le téléphone. Et là, j'entends la voix de ma mère : « Nacera, prépare-toi. Prends ta douche, car on va te marier cet après-midi. » Paniquée, j'ai répliqué : « Euh, quoi maman ?! » Elle a renchéri : « Tu te rappelles le monsieur que tu as vu l'autre jour, eh bien, il va se marier avec toi. » Affolée, je me suis exclamée que je ne voulais pas, mais elle m'a dit que lui, il voulait. J'ai riposté que je m'en fichais et que je ne voulais pas de cet homme. De là, elle s'est mise en colère : « Écoute Nacera, je commence à en avoir marre. Ou tu prends cet homme, ou ta fille et toi n'êtes plus à la maison lorsque je vais rentrer ce soir. »

Tu sais, à l'époque, je ne connaissais pas ce que les assistances sociales pouvaient m'offrir comme possibilité. Je ne connaissais pas les foyers pour jeune maman. La Nacera d'aujourd'hui aurait fait un doigt d'honneur, mais ce n'était pas la Nacera d'aujourd'hui qui se querellait avec ma mère. C'était la Nacera qui avait peur. Je me disais que j'allais me retrouver dehors avec ma fille et qu'on allait être des sans-abris. J'ai donc accepté et je suis allée dans la salle de bain me raser les jambes… Eh bien, figure-toi que ce monsieur devait être marié à une autre femme, avant moi. Sa famille et lui avaient même préparé la salle, le couscous, les robes, les bagues, tout quoi ! Mais il s'est passé un truc, même si je n'ai jamais su le fin mot de l'histoire. Pour je ne sais quelle raison, le mariage a été annulé, et j'ai eu les robes de cette femme. Elles étaient trop grandes pour moi, alors ils ont repris les mesures. J'ai donc eu les robes de cette femme. En fait, je pense qu'Abed et elle avaient déjà fait le mariage coranique, mais ce n'était pas consommé, parce qu'avant, il fallait faire le mariage à la salle. Et comme ils n'ont pas été jusqu'au bout, ils ont récupéré les trucs, et c'est ce qu'ils m'ont donné. Et donc, un dimanche après-midi, je suis là avec les robes et avec du parfum pour me remercier, alors que normalement, ça coûte cher de donner une femme en mariage. J'aurais dû avoir des bijoux et de l'argent. Mais bon, le premier mariage a été donné gratuitement, et le second également. Lui-même n'était pas au courant qu'on allait se marier. Il était en train de jouer au foot dehors, il avait retroussé ses manches de chemise, et il s'est fait siffler : « Hey, Abed, allez viens ! Viens, on va te marier ! » Et donc, il n'était pas au courant non plus. C'est ma mère qui a organisé le mariage. Elle s'était prise d'amitié pour une famille dans un quartier qui s'appelait Orgeval. Elle était tout le temps chez ces gens et Abed habitait avec eux. Puisque sa maman était morte, ils l'avaient ramenée en France, et ils ont demandé à ma mère s'ils pouvaient le marier avec moi. Et comme moi je n'étais plus vierge et que j'avais un enfant, eh bien, pour ma mère, au niveau de la cote, je n'étais plus intéressante. Puisque je ne valais plus rien… (Raclement de gorge) Hum, ça me perturbe ça, mais bon, j'accepte. Comme je le disais, ma mère s'est liée d'amitié avec cette famille, et un jour, Abed lui a dit qu'il était tombé amoureux de moi. Pff, je te jure ! À aucun moment, elle n'a songé qu'il était en réalité tombé amoureux des papiers… En plus, elle l'aimait bien, car elle le trouvait rigolo. Normal ! Il n'allait pas se marier avec elle, donc il était rigolo, mais avec moi, il n'était pas sympa.

Je n'ai donc pas eu mon mot à dire concernant le mariage. J'ai été prendre mon bain et je me suis rasé les jambes. Ensuite, la journée passe et mes frères finissent par rentrer de dehors. Entre-temps, les dames étaient venues, je ne sais plus s'il y a eu de la danse, je ne sais plus si elles ont dansé. Cependant, je me rappelle qu'un imam est venu.

— *C'est quoi, un imam ?*

— L'imam, c'est lui qui vient marier les gens. Il m'a demandé : « Est-ce que tu veux de lui ? » Je me suis dit : « Eh bien, ma mère ne m'a pas laissé le choix, alors oui ! » Il a posé la même question à Abed et il a dit oui, car il voulait les papiers !

Bref, une fois que tout le monde était parti – la fête était apparemment terminée – mes frères rentrent à la maison. Mes sœurs, elles, n'étaient pas là. Elles s'étaient mariées entre-temps, elles sont donc venues avec leur mari le soir et elles m'ont demandé : « C'est qui, le mec là-bas ? » J'ai regardé mes frères et je leur ai dit : « Pendant que vous étiez en train de jouer avec vos copains, maman m'a mariée. » Ils m'ont alors demandé si je le connaissais et je leur ai répondu que je l'avais vu une ou deux fois, et que c'était un vrai con. Malgré cela, le soir même, je couchais avec lui. Tout ce dont je me souviens, c'est que j'étais dans le noir. J'avais fermé les volets et la lumière, et je visualisais que j'étais avec Leonardo DiCaprio. (Nous éclatons de rire !) Je n'avais que deux choix : ou je m'imaginais être avec lui, ou je crois que je me suicidais. « Allez Nacera, tu es avec Leonardo, mais tu ne lui parles pas, tu le laisses faire sa petite affaire !! » C'était donc comme ça, je crois que ça a duré sept ou huit mois. En plus, il m'énervait, parce qu'il fumait, et comme il ne travaillait pas, il m'engueulait pour que je lui achète des cigarettes. Il m'engueulait aussi pour que je lui achète des vêtements. Dès qu'il avait des besoins, il fallait que ce soit moi qui paye. Un jour, je me suis fâchée : « Tu sais que je ne suis pas la banque de France ? » Il a répliqué que j'étais sa femme, et que je devais assumer.

Tu vois, le fait que je n'ai pas dit non m'a mis en colère et ça bouillonnait en moi. Et au bout de quelques jours, j'ai eu une angine blanche. J'ai eu mal pendant au moins une semaine. Je n'arrivais plus à manger, quoique j'ai le vague souvenir de manger des oranges. J'avais également de la difficulté à parler, je me demande même si je n'avais pas cette voix. Celle que j'ai depuis qu'on a commencé l'enregistrement.

Enfin, les jours passent… J'étais toujours cette femme qui faisait à manger pour toute la famille, et entre-temps, ma mère avait marié sa sœur. Mais il y a eu un problème et sa sœur est venue vivre avec nous à la maison, avec son mari. Nous étions donc plusieurs à la maison et c'est moi qui faisais la bouffe et le ménage pour tout le monde. Ça, je m'en rappelle, je n'en pouvais plus. C'est comme si l'Univers, mon Je Suis, ma partie divine, me disait : « Nacera, je n'arrête pas de te faire comprendre que ce n'est pas bon. Je n'arrête pas de te faire comprendre que ce n'est pas là que tu dois être. Ce n'est pas ça qui t'attend. » Mais à cette époque, je ne comprenais pas, et entre-temps, j'avais commencé à avoir un problème avec mes pieds. Quand je marchais, j'avais les orteils qui se rétractaient. Ça devenait tout compact, tout dur. Surtout le gros orteil. Et mon pied rentrait vers l'intérieur. Ça a duré pendant des jours, et je trébuchais et je tombais. La Nacera d'aujourd'hui comprendrait que je n'étais pas sur la bonne voie, que je ne marchais pas sur mon chemin. Mais la Nacera d'avant ne comprenait rien. Ma voix avait changé, mon pied partait en cacahouète, mais je ne comprenais toujours pas. J'ai donc été voir des médecins.

Je me rappelle même d'une fois où tous les garçons étaient partis de la maison, et on était juste entre filles. J'étais en petite culotte et en soutien-gorge, et on a entendu quelqu'un qui voulait ouvrir la porte. Je ne savais pas qui allait entrer, alors j'ai eu peur et j'ai couru dans le couloir pour aller dans ma chambre me rhabiller. Mais au même moment, mon pied est rentré vers l'intérieur. Je suis tombée et ma tête a heurté un coin de béton.

— *Un coin de béton ?*

— C'est difficile à expliquer. Tu sais, c'est comme si tu as deux croisements avec des murs, et il y a une partie très dure en béton. Ma tête a tapé dessus et je suis tombée dans les pommes. Une fois rendue à l'hôpital, c'est là que j'ai compris que je ne pouvais pas rester comme ça. Mon cas était tellement étrange que les médecins appelaient leurs collègues : « Hey, venez voir, j'ai un cas trop bizarre ! » Ils prenaient donc mon pied pour l'examiner. Ils prenaient un outil et ils me le glissaient le long du pied, et paf, mes orteils se rétractaient ! Ils m'ont dit qu'ils n'avaient jamais vu ça. On m'a fait une IRM et une radio, et ils ne savaient toujours pas ce que j'avais. Ils m'ont alors proposé de faire un… Je ne sais plus comment ça s'appelle, mais ils voulaient ouvrir ma tête. Je suis donc partie en courant et je ne suis plus jamais revenue. (Rire)

— *Pour en revenir à Abed, que s'est-il passé entre vous par la suite ?*

— Eh bien, un jour, alors que ma mère était sortie, j'ai entendu au fond de moi : « Fou-le dehors ! Fou-le dehors ! » Et comme ma mère n'était pas là, je me suis dit que c'était le moment. J'ai donc dit à Abed : « Je ne veux plus de toi. On divorce. Tu fous le camp, tu dégages. » Mais il a joué la comédie : « Nacera, tu me fais mal dans mon cœur. » J'ai riposté : « Eh bien moi, tu me fais chier tout court ! Je ne veux plus de toi, fous le camp, disparais de ma vue. » Même si j'avais l'air confiante, j'avais peur et mon cœur battait super vite. Je me disais que quand ma mère allait rentrer, elle allait me tuer. Surtout que ça faisait un moment qu'elle ne m'avait pas battue. Elle ne m'avait pas frappée depuis des mois, même si elle était toujours dure avec moi. Et donc, je me suis dit qu'elle allait me faire la fête. J'ai même pensé qu'elle allait peut-être le faire revenir, mais je m'en fichais. J'étais déterminée à ce qu'il quitte la maison.

Dès que ma mère est rentrée, elle m'a demandé où était mon mari. Je lui ai dit que je l'avais foutu dehors et que je ne voulais plus de lui. Par contre, je ne me souviens pas de sa réaction ni de son attitude dans les jours qui ont suivi. C'est étrange, car je me rappelle très bien ce qui est arrivé lorsque j'ai porté plainte contre mon frère. Je me souviens qu'elle était très en colère contre moi, mais par rapport à Abed, rien. C'est comme si ce n'était jamais arrivé.
Enfin, je me rappelle que dans les jours qui ont suivi, ma mère m'a amenée au magasin. J'avais uniquement le droit d'y aller quand j'étais avec elle, et il y avait une promo sur les serviettes hygiéniques. C'était la marque Freedom. J'ai souri. J'étais contente, car je m'étais débarrassée de ce mec ! Mais ma mère m'a dit : « On va voir dans quelques jours si tu as tes règles. » Je dois d'ailleurs t'expliquer quelque chose, car c'est trop bizarre. Vois-tu, les jours avant de quitter Abed, je sentais que j'allais le faire. Je n'en pouvais plus, j'allais le faire sortir de ma vie. Et puis, j'arrivais à la fin de ma plaquette de pilules. Il fallait simplement que je trouve le courage de le lui dire. « Allez, Nacera, tu vas trouver le courage. En plus, ma plaquette de pilules se termine. Vite vite, fais-le. » Entre-temps, j'avais eu mes règles et c'était impossible que je tombe enceinte. Pour la dernière fois, j'ai eu une relation sexuelle avec lui et je me rappelle que j'étais tellement dégoûtée que j'ai failli vomir sur lui. J'ai arrêté et je lui ai dit

que je ne voulais plus qu'il me touche et qu'on fasse quoi que ce soit ensemble. Je crois que c'est le lendemain que j'ai eu le courage de le quitter. Je me souviens que ma plaquette de pilules était terminée, j'avais eu mes règles, et dans mes calculs, je ne pouvais pas tomber enceinte.

Par contre, lorsque j'ai été voir la gynéco, elle ne m'a pas crue. Elle a dit que j'avais fait une erreur dans mes calculs. Puisque j'étais sûre de moi, j'ai riposté : « Madame, je connais ma date, je sais quand j'ai arrêté la pilule et quand j'ai eu mes règles. » Mais elle a répété que j'avais fait une erreur. Mais bon, finalement, mes règles ne sont jamais venues. J'ai donc fait une prise de sang et j'ai su que j'étais enceinte. Comme j'aime bien mes beaux-frères, je leur ai demandé ce que je devais faire. « Il est hors de question que je me remette avec Abed simplement parce qu'il y a un enfant. Je crois que je vais avorter. » Ils ont répliqué : « Mais tu es folle ?! C'est hors de question. C'est grave dans la religion. Même si ce n'est qu'un petit truc, un embryon, c'est déjà voulu par Dieu. » Et donc, quelques mois plus tard, Jamel est né.

Tu dois savoir qu'à cette époque, je détestais les hommes. Des fois, je rêvais que j'allais dans des cafés et que je jetais des bombes où il y avait des hommes. Je me disais : « Ouais, je vais en faire péter plein d'un coup !! » Je ne le pensais pas vraiment, mais je venais d'avoir Abdelaziz #1, Abdelaziz #2, et Abed. J'étais écœurée des mecs et je croyais que tous les hommes étaient des cons. En plus, avec mes antécédents d'inceste, cela n'aidait pas leur cause… Et donc, quand j'ai su que j'attendais un garçon, j'ai été fortement ébranlée. « Je déteste les hommes et je vais en faire un. Je vais faire un homme qui va faire souffrir les femmes. » J'ai même dit à ma mère que dès que j'accoucherais, je lui donnerais mon bébé.

— Est-ce que Jamel est au courant ?

— Oui, il le sait. Je le lui ai dit. J'avais donc convenu avec ma mère que quand il naîtrait, c'est elle qui s'en occuperait. Et dès que je pourrais prendre un appartement, je partirais avec Sabrina. Sauf que ma mère ne m'aurait pas laissée partir, car je n'étais pas mariée. Enfin, j'ai fini par accoucher et je suis tombée amoureuse de ce gamin. (Elle a un immense sourire aux lèvres) Dès que je l'ai vu, je me suis exclamée : « Oh purée ! » Ma mère m'a alors demandé ce qu'on faisait et je lui ai dit : « Mais non, je ne te le donne pas !! » Dès que je l'ai aperçu, il y a eu un truc très fort entre lui et moi et ça n'a pas changé. Et de toute façon, tous mes enfants, je suis folle d'eux !

(On sourit toutes les deux. Nacera a les yeux pleins d'étoiles)

Jamel est né le 23 décembre, et bien que j'en sois folle, je me demande comment je vais faire maintenant. Je me retrouve chez ma mère avec deux enfants. Je suis toujours esclave, je n'ai toujours pas le droit de sortir, je n'ai pas le droit d'amener mes enfants au McDo, au cinéma, ni même les promener au parc. Si ma mère m'amène en voiture, je peux, mais sinon, je n'ai pas le droit. Mais bon, le temps passe, et entre-temps, je fais un autre stage. Dans mes souvenirs, tout ce dont je me rappelle, c'est que chaque fois que je faisais un stage, les gens me trouvaient étrange. J'avais de grosses lacunes en grammaire, en orthographe, en conjugaison et en mathématiques. Par contre, il y avait toujours un des formateurs qui me disait : « Madame Helal, vous n'avez rien à faire ici. Vous avez une forme d'intelligence, ce n'est peut-être pas dans les cahiers et les devoirs, mais au niveau scolaire, vous avez quand même un niveau 3e collège. » Vois-tu, entre-temps, j'avais lu des livres. J'étais autodidacte et dès que j'apprenais un mot, j'allais dans le dictionnaire. Et comme j'avais été caissière dans un magasin, j'apprenais à calculer très vite et comme je recevais des allocations pour mes enfants, j'avais commencé à apprendre à donner une pension à ma mère qui d'ailleurs, me pompait bien. Je payais également pour les vêtements des enfants. Avec les situations du quotidien, j'apprenais à lire, à écrire et à compter. C'est pourquoi on me disait tout le temps que j'avais quelque chose, mais on n'arrivait pas à mettre le doigt dessus. Même les gens qui étaient dans les formations avec moi me disaient : « Ahhh, il faudrait qu'il y ait plusieurs Nacera, comme ça tout le monde aurait sa Nacera. » Mais je ne comprenais pas sur le coup. Je trouvais cela étrange qu'on me dise des choses comme ça.

Enfin, le temps passe. J'ai maintenant 24 ans, et Jamel est sur le point d'avoir un an. À cette époque, il y a un jeune homme qui est soi-disant tombé amoureux de moi. Il m'a dit que je lui plaisais beaucoup, alors que j'évoluais à la Française. Je quittais tout doucement les croyances de l'islam. J'étais comme entre deux rives. Et ce jeune homme est tombé amoureux de moi, alors qu'il était plus jeune. Amoureux, je ne sais pas vraiment, mais je lui plaisais beaucoup. Il voulait qu'on sorte ensemble, mais je lui ai dit que ma mère ne me laisserait jamais, car elle voulait seulement les mariages. Avec elle, c'était : ou on fait le mariage coranique, ou rien du tout. Lorsque je lui ai dit, il a répondu que c'était ok. « Je vais venir chez ta mère et je vais demander ta main. » Comme promis, il est venu à la maison, il a demandé ma main, et ma mère a accepté. Par contre, entre-temps, son grand frère avait demandé ma main à sa mère, mais il s'est passé un truc et le grand frère est mort.

— *Il est mort ?! De quelle manière ?*

— Il a été tué par des chiens, le pauvre. Et pour en revenir au petit frère, celui que j'étais supposée épouser, il s'est passé quelque chose de pas sympa avec sa mère. Vois-tu, elle était très bizarre et un jour, j'avais un rendez-vous avec son fils. Je vais donc chez eux, mais il ne se montre pas. C'est sa mère qui me reçoit et elle me dit : « Ah, il est beau ton petit sac à main. » Je lui dis merci, mais elle ajoute : « On dirait le sac d'une prostituée. » Je suis donc rentrée à la maison en pleurant, et ma mère m'a accueillie à sa manière : « Mais tu crois quoi, Nacera ? Tu crois vraiment que quelqu'un en France va te prendre ? Maintenant que tu as deux enfants, tu ne vaux plus rien. » Elle m'a donc retrouvé un autre homme. Je ne sais plus quel âge il avait, mais il était vieux, et c'était également un sans papier. Je me rappelle un soir, on faisait une fête, je crois que c'était parce qu'une de mes sœurs venait d'avoir un enfant. On a fait le baptême à la maison et on avait mis les hommes dans une pièce. Les femmes, elles, étaient dans le salon et la salle à manger. Vois-tu, nous les femmes, on danse, alors il nous fallait de l'espace. Et chez les Arabes, il y a un moment dans les fêtes où quelqu'un commence à dire au micro : « 50 euros de la part de un tel ! Un cadeau de la part de l'autre ! » C'est vraiment n'importe quoi, c'est très superficiel. Mais bon, le mec avec qui ma mère voulait me marier – encore une fois je n'avais pas mon mot à dire –, il envoie un gamin vers moi et il lui dit : « Donne ça à Nacera. Dis-lui de le donner en cadeau pour l'enfant de sa sœur. » Et donc l'enfant s'approche de moi et me dit : « Hey, c'est vous Nacera ? » Je lui dis oui et il poursuit : « Tiens, ton grand-père te donne ça. » Tu te rends-compte ? Il croyait que mon

futur mari était mon grand-père !!
Malgré cette anecdote, ma mère a commencé à me faire sortir avec lui et il y avait beaucoup de monde qui pensait que c'était mon père ou mon grand-père. Tu vois comment l'Univers agit ? Si tu ne comprends pas le message qui se cache derrière ton expérience, les choses empirent. « Tu n'as toujours pas compris que je te fais travailler, que je te pousse à bout pour que tu dises NON ??!! » Le lendemain, je me souviens avoir dit à ma mère que je ne voulais plus de ce monsieur-là. Je ne me rappelle même plus comment il s'appelait. Ma mère est rentrée dans une colère noire. Elle s'est mise à hurler : « Prends tes enfants avec toi et fous le camp de la maison !! J'en ai marre de toi, je te trouve des hommes et tu n'en veux pas. » Je lui ai dit que ce n'était pas de ma faute, qu'elle me ramenait des vieux ou des sans-papiers. « Mais maman, je ne vaux rien ou quoi ? » Avec sa gentillesse habituelle, elle m'a répondu : « Bien sûr que tu ne vaux rien maintenant que tu as deux enfants. Tu n'es plus vierge, tu crois quoi, Nacera ? »

Entre-temps, ma mère m'avait ramené un autre homme, mais contrairement à ce monsieur, il était jeune et mignon. Ma mère nous a laissés nous regarder et elle m'a ensuite demandé si je voulais sortir avec lui. J'ai accepté, car il avait une belle gueule. Mais de son côté, il a constaté que j'avais des enfants et il a dit à ma mère : « Je veux bien prendre ta fille, mais toi, tu gardes les enfants. » Offusquée, j'ai répliqué que s'il prenait l'arbre, il prenait les branches aussi. Il a renchéri : « Dans ce cas, je ne te prends pas. » Après cet incident, ma mère n'arrêtait pas de m'amener chez des gens pour que je rencontre quelqu'un et à un moment donné, un jeune homme est tombé amoureux de moi et on s'est mis à se voir régulièrement. Tu sais, ma mère, elle côtoyait beaucoup de gens et elle sortait tout le temps. Le matin, elle partait de la maison et elle ne rentrait que le soir. Comme je faisais la bouffe et le ménage, elle était libre de sortir quand bon lui semble. Enfin, pour en revenir à ce jeune homme, on était vraiment sur la même longueur d'onde. On rigolait, on s'éclatait, on se comprenait. Il a donc fini par demander ma main, mais sa sœur s'est interposée. Ma mère et moi passions la soirée chez elle et elle a refusé : « Elle a deux enfants, elle n'est plus vierge. Je veux que tu aies une vierge. »

Cette anecdote pour te dire que même si un homme voulait se marier avec moi, il y avait toujours un truc qui faisait que ça ne fonctionnait pas. Par contre, je ne peux pas te dire combien de mecs elle m'a présentés par la suite. Tout ce dont je me souviens, c'est qu'il arrivait souvent que les hommes refusent d'être avec moi parce que j'avais des enfants. Sinon, quelque chose venait faire obstruction à notre relation et ça n'allait jamais plus loin. Et donc, le temps passe… Et là, un ami du quartier m'avoue ses sentiments. Pour te situer dans le temps, c'était juste après que cette femme m'ait dit que j'étais une pute avec mon sac à main. Alors, un copain d'enfance m'avoue ses sentiments. Il s'appelait Kalid. J'étais assise sur les marches du bas de mon immeuble et il vient vers moi et s'assoit à mes côtés. C'est alors qu'il me fait comprendre qu'il s'intéresse à moi depuis le début. Ça m'a surprise, mais il m'a expliqué que mes frères étaient toujours dans les parages, ou bien j'étais avec quelqu'un d'autre et ça l'empêchait de venir me parler. Je me souviens qu'il m'a dit : « À ton avis, pourquoi je t'ai demandé de me couper les cheveux ? » Vois-tu, il m'arrivait de couper les cheveux de mon père et de mes frères. Ou des copains de mes frères, et je me faisais payer. Kalid m'a donc dit : « Tu crois quoi, Nacera ? Je voulais juste que tu me touches, que tu sois avec moi. Tu me plais depuis tout le temps et je me demande si tu voudrais qu'on sorte ensemble. » J'ai accepté et on s'est fait un cinéma.

Entre-temps, je t'ai mentionné qu'il y avait un garçon qui s'intéressait à moi pendant mon stage. Il s'appelait Hakim et j'avais également sympathisé avec une de ses sœurs. Elle m'avait dit qu'elle allait me présenter une copine qui tirait les cartes. À cette époque, je ne connaissais pas ça. Je me rappelle que la fille a tiré les cartes et elle m'a dit qu'un de mes frères allait partir à l'armée. Effectivement, le soir même, je suis rentrée à la maison et mon frère m'a annoncé qu'il allait commencer l'armée. Cette fille m'a également dit que le père de Sabrina était mort, mais que grâce à son décès, j'allais recevoir de l'argent. Et effectivement, j'ai reçu des allocations, comme si j'avais droit à une pension alimentaire, mais donnée par l'état. Je ne savais même pas que ça existait !

(Elle revient ensuite à la sœur du jeune homme qui s'est opposée à leur union)

Comme je te l'ai dit, son grand frère s'intéressait à moi, mais il est mort. Ensuite, son petit frère s'est intéressé à moi, mais sa maman a foutu le bazar entre nous. Et comme si ce n'était pas suffisant, la sœur a foutu le bazar entre Kalid et moi. Je ne sais pas ce qu'elle lui a dit, mais il était super en colère contre moi. Je me souviens même qu'à un moment donné, il me parlait et je voulais enlever un truc sur son vêtement. Eh bien, il m'a tapé la main pour que je ne touche pas. Je peux te dire que mon ego a pris un sacré coup et je lui ai dit qu'il n'aurait plus jamais de nouvelle de moi. J'ai coupé. Je n'ai donc jamais su s'il avait découvert qu'elle avait menti. Mais bon, ça n'a pas vraiment d'importance. Tout ce que je sais, c'est qu'il s'est marié entre-temps et il a eu des enfants.

Donc le temps passe, et Jamel grandit, il a maintenant presque un an. Je me souviens qu'à cette époque, ma mère s'est fait hospitaliser. Elle s'est fait opérer, mais je ne sais plus pourquoi. Tout ce dont je me rappelle, c'est qu'elle a eu du mal à se rétablir, à cause de son diabète. Elle est donc restée plusieurs semaines à l'hôpital et je me dépêchais de faire le ménage et la cuisine, pour ensuite aller la retrouver. Je me rappelle vaguement que c'était la période du ramadan. C'était en hiver. J'allais à l'hôpital à pied et très souvent, je rencontrais Abed, le père de mon fils. Et un jour, ma mère lui a dit : « S'il te plait, Abed, ne laisse pas ma fille rentrer toute seule à la maison. Tu peux la raccompagner afin qu'elle ne marche pas toute seule dans la rue ? » Plus tard, elle m'a avoué qu'elle avait un plan en tête... Enfin, Abed a accepté de faire le chemin avec moi et il était comme un pote. Il me faisait rire, il me demandait comment j'allais, il me donnait des conseils d'ami, il avait même un petit côté psychologue. Je me suis dit qu'il avait bien changé et je décide de l'inviter à l'anniversaire de Jamel (son fils). Il vient donc passer un moment avec nous et je me souviens d'une petite anecdote. On avait fait le sapin de Noël et mon beau-frère était en colère : « Je ne peux pas regarder ça ! Nous ne sommes pas des Français, on ne fait pas ça un sapin de Noël. » Je trouvais ça triste, car je l'adorais mon beau-frère. Enfin, il est parti et je croyais qu'Abed allait faire pareil. Mais non. Il a joué la comédie. Il s'est exclamé : « Pff ! N'importe quoi ! Ce n'est pas parce qu'on fait le sapin de Noël qu'on devient Français. Vous avez raison de faire le sapin, il faut chanter, il faut danser, il faut s'amuser. » On a donc fait la fête. Abed a chanté et on a dansé, on a rigolé, on s'est éclaté. Ma famille m'a même dit qu'il était vraiment sympa et qu'il n'était pas comme ça avant.

La semaine suivante, on a refait la fête pour célébrer le jour de l'an. Cette fois, c'était chez mon oncle et j'avais invité Kalid. Je pense qu'il avait encore une relation amicale avec un de mes frères, car c'était des amis d'enfance. Kalid était donc présent et Abed aurait pu dire : « Qu'est-ce qu'il fout là lui ?! Il n'est pas de la famille. » Le Abed d'avant aurait dit ça, mais il jouait bien son rôle. D'ailleurs, à l'époque, mon oncle buvait encore de l'alcool et Abed nous faisait croire que ça l'amusait. Pourtant, il déteste les gens qui boivent de l'alcool. Il a donc joué la comédie jusqu'au bout. Il a fait le comique et on a rigolé. Lorsqu'il est parti, j'ai dit à ma famille : « Apparemment, il a changé, je devrais peut-être retourner avec le père de mon fils. » Mes frères ont dit qu'il avait effectivement changé, qu'il était plus sympa qu'avant. Mais mon oncle, lui, m'a dit : « C'était une pierre, il restera une pierre. Tu ne devrais pas te remettre avec lui. » J'ai tout de même riposté : « Mais Rachid, tu as bien vu, non ? Et puis, ma mère me présente à plein d'hommes et c'est soit des vieux, soit des jeunes dont la sœur ne veut pas de moi ou qui veulent que je me débarrasse de mes enfants. Personne ne veut de moi et je n'ai pas envie de finir ma vie toute seule. »

Tu vois ?! Les peurs, encore une fois. Mais en même temps, je me disais que si je me remettais avec Abed, ça serait un bon plan pour que je puisse avoir l'autorisation de quitter la maison. Vois-tu, ma mère ne voulait pas que j'aie un appartement toute seule avec mes deux enfants, alors je me suis questionnée au sujet d'Abed : « Il est devenu sympa, c'est le père de mon fils, là ça pourrait le faire. » Par la suite, j'ai été voir une assistance sociale et je lui ai expliqué que je voulais faire les papiers du père de mon fils, car on allait se mettre ensemble. Par contre, je ne me voyais pas dormir chez ma mère avec mon mari et mes deux enfants, parce que ça faisait quatre dans la même chambre. Avant, quand Abed n'était pas dans ma vie, Sabrina dormait avec moi dans mon lit et Jamel dormait dans le lit de bébé. Mais là, ce n'était plus possible. L'assistance sociale m'a donc trouvé une solution. Elle m'a dit : « Ce que je peux faire pour vous, c'est qu'on va vous mettre dans un hôtel. C'est un hôtel qui travaille avec l'état et qui accueille les gens en difficulté. » Je me rappelle d'ailleurs qu'il n'y avait pas de cuisine. À mon avis, c'était un partage avec les autres sur le palier. Il n'y avait qu'une chambre, avec une télévision. Mais je ne me rappelle de rien d'autre. C'est quand même bizarre. Je suis restée un mois dans cet hôtel, et impossible de me souvenir de la salle de bain. C'est fou, je me vois ranger les courses par la fenêtre, ça, je le vois, mais je ne vois pas la salle de bain et je ne me vois pas laver les enfants. Tu vois, quand je te dis que ma mémoire a conservé uniquement des fragments. Enfin, il paraît qu'il y a beaucoup de walk-in dont les souvenirs s'effacent.

Au sujet des souvenirs que j'ai conservés, je me rappelle que quand j'habitais chez ma mère, j'étais tout le temps stressée. Quand je sortais en cachette et que je rentrais ensuite à la maison, je me dépêchais de me mettre en pyjama et de préparer le repas pour que ma mère ne se rende compte de rien. D'ailleurs, chaque fois que je sortais, je regardais pour voir si sa voiture était sur le parking. C'était devenu un rituel super stressant. Et quand je suis partie vivre à l'hôtel, je me rappelle que je cherchais des points de repère et à l'époque je regardais Beverly Hills. C'était mon point de repère et j'en avais besoin, car c'était un grand changement pour moi. Je partais de la maison, je prenais mon envol et j'avais besoin de trouver des trucs à la télé pour me situer dans l'espace-temps. Mais pour en revenir à ce rituel stressant, je l'ai inconsciemment reproduit lorsque je vivais à l'hôtel. Lorsque j'allais chercher mes enfants à l'école et que je rentrais chez moi, j'étais en stress et je me disais : « Vite, vite, il faut que j'enlève mes vêtements et que je prépare le repas ! » Mais ensuite, je prenais conscience que je n'avais plus à m'inquiéter : « Arrête, Nacera ! Maintenant, plus personne ne va t'engueuler. Tu peux te calmer. »

— *Quel âge avais-tu à ce moment ?*

— J'avais 24 ans, et j'allais dans l'année de mes 25 ans. C'est l'année où le papa de Sabrina est décédé. Et donc, je suis restée un mois dans cet hôtel, et aussitôt après, ils m'ont donné un appartement à Wilson. C'est un quartier chaud de Reims, et sur le coup, je ne voulais pas. Mais l'assistante sociale m'a dit : « Écoutez, madame Helal. (Elle me vouvoyait au début et elle n'était pas très sympa avec moi.) C'est l'état qui paye une grosse partie de l'appartement, les trois quarts environ. Du coup, vous ne payez qu'un quart. » J'ai donc accepté d'aller visiter l'appartement et quand je suis rentrée dans l'immeuble, je me rappelle m'être dit : « Oh mon dieu, le quartier Wilson, mais quelle horreur ! » Pourtant, c'est le quartier où je suis née, c'est le quartier où j'ai vécu pendant six ans, mais je n'ai aucun souvenir. Je me rappelle juste que quand j'étais enfant, j'allais m'asseoir sur un banc à côté d'une dame qui était tellement forte qu'elle prenait presque tout le banc. Mais j'adorais être avec elle, parce qu'elle me racontait sa vie. J'étais donc tout le temps sur le banc, qui était au pied de cette tour où j'allais vivre. Et enfant, je regardais toujours cette grande tour jaune. Je me disais : « Ah, c'est intéressant, elle est grande ! Elle est immense cette

tour ohlalala !! » Et là, l'Univers me ramène dans ce quartier, alors qu'on avait déménagé loin de là. Je me souviens que je monte dans l'ascenseur jusqu'au 9e étage. Le chiffre 9 en numérologie représente la fin d'un cycle. J'avais donc terminé une gestation, j'avais terminé un cycle et j'allais entamer autre chose.
Enfin, lorsque je suis arrivée au 9e étage, j'ai été agréablement étonnée de voir que la maison avait été refaite. Elle était toute propre, tout était impeccable et sur le coup, je me suis dit : « On ne dirait même pas qu'on est à Wilson ! » C'était tout mignon, il y avait une chambre pour Jamel, que j'avais transformée en salle de jeu, une chambre pour Sabrina, et il y avait une autre chambre pour Abed et moi. Nous allions refaire un mariage coranique. Il y avait également un salon, une cuisine et une salle de bains. Lorsqu'on regardait à la fenêtre du 9e étage, on voyait l'étendue du quartier Wilson. On voyait un grand parc avec beaucoup de verdure ainsi que la cathédrale de Reims. Ça me donnait l'impression de ne pas habiter à Wilson tellement c'était beau. En plus, le loyer n'était pas cher, car l'état allait m'aider, étant donné que j'étais une maman seule avec ses deux enfants. Du moins, au début, le temps qu'Abed reçoive ses papiers. Je lui avais dit qu'il ne pouvait pas habiter avec moi tant qu'il ne les aurait pas eus, mais qu'ensuite, il pourrait venir vivre avec nous. Et donc, lorsqu'on a emménagé les enfants et moi, il venait nous rendre visite de temps en temps, mais on ne consommait rien du tout.

— *Et à ce moment, était-il encore gentil avec toi ?*

— Ah si, il était super adorable ! (Rire) Il continuait de jouer son rôle à merveille. Mais bon, pour en revenir à la maison, je me rappelle que j'avais surpris beaucoup de monde. J'étais tellement bien organisée que j'avais été capable de mettre de l'argent de côté, et dès que j'ai emménagé, tout était posé dans la maison. Les meubles de la cuisine, les meubles des chambres, jusqu'au dentifrice, papier de toilette, il ne manquait rien ! Et quand la famille à Abed est venue pour faire le mariage coranique, ils m'ont demandé comment j'avais fait. « Tu viens d'arriver et tout est déjà installé, même le tapis dans le salon ! » Même ma mère était fière de moi. Et lorsque l'assistante sociale est venue me visiter, elle m'a demandé comment je faisais pour m'organiser. Je lui ai dit que je calculais la somme d'argent qui entrait, que je déduis toutes mes factures, et que l'argent qui restait, c'était pour acheter à manger. C'est là qu'elle m'a dit que par rapport à mes calculs, j'avais droit au restaurant du cœur.

— *Qu'est-ce que c'est ?*

— C'est une association qui a été créée en France par Coluche. C'est un chanteur qui a été assassiné, parce qu'il voulait devenir président. Cet homme, il était éveillé. Il était au courant de beaucoup de choses pas nettes et il voulait les révéler. Malheureusement, il a été tué sur la route, il a eu un accident de moto. Mais avant de mourir, il a ouvert les restaurants du cœur et lorsque l'assistante sociale m'en a parlé, j'ai accepté d'y aller, même si elle m'avait dit que je me débrouillais très bien. Je crois qu'elle venait à la maison une fois par mois et je me souviens d'une fois où Abed avait mis du temps à rentrer. À ce moment, on avait fait le mariage coranique, et je l'avais déclaré aux allocations. Mais un monsieur qui est du contrôle de l'état pour les allocations familiales est venu par surprise et il était ivre. En plus, je me souviens qu'il s'appelait monsieur Bourré ! (On s'esclaffe) Je me rappelle aussi qu'il s'était pris un coquard. Enfin, il est venu chez moi et dans la salle de bain, il a vu qu'il y avait deux brosses à dents. Il est ensuite allé à la cuisine et comme il faisait chaud, il a trouvé Abed en caleçon. En colère, il m'a dit : « Comme ça, vous déclarez que vous êtes toute seule, mais il y a un homme chez vous. Donc vous trichez avec la loi ! Madame, préparez-vous à aller en prison et à rembourser tout ce que vous avez touché. » Je lui ai alors dit que je l'avais déclaré et que je n'avais rien à me reprocher. Mais j'ai tout de même pensé qu'ils avaient peut-être égaré mon dossier. Enfin, le lendemain, je n'ai pas eu de nouvelle, mais avant de quitter la maison, le monsieur m'avait dit que c'était quelqu'un dans l'immeuble qui les avait appelés. Cette personne lui avait dit que je me déclarais maman seule, mais qu'il y avait un homme qui venait chez moi. C'est surprenant, car je ne parlais à personne, j'étais une solitaire. Mais bon, je n'ai jamais eu de retour de ce monsieur, et de toute façon, je n'étais pas en fraude.

Et donc, Abed vient vivre avec moi, et nous n'avions pas d'argent tous les deux. Même si je ne payais qu'une petite partie du loyer, l'argent partait très vite et dès qu'il est entré dans ma vie, on était souvent à découvert à la banque. Vois-tu, il voulait que j'achète du coca, son yogourt et son repas, et il fallait lui amener sur un plateau, alors que mes enfants et moi, nous n'avions pas de boisson sucrée. Donc tout doucement, il commençait à instaurer sa loi. J'ai tout de même accepté de faire le mariage coranique, et c'est son meilleur ami qui a payé les courses pour le repas. J'avais demandé à ce que mes frères et sœurs soient là cette fois-ci, parce que lors de notre premier mariage, ils n'étaient pas là. Et je te jure, son copain, il a été adorable et il a tout payé.

Donc voilà, une nouvelle vie s'installait, et Abed n'était

pratiquement jamais là. Mais quand il était à la maison, je me faisais toujours engueuler, j'étais même devenue la Conchita de sa famille. Je me souviens d'une fois où sa tante était malade. Il m'a emmenée plusieurs fois chez elle pour que je fasse le ménage. Il m'a également emmenée chez une autre de ses tantes et il m'a laissée là une semaine et je devais m'occuper de tout. J'étais donc redevenue une esclave. En plus, dans sa famille, tout était prétexte pour louer une grande salle et faire une fête. « Lui, il est sorti de l'hôpital, on fait une fête. L'autre, elle a eu un bébé, on fait une fête. Lui, il a cassé sa main et sa main est réparée, on fait une fête. » Tout était prétexte à faire une fête. On faisait même une fête lorsque quelqu'un allait mourir. En fait, c'était une fête sans en être une réellement, c'est-à-dire qu'on recevait simplement les gens. D'ailleurs, je me souviens que le beau-frère d'Abed a eu un cancer parce qu'il fumait beaucoup. On savait qu'il allait mourir et dans les jours qui ont précédé sa mort, les gens, ils rentraient, ils sortaient, ils rentraient... Et on faisait à manger tous les jours pour les gens qui venaient. Et donc, je n'étais pratiquement jamais chez moi, et parfois, je devais même laisser mes enfants tout seuls à la maison. À cette époque, Halima était un bébé.

— *Tu avais accouché entre-temps ?*

— Oui, et Jamel n'était pas très vieux non plus. Et donc, je devais laisser mes trois enfants seuls à la maison. Il y avait des cousins qui avaient un double de clé et ils venaient rapidement pour voir si les enfants allaient bien. Nul besoin de te dire que je n'en pouvais plus…Mais tu vois comment l'Univers organise les choses ? Avec le recul, je me dis que c'était encore une expérience pour m'amener à me positionner et à dire non. Je te dis, la Nacera d'aujourd'hui pourrait mettre des claques à l'ancienne ! (Rire) Mais j'ai dû travailler à me pardonner, car je ne comprenais pas les messages à l'époque. J'étais aveugle.

Et donc, pour en revenir à la famille d'Abed. Tout était prétexte pour faire la fête. C'était horrible, je n'en pouvais plus. Tous les samedis, il m'amenait chez sa famille adoptive. Vois-tu, sa mère est morte lorsqu'il était très jeune, et c'est sa tante qui l'a élevé. C'est même elle qui l'a allaité. Donc tous les week-ends, on allait chez elle et dès qu'on s'approchait de l'immeuble où elle habitait, j'avais un nœud au plexus solaire. C'était horrible, c'est comme si j'allais vomir. Je n'en pouvais plus, j'en avais marre. Malgré cela, tous les week-ends, il m'amenait chez elle et je repartais avec de grands sacs de poubelle remplis de vêtements, et je devais les repasser. Mon quotidien était surchargé. En plus, lorsque nous allions là-bas, il me demandait des fois de cuisiner pour tout le monde, et il y en a qui me disait : « Ah, Nacera, je n'aime pas trop ce que tu as fait. » J'ai donc fini par toucher le fond. Au bout d'un moment, j'ai dit à Abed que je ne voulais plus qu'il m'amène dans sa famille, alors on a baissé un peu le rythme. Et c'est à ce moment qu'ont commencé les expériences dites paranormales.

Alors, il n'y avait que Sabrina et moi à la table. Abed n'était jamais là et Jamel dormait. Je me rappelle, on avait une grosse table en bois et on a entendu toquer. Ça a fait le même son que lorsque quelqu'un toque à une porte en bois. J'ai demandé à Sabrina si c'était elle. À cette époque, elle devait avoir 8 ou 9 ans et elle m'a répondu : « Mais non, maman. C'est toi qui fais ça. » J'ai donc insisté : « Allez, vas-y ! Dis-le sérieusement que c'est toi, Sabrina. Tu as bien vu que ce n'était pas moi, alors c'est toi. » Et là, elle a eu vraiment peur et elle a commencé à pleurer. Comme je ne voulais pas qu'elle soit effrayée, je lui ai dit que c'était moi finalement, mais dans ma tête, je me disais : « Mais c'était quoi, ça ?! » Et donc, ça, c'était la première manifestation. Ensuite, il y en a eu tout un tas d'autres. Je me souviens, Abed était encore une fois sorti et j'étais allongée sur le fauteuil. Je regardais *Les feux de l'amour* à la télévision. Tu sais, j'avais les vieilles télés d'avant, qu'on appelle les télés tube. Ce ne sont pas des écrans plats comme maintenant. Il fallait appuyer vraiment fort pour enclencher le bouton afin que la télé s'allume. Et donc, je suis tranquille, je suis allongée en regardant l'émission, quand soudain, la télé s'éteint. Je me lève en me demandant ce qui se passe et je vais la rallumer. Mais les jours suivants, ça s'est reproduit. Je me rappelle d'une fois, j'étais assise dans mon fauteuil et un des murs s'arrêtait à environ 60 centimètres à ma droite. Et derrière ce mur, il y avait la chambre du bébé. Cette chambre était éclairée par le soleil et les rayons illuminaient le mur. Je suis donc assise dans mon fauteuil et je regarde la télé devant, mais je suis interpellée par des mouvements à côté de moi, alors que je suis toute seule. Les enfants étaient à l'école. Et donc, je me retourne pour regarder le mur et je vois la silhouette de deux enfants qui se donnent la main et qui dansent. Enfin, je vois leur ombre qui contraste avec la lumière du soleil. Je me rappelle même que la fille était plus grande que le garçon. Rien que d'en parler, j'en ai la chair de poule !! Par contre, je n'ai pas eu peur, contrairement à cette fois où Sabrina et moi on a entendu toquer. Peut-être parce que c'était des enfants ? Enfin, lorsque Abed est rentré, je lui ai raconté, mais il ne m'a pas crue. Mais bon… Après, je me rappelle plus toutes les expériences que j'ai vécues. Je me rappelle seulement que sur ce fameux mur, il y avait un téléphone mural, et à un moment donné, il a sonné et lorsque je l'ai décroché, j'ai vu du sang couler le long de mon doigt. J'ai encore la cicatrice aujourd'hui.

— *Tu ne t'es pas accrochée ?*

— Non, il n'y avait rien pour que je puisse m'accrocher. C'était un peu flippant, car c'est comme si je voyais le trou s'ouvrir sous mes yeux et le sang coulait. Mes premières expériences paranormales ne m'ont pas dérangée, mais là, avec le sang, je me suis dit qu'ils étaient allés trop loin. Je l'ai donc dit à Abed et il m'a conseillé d'appeler mon oncle en me mentionnant que c'était peut-être les Djinns. Mon oncle a accepté de venir chez moi, puisqu'il a l'habitude d'être appelé pour ce genre de chose. Il nettoie les lieux. Il a égorgé un poulet dans ma baignoire, il a fait un rituel et effectivement, après, il n'a plus jamais rien eu dans la maison. J'ai tout de même été voir le gardien de la tour et je lui ai demandé s'il s'était passé quelque chose de particulier dans l'immeuble. Il m'a répondu qu'au 8e étage, donc juste en dessous de chez moi, il y avait une dame qui avait demandé le divorce et son mari n'était pas d'accord. Un jour, il a foutu le feu et il a tué sa femme et ses deux enfants. C'est pour ça qu'elle éteignait la télévision lorsque je regardais *Les feux de l'amour*. C'était sa façon de me dire : « Hey, aidez-moi !! Je suis là ! » Et donc, mon oncle l'a aidée à partir.

— *Les deux enfants que tu as vus sur ton mur, c'était donc ses enfants ?*

— Oui, et à ce moment-là, j'ai compris pourquoi les propriétaires de la tour avaient fait repeindre la maison. Il y avait sûrement eu de la fumée qui était montée jusqu'au 9e étage et elle avait noirci l'appartement. Mais bon, tout avait été nettoyé et la maison était impeccable lorsque j'ai emménagé. Et donc, les jours passent et tout doucement, Abed commence à m'énerver, je n'ai plus envie de lui. Parallèlement à cela, je m'étais fait une nouvelle amie. C'était ma voisine de palier et il m'arrivait de passer tout l'après-midi avec elle. Cette femme, elle avait une histoire très compliquée que je ne raconterai pas par respect, mais ce que je peux dire, c'est qu'elle racontait plein d'histoires sur les Djinns. On était à fond sur les trucs paranormaux et de son côté, elle était effrayée par ces créatures. Mais un jour, elle a été obligée de se sauver parce que son mari voulait la tuer. Elle a changé d'identité et de ville, et je ne l'ai plus jamais revue.

Entre-temps, les propriétaires de la tour ont commencé à faire déménager les gens de l'immeuble. Abed et moi, on a aussi reçu un courrier, mais je n'avais pas envie de partir. J'avais rencontré ceux qui étaient déjà partis et ils m'avaient expliqué qu'ils avaient été envoyés dans les quartiers chauds. Je ne voulais pas me retrouver dans des endroits dangereux et comme je savais que j'allais divorcer d'Abed, je me demandais ce qui allait advenir de moi. Petite parenthèse : à cette époque, je portais le foulard et je faisais la prière et le ramadan. En fait, pour les prières, je crois que j'avais commencé quand j'étais enceinte de Sabrina. C'est à la suite d'un film que j'ai commencé à faire la prière. Par contre, même enfant, j'ai toujours su qu'il y avait un Grand Tout, mais je ne mettais pas de mot dessus. C'était savoir sans savoir. En gros, je m'en fichais, quoi ! Mais après avoir vu ce film, lorsque je faisais la prière, je visualisais que j'étais devant le visage de Dieu et que je me prosternais devant ses yeux. Mais j'ai arrêté la prière quand j'ai commencé à travailler et que j'ai quitté définitivement Abed.

Pour en revenir à la tour, les propriétaires voulaient qu'on quitte l'immeuble. Abed et moi étions les derniers, tout le monde était parti, il ne restait plus que nous. Comme je savais que j'allais quitter le foulard et que j'allais divorcer, j'ai été chez le foyer Rémois et je leur ai demandé un rendez-vous. Lorsque j'ai rencontré le monsieur qui s'occupait de mon dossier, je lui ai dit d'un ton ferme : « Écoutez, j'ai l'intention de divorcer, j'ai l'intention de quitter ce foulard et j'ai l'intention de changer de vie et de me trouver un emploi, mais je vais avoir besoin de votre collaboration. » Quand je suis sortie du bureau, je me suis demandé qui avait parlé ! C'est étrange, c'est comme si ma bouche parlait et que je ne contrôlais rien. Comme si une part de moi plus grande avait pris le dessus. J'ai donc dit au monsieur : « Est-ce que vous êtes content de ses enfants qui brûlent les cabines téléphoniques dans les quartiers chauds ? Est-ce que vous êtes content quand il y a la police et les pompiers qui viennent, et que ces jeunes leur manquent de respect ? Est-ce que vous êtes content qu'ils viennent taguer vos murs et voler les caisses des magasins ? Il est hors de question que mes enfants soient éduqués comme ça, alors on va faire un travail d'équipe. Vous me faites habiter à un endroit où je pourrai éduquer mes enfants comme je l'entends, et à partir de là, je vous promets sur la tête de mes trois enfants que vous n'entendrez jamais parler de nous. Le loyer sera payé et on se fera discret comme ce n'est pas possible. » Lorsque j'ai eu terminé de parler, il m'a dit qu'il avait quelque chose à me proposer et que je pouvais aller visiter l'endroit le lendemain. J'ai accepté et je suis allée visiter ce fameux pavillon. Je me rappelle, c'était au 20 rue Buridan à Reims. C'était une petite ruelle toute tranquille, et juste en face, il y avait un petit garage. C'était à René, et il est devenu mon ami. J'adorais cet homme. Enfin, je l'adore, car depuis son décès, il me fait des

signes à l'occasion. Et donc, on s'était pris d'amitié et dès que j'ouvrais ma fenêtre le matin, paf ! J'avais René en face.
J'ai donc emménagé avec mes enfants dans ce pavillon. Il était situé sur une petite rue tranquille, mais elle s'animait les dimanches, car il y avait un marché. Une nouvelle vie commençait pour moi, mais avant cela, il y a eu une période de transition. D'ailleurs, je t'ai dit que je ne voulais pas quitter la tour. Il a fallu que le propriétaire me convainque et je me souviens qu'il m'a dit : « Il faut que vous partiez, parce que si vous ne partez pas et qu'on démarre une nouvelle année, je devrai payer les impôts pour cette tour, alors qu'à la base on doit la détruire. Et pendant que vous êtes là, on paye le gardien pour vous et l'entretien de l'ascenseur. » Par rapport à l'ascenseur, il tombait souvent en panne, car il y avait des fuites de canalisation et l'eau coulait le long de l'escalier. J'ai d'ailleurs une anecdote à ce sujet. Dans la tour, il y avait un ascenseur pair et un ascenseur impair, et quand on montait dedans, il arrivait qu'il se bloque. Et donc, lorsque les portes s'ouvraient, on était face à un mur. Mes enfants étaient effrayés et ils criaient : « Maman ! Maman ! Mais qu'est-ce qui se passe ?! » Je leur disais de ne pas s'inquiéter, mais en vrai, j'avais envie de faire pipi dans ma culotte ! J'avais envie de crier et de pleurer, mais je ne voulais pas les effrayer davantage. Je leur disais que c'était génial, car les pompiers allaient venir nous aider. « Vous pourrez raconter ça à vos amis à l'école ! » Je réussissais à les calmer de cette façon, même si c'était vraiment l'horreur.

Et donc, pour en revenir à cette période transitoire, j'ai habité pendant quelque temps un autre immeuble.

— En effet, et si je comprends bien, tu as quitté la tour pour t'en aller vivre là-bas ?

— Oui, car il y avait des travaux à faire dans la maison sur la rue Buridan. Nous avons donc habité là pendant un petit moment. Je me souviens lorsque j'ai visité la maison. Il y avait un escalier, un jardin et une cuisine encastrée. J'avais toujours rêvé d'en avoir une, parce que partout où j'habitais, c'était toujours des petites cuisines. Et donc, j'avais une cuisine encastrée, des escaliers, et la maison était sur quatre niveaux. Il y avait le sous-sol, le 1er, le 2e et le 3e étage. Du coup, on avait quatre chambres, un salon et une petite salle de bains. Je trouvais ça génial, sauf qu'à ce moment, je ne pouvais pas encore dire à Abed que j'allais divorcer. J'attendais le bon moment, et lui, il croyait qu'il allait habiter dans cette maison avec les enfants et moi. Et entre-temps, il nous avait amenés en vacances en Algérie. En fait, nous sommes partis en vacances au même moment où on allait déménager dans notre nouvelle maison. Je me souviens que c'est à ce moment que j'ai vraiment eu envie de divorcer. J'en étais certaine cette fois-ci, mais avant cela, je me souviens que j'étais allée voir le monsieur du Foyer Rémois. Je lui avais dit que j'allais divorcer et j'avais pris un avocat. Mais juste après, Abed refaisait le gentil. Il s'excusait et arrêtait.

Et donc, nous sommes partis en vacances en Algérie et Abed m'avait demandé de vendre mes bijoux pour payer le voyage. J'ai donc vendu tous les bijoux en or que ma mère m'avait donnés. Je me rappelle qu'il m'a dit : « Tu vas tellement aimer l'Algérie qu'après, c'est toi qui vas me demander tous les ans de partir en vacances. » Je me suis dit que ce serait étonnant, puisque je n'avais jamais aimé mes vacances là-bas, j'étais toujours enfermée à la maison. Mais il m'a dit « Tu verras, je vais te faire sortir, tu vas découvrir comment il est beau notre pays. » Je lui ai tout de même demandé pourquoi on n'allait pas ailleurs, mais ça l'a choqué : « Ça ne va pas, non ?! J'ai un pays, alors pourquoi j'irais dans les autres pays ? » J'ai répondu que je trouvais ça bien d'aller voir le monde, mais il a riposté : « Non, on ira en vacances en Algérie, un point c'est tout. »

Et donc, on part en vacances, et là, il m'a montré un nouveau visage. Il m'a dit : « Hey, en France, la femme a des droits, mais maintenant, on est en Algérie et ici, c'est l'homme qui a des droits. Et donc, tu la boucles. » (Elle mime le geste de zipper sa bouche) Si tu savais combien il a été horrible. Par contre, sa famille a été adorable avec moi, sauf une de ses sœurs et un de ses frères. Étrangement, c'était les deux seuls qui avaient du pognon et qui avaient une grande maison. Les autres n'avaient pas beaucoup de moyens et ils habitaient dans des maisons où tout le monde dort ensemble dans les chambres. D'ailleurs, je me rappelle que l'après-midi on se rassemblait pour boire le thé et manger. Chez eux, on était reçu comme des rois, même s'ils vivaient dans une forme de pauvreté. Enfin, ils n'étaient pas vraiment pauvres, car ils étaient riches de cœur et ils nous aimaient sincèrement. Ils nous adoraient, Halima, Jamel, Sabrina et moi. Je me souviens également que ceux qui avaient de grandes maisons avec carrelage et meubles à la française, ils mangeaient avec des couverts, alors que les autres mangeaient aussi avec des couverts, mais ils mangeaient quand même beaucoup avec les mains. Ils mangeaient à même le sol, alors que les autres mangeaient sur des tables que tu poses sur des pieds. Tu sais, avec l'attitude : nous, on s'en sort !!

J'ai une petite anecdote au passage. Il y avait une de ses sœurs qui était pharmacienne et son mari était professeur à l'école. Eh bien, quand j'allais la voir, elle me demandait : « Nacera, quand tu retourneras en France, j'aimerais que tu achètes un ordinateur pour mon fils, un vélo pour mon autre fils, et une poupée qui marche pour ma fille. » Je lui ai répondu avec une attitude sarcastique : « Attends, j'ai besoin d'un calepin et d'un stylo. » Interloquée, elle m'a demandé pourquoi et je lui ai dit qu'il fallait que je note la liste au père Noël !! « Ce que tu me demandes, mes propres enfants ne l'ont même pas en France. Tu sais, on n'est pas riche. On mange des patates et des nouilles. » Elle m'a alors avoué qu'ils mangeaient également des patates et des nouilles, et Abed s'en est mêlé. Il était en colère après moi, car il adorait sa sœur. Il m'a dit en levant sa main dans les airs pour menacer de me frapper : « Tais-toi, tais-toi ! Je t'interdis de parler comme ça à ma sœur ! » J'ai riposté : « Mais Abed, est-ce qu'il y a un de tes gosses qui a un ordinateur, un vélo ou une poupée qui marche et qui parle ? » Malgré cela, elle n'a pas annulé la commande et Abed a dit qu'on allait trouver une solution.

J'ai une autre anecdote concernant un de ses frères, celui qui habitait dans une belle et grande maison. Je me rappelle d'une fois où Jamel était très malade, il faisait presque 40 de fièvre. Il n'était d'ailleurs pas le seul à être malade. Le fils du frère à Abed avait contracté le même virus. Il l'a donc amené chez le docteur avec notre voiture et il lui a acheté des médicaments, mais il n'a même pas voulu en donner à Jamel. Pourtant, il avait la même chose que son fils. D'ailleurs, son fils, il prenait les shorts d'Abed. Il prenait même ses caleçons et je trouvais ça dégoûtant ! Il fouillait dans nos affaires, il mettait nos vêtements, mais je devais fermer ma bouche. C'était tout le temps comme ça, je n'en pouvais plus… Enfin, lorsque le frère d'Abed n'a pas voulu donner de médicament à Jamel, ça m'a choquée et j'ai dit à Abed : « Mais bon sang, ouvre les yeux ! » Mais il a répliqué : « Arrête de parler de mon frère,

fiche-lui la paix ! » J'ai alors demandé à ce qu'on aille chez son autre frère, celui qui nous aimait vraiment, et on a été reçu comme des rois.
J'ai une autre anecdote concernant Abed. Cette fois-ci, c'était Halima qui faisait de la fièvre. Elle avait 3 ans à cette époque et une nuit, elle se réveillait en pleurant. Eh bien, Abed l'a attrapée et il l'a secouée, car il voulait qu'elle se taise. Et Halima, elle ne l'avait pas vu de la journée parce qu'il était rentré tard. Il avait traîné de droite à gauche, car il allait toujours voir ses potes. Ah oui, ça me fait penser à autre chose à propos d'Abed… Vois-tu, on était venu en Algérie par bateau. On avait fait la route de Reims jusqu'à Alicante en Espagne, et d'Alicante, on avait pris le bateau jusqu'en Algérie. Et quand nous sommes arrivés dans son village, on a pris notre voiture et je me souviens, Abed était vêtu d'un jogging Adidas et il a ouvert la fenêtre en mettant la musique à fond pour que tout le monde le voie. Il jouait à celui qui a réussi sa vie : « Regardez, je suis un Français maintenant et j'ai mes papiers ! » Je n'en revenais pas. Je lui ai dit : « Mais tu fais quoi, là ? Tu es en train de te la jouer alors qu'on est des pauvres en France. On a le RMI, on va se nourrir au restaurant du cœur, il n'y a pas de quoi s'en vanter. » À nouveau, j'ai eu droit à des menaces et il a levé la main en l'air en s'écriant : « Tais-toi ! » Alors qu'en France, il n'avait jamais fait ça.
Je dois faire une petite parenthèse pour te parler du restaurant du cœur. Vois-tu, en France comme en Algérie, Abed rentrait tout le temps tard. Il était absent toute la journée, alors je devais gérer la maison toute seule. Et quand il daignait rentrer, il était soit avec des copains, soit avec des membres de la famille et je devais faire à manger pour tout le monde. Et un jour, il est rentré trop tard pour aller chercher notre part de nourriture au restaurant du cœur. En fait, quand il y est

allé, on lui a dit que c'était trop tard, qu'il n'y avait plus rien. Ça m'a étonnée, car je pensais que les repas étaient comptés. Je croyais que s'ils savaient qu'il y avait cent personnes qui avaient droit d'avoir un repas, ils préparaient cent paniers. Mais non, si nous arrivions trop tard, il n'y a plus rien. C'était premier arrivé, premier servi. Et donc, quand l'assistante sociale est revenue me voir, je lui ai dit que je ne savais pas que ça fonctionnait ainsi. Elle m'a alors avoué que l'idéal, c'était d'y aller le matin, mais je lui ai dit que je ne voulais plus y aller, je ne voulais plus prendre cette nourriture. Elle n'a pas compris pourquoi, car j'y avais droit. Je lui ai donc expliqué que je savais me débrouiller avec ce que j'avais, car ma grand-mère et ma mère m'avaient appris à faire à manger avec rien. Et il n'était pas question que je prive une famille et lorsque je lui ai dit ça, elle s'est mise à pleurer. C'était la première fois que quelqu'un lui disait quelque chose comme ça et ça l'a émue, alors qu'au début, elle était froide avec moi. Mais là, elle voyait que je me débrouillais bien et tout doucement, elle commençait à me sourire. Et donc, après lui avoir dit ça, elle m'a avoué qu'elle ne viendrait plus me voir, car je n'avais plus besoin d'elle, et que d'autres personnes avaient besoin de son aide. Je ne l'ai donc plus jamais revue.

Même si je me débrouillais bien, j'avais tout de même droit au RMI et c'est pour ça que j'ai eu droit à cette maison, le pavillon dont je t'ai parlé sur la rue Buridan. Je crois que j'y suis restée pendant au moins 13 ans et je n'ai jamais eu à payer le loyer pendant 10 ans au moins. Je pouvais donc mettre de l'argent de côté pour mes enfants, j'arrivais à remplir le frigo, je payais mes factures comme tout le monde, l'électricité, le gaz, et les besoins des enfants. J'étais maman seule avec trois enfants, et je travaillais environ vingt-deux heures par semaine. J'avais privilégié le fait de m'occuper de mes enfants et d'avoir tout ce qu'il faut pour remplir le frigo. Et comme j'avais la chance de travailler dans les magasins de vêtement et que j'adorais les fringues, j'avais droit à des réductions. Du coup, ça ne me coûtait vraiment pas cher. Cela pour te dire que tout était un cadeau pour moi.

Et maintenant, revenons-en à cette histoire au sujet d'Abed et d'Halima. On est en Algérie et il secoue la gamine tellement fort qu'elle tombe dans les pommes. Et là, je me mets en colère et je lui dis, tout en essayant de réanimer Halima : « Tu n'es vraiment qu'un connard ! Je te jure, si tu as tué ma fille, je te tue de mes propres mains ! » Je te dis, ça bouillonnait en moi. D'un côté, il secoue Halima, et de l'autre, il y a cette histoire avec Jamel. Je n'en revenais toujours pas que son frère n'ait rien fait pour l'aider, alors qu'il avait des médicaments. Par contre, son autre frère, celui qui nous avait bien accueillis, eh bien, il s'est mis à pleurer lorsqu'il a vu que Jamel était malade. Vois-tu, Jamel, c'est un bon vivant. C'était un gamin qui courait, qui jouait, qui était comique. Mais là, comme il était malade, il ne parlait plus. Il ne faisait que dormir ou pleurer. Et donc, lorsque le frère d'Abed l'a vu dans cet état, il a pleuré. Je me souviens, il l'a gardé dans ses bras tout l'après-midi. Il marchait avec lui dans la maison et il mettait un gant de toilette froid sur sa tête. Il a utilisé des trucs de grand-mère et Jamel a commencé à aller mieux. Abed, pendant ce temps, était sorti pour aller voir des amis. On ne le voyait jamais, et à un moment donné, je me suis fâchée. Je lui ai dit : « Tu m'as ramenée ici, tu m'as promis de me montrer l'Algérie, mais ça fait un mois qu'on est là et je n'ai toujours rien vu. Tu sors tous les jours, tu pars le matin, tu rentres le soir et moi, je ne vois rien. Je ne fais rien. » Il a simplement répondu : « Et alors ?! » Ça m'a choquée encore plus et je me suis exclamée : « Tu m'as fait vendre tous mes bijoux en or pour payer le voyage, et en plus, tu changes ton comportement ! » Et là, il a répliqué de façon arrogante : « Qu'est-ce que tu as, tu as un problème ? D'ailleurs, tu sais quoi ? À partir de maintenant, tu vas mettre le foulard. » Je lui ai répondu qu'il n'en était pas question : « À Reims, je l'ai mis, mais là, je ne le mettrai plus jamais ! » Il m'a alors menacée : « Soit tu mets le foulard, soit tu fous le camp dehors. » J'ai eu peur, car je ne pouvais même pas aller chez ma famille, je crois qu'on était à 700 kilomètres de chez mon frère. Je lui ai tout de même dit : « Non, mais, ça ne va pas ?! » Et c'est là qu'il a pris les enfants contre lui, même Sabrina, et il a dit qu'il gardait les gosses en Algérie : « Là maintenant, si tu demandes le divorce, tu n'auras même pas le droit d'avoir les enfants. Tu n'as même pas le droit de prendre ta valise. Tu pars juste avec les vêtements que tu as sur toi. »

J'ai eu si peur que je me suis dit que je devais prendre sur moi : « Nacera, tu vas être adorable. Tu vas être gentille et tu vas être une femme obéissante. » Je me souviens qu'à partir de ce moment, j'allais me coucher tôt en me disant que le temps passerait plus vite. Et comme il fait très chaud en Algérie, on dormait l'après-midi. Bref, tous les rituels qui faisaient en sorte que le temps passait plus vite, je les faisais et j'allais uniquement chez ceux avec qui j'avais un bon contact. Comme ça, c'était agréable et mes journées passaient vite.
Lorsque j'allais au lit, je me rappelle qu'il m'arrivait de fixer le plafond de la chambre en me disant : « Tiens bon, Nacera. » Je n'en pouvais plus et des choses comme celle-là, ça m'a marquée. Et un jour, j'ai dit à Abed qu'il fallait se dépêcher de rentrer en France pour faire les papiers. En plus, la rentrée scolaire arrivait, alors il a accepté. Je me souviens aussi qu'il y a eu des problèmes avec mes papiers, mais heureusement, dans sa famille il y avait des gens qui travaillaient à la

douane. Vois-tu, ma pièce d'identité était restée en France.
— *Mais dans ce cas, comment as-tu fait pour rentrer en Algérie ?*

— Impossible de savoir comment ça s'est fait. Mais une chose est sûre : j'ai passé les douanes, j'ai passé le bateau et ma pièce d'identité était restée en France. Les douaniers n'allaient donc pas me laisser repartir chez moi, mais heureusement, on a réussi à refaire mes papiers. On a contacté ma famille et on a réussi à monter un dossier avec son cousin de la douane. J'ai donc pu revenir, et dès que je suis arrivée en France, j'ai dit à Abed que j'allais aller voir l'avocate et que cette fois, c'était définitif. C'était en 1999. (999, fin d'un cycle) Je suis donc allée voir l'avocate pour la 3e fois et elle m'a dit : « Après tout ce que vous m'avez raconté à son sujet, vous avez du mérite, madame Helal. Il ne pourra pas dire que vous ne lui avez pas donné sa chance. » Mais comme Abed était radin, il ne voulait pas dépenser d'argent et il m'a dit : « Nacera, j'ai entendu dire que pour que je ne paye pas un avocat, on peut faire un divorce à l'amiable. Comme ça, c'est toi qui payes l'avocat et de mon côté, je ne paye rien et en trois mois, c'est terminé. » Et c'est à ce moment qu'est arrivée cette histoire que je t'ai racontée plus tôt. Tu sais, lorsqu'il m'a ramenée chez mes parents pour que je me fasse engueuler, car j'avais eu des relations sexuelles avec l'homme que j'avais fréquenté avant lui. Il m'a dit : « Je ne veux plus de toi, parce que tu es une traînée. Avoue-moi que tu n'as jamais rien fait avec le Marocain que tu as connu avant moi. Tu as été avec lui pendant un an et tu veux me faire croire que tu n'as rien fait ? » J'ai baissé la tête sans rien dire et c'est là qu'il m'a ramenée chez mes parents. Mais je leur ai dit qu'il essayait de se venger, parce que je demandais le divorce. Et comme ils n'ont pas aimé son attitude et que je leur avais raconté ce qu'il avait fait en Algérie, ils lui ont dit : « Abed, tu as fait tes conneries toi-même, et maintenant, on ne te défend plus. » Et là, ma mère a poursuivi : « La première fois, j'ai obligé Nacera à sortir avec toi, la 2e fois, elle t'a donné une chance, mais la 3e fois, tu as tout saboté. Maintenant, on ne rentre plus dans vos affaires, je la laisse décider. » En plus, mes parents ne me demandaient pas de revenir à la maison cette fois-ci, parce qu'entre-temps, ils avaient déménagé. Je ne sais plus si c'est parce qu'ils avaient divorcé. Enfin, c'est tellement bizarre leur histoire. Ah oui, je me souviens maintenant, ma mère s'était remariée entre-temps. Mes parents avaient donc divorcé et elle a eu un autre appartement. Mais ils l'ont regretté, parce qu'ils étaient encore amoureux et ils demandaient toujours des nouvelles de l'autre. Mais bon, pour en revenir à moi, je demande le divorce et c'est là que tout commence à se mettre en place. Effectivement, le divorce a été très vite et l'avocate a insisté pour que je demande une pension alimentaire, aussi minime soit-elle. Je me rappelle à l'époque, c'était soixante euros par enfant, mais comme tu t'en doutes, Abed a gueulé, car il ne voulait pas payer !! Il n'était pas content, et au début, il ne venait presque jamais chercher ses enfants. Mais tout doucement, je commençais à créer une nouvelle vie.

— *Dans la maison sur la rue Buridan ?*

— C'est ça, et comme Abed ne savait pas qu'il n'allait pas habiter dedans, il avait fait appel à mes beaux-frères et à des personnes de sa famille pour retaper la maison. Vois-tu, le foyer Rémois avait fait des réparations, mais on en a fait d'autres par après. On a réparé des bricoles et quand j'ai dit à Abed qu'on allait divorcer, il s'est exclamé : « Ahhhh, tu m'as utilisé pour avoir la maison !! » Je lui ai dit que ce n'était pas vrai, que c'était lui qui avait créé tout ça, je n'y étais pour rien. Enfin, on a finalement divorcé, mais il profitait encore de moi, car il dormait à la maison. Je n'arrive pas à me rappeler s'il dormait dans le salon, mais je me rappelle qu'il m'obligeait à me lever la nuit pour lui faire sa gamelle, pour lui faire son café et je devais même lui préparer son linge, à 4h du matin. Je me suis tannée et un jour, je lui ai dit : « J'en ai marre, je n'ai pas à laver ton linge, on est en instance de divorce. Maintenant, tu devrais dégager de chez moi. » Et comme on divorçait en même temps que mes parents, je me rappelle qu'Abed était tout le temps en train de défendre mon père, alors qu'au début, il adorait ma mère, car c'est elle qui m'avait obligée à me marier avec lui. Sauf qu'après, il était du côté de l'homme. Il lui a dit : « Hey, Larbi, maintenant que vous êtes passés devant le tribunal, il y a eu la séparation de corps. Alors pourquoi tu ne la fous pas dehors, Zakia ? » Mon père lui a répondu que ça ne le regardait pas, et de mon côté, j'ai demandé à Abed pourquoi il restait encore chez moi. Pourtant, nous avions nous aussi eu la séparation de corps. Mais il dit que ce n'était pas pareil pour nous, car on avait des enfants.

Tout ça pour te dire qu'il a bien profité de moi. Il téléphonait souvent en Algérie et c'est moi qui payais les factures, alors qu'il travaillait à ce moment. Il ne me donnait pas un centime, il m'exploitait à fond. Mais heureusement, au bout de quelque temps, il a eu un appartement derrière chez moi. Et entre-temps, j'avais dit au juge qu'il ne prenait pas les enfants et qu'il ne payait pas la pension. Du coup, il a été puni. Le juge l'a augmentée, au lieu des 120 euros pour les deux enfants, c'était devenu 200 euros. Il a donc commencé à venir les chercher de temps en temps. On commençait donc à instaurer un nouveau rythme de vie et dorénavant, on fêtait Noël et les anniversaires, tout ce qu'on n'avait pas le droit de faire avant.

Je sortais quand je voulais, on prenait le bus, on allait en ville. Des fois, on y allait à pied, et ce qui est marrant, c'est que je passais tout le temps dans le quartier où habitait Arnaud.

— *Arnaud, ton dernier copain ?*

— Oui, et ce qui est drôle, c'est que j'allais faire mes courses où lui allait faire les siennes. Mais bon, on parlera de lui plus en détail un peu plus tard. Pour l'instant, revenons-en à cette nouvelle vie qui se mettait tranquillement en place. Dans la maison, tous les enfants avaient leur chambre. Halima dormait à l'étage, et j'avais mis Jamel et Sabrina tout en haut. Elle avait une grande chambre pour elle, car elle aimait danser, mais c'est quand même moi qui avais la plus grande chambre. Elle était tellement grande qu'on aurait pu en faire deux. Je pouvais mettre armoire, bureau, et c'est là que je commençais à aménager ma vie à moi. J'avais mon petit meuble de télé et les enfants en avaient tous une dans leur chambre. On en avait une également dans le salon. Et donc, on commençait à avoir un nouveau rythme de vie. C'était d'une fluidité, d'une légèreté, mais c'est à ce moment qu'a commencé tout un tas de manifestations dites paranormales. Il y avait des ampoules qui pétaient, même si elles étaient garanties huit ans. Et je me souviens, il s'est passé quelque chose avec les jouets de Jamel. Vois-tu, il dormait au même étage que Sabrina, mais ce n'était pas vraiment une chambre qu'il avait. Comme il ne voulait pas avoir une chambre avec ses sœurs, il m'a dit : « Ce n'est pas grave maman, tu peux me mettre là. » Dans cet espace, j'avais donc mis un lit superposé et il y avait un bureau en dessous. Et comme je te l'ai dit, il avait sa télévision, il avait même de la place pour mettre ses jouets. C'était son petit univers à lui, mais c'était agaçant, parce que pour sortir de là, il devait traverser la chambre de sa sœur. C'était un peu embêtant et je me rappelle que parfois, ça faisait des conflits. Comme les fois où il regardait la télé et Sabrina lui disait : « Éteins la télé, Jamel, elle est trop forte ! » Et ce qui est bizarre, c'est que parfois, elle entendait des voix d'homme qui disait : « Oui, c'est bon, on va éteindre ! » Ou alors, à leur étage, il y avait des portes-placard qui faisaient un mètre de hauteur, et le lendemain, quand Jamel et Sabrina se réveillaient, ils trouvaient les portes grandes ouvertes.

Et donc, pour en revenir aux jouets de Jamel, même s'ils n'avaient pas de pile, il arrivait qu'ils se mettent en route tout seuls la nuit. Et ce n'est pas tout. Il y avait des choses qui changeaient de place. Mais avant de te raconter une anecdote à ce sujet, tu dois savoir que je suis restée cinq ans célibataire après avoir divorcé d'Abed. Ensuite, j'ai rencontré un Tunisien, puis j'ai rencontré Philippe, un Antillais. Je me rappelle qu'il dormait avec moi dans ma chambre, et sa fille dormait avec Halima, je crois. Et donc, un matin, Philippe et moi on se réveille, et pour descendre les escaliers, on devait ouvrir la porte et traverser la chambre de ma fille. Pour te dire, c'était vraiment comme les maisons à l'ancienne ! Donc on ouvre la porte pour sortir de la chambre, et là, il y a la commode d'Halima qui nous bloque le passage. Et en passant, Philippe était baraqué, il mesurait 1m91.

— *Vous deviez être un drôle de couple, puisque tu es toute petite !*

— Effectivement, car je mesure 1m47 ! (On rigole) Et donc, Philippe pousse le meuble et on arrive dans le salon, et on s'aperçoit que tout le monde regarde la télé. On demande alors aux enfants qui avait mis le meuble devant la porte, mais ils ont répondu qu'ils n'avaient rien fait. C'est à ce moment que Philippe et moi, on se dit que s'ils avaient poussé la commode, on l'aurait entendu, car ça aurait grincé sur le sol. Et là, on se regarde et on se demande : qu'est-ce que c'est que cette histoire ?! La commode ne pouvait certainement pas avoir bougé toute seule. Mais bon, on remonte à l'étage pour la remettre en place, mais le temps qu'on arrive, elle était revenue à sa place. Et donc, il y avait plein de manifestations de ce genre. Dans la maison, on avait tout le temps froid et on sentait des courants d'air. On entendait même des voix et il y a cette histoire avec Sabrina. Elle avait vu un Husky. Enfin, elle avait vu une silhouette et elle savait que c'était un esprit. Je suis donc allée voir René, le garagiste, car il était très ouvert. Je lui ai dit que Sabrina avait vu un Husky et que Jamel avait entendu des voix. Il m'a répondu qu'avant que nous emménagions dans la maison, il y avait un couple homosexuel qui habitait là et il avait un chien. C'était un Husky et un jour, il a disparu et il n'est plus jamais revenu.

J'ai des anecdotes concernant Halima également. Des fois, elle était assise sur son lit et elle jouait à ce jeu, tu sais lorsqu'on clappe des mains avec un copain. Eh bien, à un moment donné, j'ai ouvert la porte de sa chambre, et au même moment, Jamel descend les escaliers pour aller voir sa sœur. Ces deux-là étaient tout le temps ensemble, parce qu'ils avaient deux ans et demi d'écart. Et donc, il rentre dans la chambre d'Halima et j'ouvre la porte au même moment. Eh bien, on a tous les deux vu une main qui faisait le même mouvement qu'Halima et on a même entendu un grand clap ! On a eu peur, et Halima s'est mise à hurler parce qu'il n'y avait personne. Elle m'a demandé ce que c'était, mais je n'en savais rien ! Et c'est là qu'elle m'a avoué qu'il se passait toujours des trucs étranges dans sa chambre. Elle m'a même dit : « Toutes les nuits, il y a quelqu'un qui s'assoit sur mon lit. Ça m'embête, parce que du coup, je ne peux pas tirer ma couverture. » J'ai d'ailleurs vécu sensiblement la même chose qu'elle. Je me rappelle qu'un jour, j'ai senti une présence qui s'est allongée le long de mon lit, je savais que c'était une femme et je sentais les enfants qui sautaient. Et du coup, je riais avec eux.

— *Tu riais ?!*

— Oui, parce que je n'avais pas peur. D'ailleurs, je me rappelle qu'à trois reprises, je suis partie de la maison et j'ai oublié mes clés dans la serrure. Et donc, n'importe qui pouvait rentrer chez moi et me voler, mais jamais personne n'est entré. Avec mes enfants, je me souviens qu'on parlait souvent des trucs bizarres qui se passaient dans la maison, mais malgré cela, nous nous sentions protégés. On le sentait au fond de nous, même si au début, Halima avait eu peur. Avec le recul, elle s'était rendu compte qu'ils ne nous avaient jamais rien fait ! Et donc, dans cette maison, il s'est passé énormément de choses. D'ailleurs, tu te rappelles de cette histoire au sujet de ma voiture ? Un dimanche matin, je me l'étais fait voler, alors qu'elle était garée devant ma fenêtre de cuisine.

— *Et c'est là que Skyrock t'a téléphoné.*

— Exactement. Eh bien, c'est lorsque j'habitais dans cette maison que c'est arrivé. Et dès que quelque chose tombait en panne, j'avais une rentrée d'argent. La plaque de cuisson tombe en panne, une rentrée d'argent, le four tombe en panne, une rentrée d'argent, la machine à laver tombe en panne, une rentrée d'argent. Le frigo, même chose. C'était un truc de fou ! Mais au début, je trouvais ça agaçant, car chaque fois que j'avais une rentrée d'argent, j'avais une facture à payer ! Mais j'ai fini par recevoir l'info qui m'a amenée à voir les choses différemment : « Dis merci, parce que chaque fois que tu as une facture à payer, tu as une rentrée d'argent. » À partir de là, j'ai commencé à voir que j'avais bien de la chance. J'habitais dans une maison où je ne payais pas le loyer, car j'avais beaucoup d'APL.

— *Qu'est-ce que c'est ?*

— C'est l'état qui te donne de l'argent pour t'aider à payer ton loyer. Et comme j'avais beaucoup d'APL, il y en avait même trop, et c'est moi qui récupérais l'argent. Je ne sais pas trop comment t'expliquer… Vois-tu, il y avait un surplus, car les allocations payaient le loyer, et donc, il me restait un surplus que je récupérais. Et ça, ça a duré dix ans. D'ailleurs, lorsque j'en ai parlé à des gens, certains m'ont dit : « Nous, on travaille et on n'a pas le droit à tout ça, alors que toi, tu as droit à cet argent. Pourquoi ? » J'ai répondu à ces personnes que je n'y étais pour rien et avec le recul, je sais que j'ai eu droit à cela, parce que j'ai décidé de divorcer. J'ai décidé de tout lâcher. D'ailleurs, au moment où j'ai divorcé, j'ai cru que j'allais être une sans-abri. Je me disais qu'en quittant Abed, mes trois enfants et moi, nous serions à la rue et que nous n'aurions rien. Et c'est là que je suis allée au foyer Rémois et que ma bouche s'est mise à parler toute seule. À partir de ce moment, tout s'est mis en place naturellement.

Je me souviens qu'une copine m'a appelée pour me dire qu'il cherchait une vendeuse à Camaïeu et qu'elle me voyait bien dans ce groupe-là. Elle m'a dit : « Ils sont comme toi, ils sont lumineux, ils tutoient les clients pour les mettre à l'aise. On adore être là-bas, il y a une belle ambiance et je te vois bien travailler dans cette boutique. » Eh bien, je n'avais pas eu de nouvelles de cette copine depuis des mois ! Et elle revient dans ma vie pour me dire tout ça et ensuite, je n'ai plus eu de nouvelle. Parfois, je me demande si c'était vraiment elle. Est-ce que c'était une voix venue de l'autre monde ?? Je n'en sais rien. Enfin, avant que tout cela arrive, je lui envoyais des petits coucous. Elle était contente parce qu'on avait travaillé ensemble et on avait copiné. Elle m'aimait bien. Mais là, je me suis demandé comment tout ça s'était mis en place. Je me rappelle qu'elle m'avait dit : « Nacera, ne donne surtout pas ton CV à une vendeuse, donne-le directement à une responsable. Parce que des fois, les vendeuses sont jalouses et elles le mettent à la poubelle. »

Et donc, tout doucement, je commençais à avoir des emplois comme ça. Chaque fois, j'arrivais dans des endroits où je n'avais jamais travaillé avant, mais je me faisais toujours engager. C'est comme si ma bouche parlait toute seule et je disais les bons mots. « Faites-moi confiance, si vous m'embauchez, vous ne le regretterez pas et je serai reconnaissante. » J'ai donc travaillé chez H&M, ensuite j'ai travaillé chez Alain Manoukian, puis j'ai travaillé dans une boutique de friperie. Et ensuite, c'était Camaïeu, puis Christine Laure.

Tout ça pour dire que tout doucement, on m'amenait vers les expériences dites paranormales, et quand je les racontais à René, il me croyait. Il m'a même dit : « Tu sais Nacera, quand j'étais à l'armée, on nous a parachutés dans une forêt et ils nous ont dit que si nous trouvions notre chemin, c'était tant mieux, mais si nous ne le trouvions pas, tant pis. J'ai donc dit à mon groupe de me suivre, car je savais où l'on était. » Eh bien, il a retrouvé son chemin et les soldats ont pu manger au chaud et changer de vêtement, car il avait plu. Et ce qui est étrange, c'est qu'il m'a avoué qu'il ne connaissait pas l'endroit. « Dans cette vie-ci, je n'y étais jamais allé, mais je savais où je devais aller. » Et donc, tout doucement, l'Univers me mettait sur ma route des personnes qui me parlaient de choses paranormales, et une nouvelle vie s'installait pour moi. D'ailleurs, j'étais très heureuse dans ma petite vie, et je me souviens que dans le voisinage, on m'aimait bien. Il y avait beaucoup de petites mamies et j'allais les aider. Quand il y avait de la neige ou du verglas, j'allais gratter devant leur porte et j'enlevais la neige. Elles me disaient que j'étais très gentille, mais moi, je trouvais ça normal de les aider. Je leur disais : « Vous, ça va vous donner du mal de nettoyer ça, et imaginez si vous tombez. Moi, j'ai la possibilité de le faire, alors je nettoie. » Et tout doucement, les gens de la rue commençaient à parler de moi. Ils m'appelaient sœur Emmanuelle ou mère Theresa, mais je trouvais ça trop bizarre. Ça me mettait mal à l'aise et je leur disais : « Ce que je trouve étrange, c'est que vous, vous ne trouvez pas ça normal de s'entraider. Pour ma part, quand je suis au travail, je suis dans ma famille, donc mon équipe est importante. Quand je suis dans mon quartier, je suis dans ma famille, et si quelqu'un a besoin de quoi que ce soit, j'espère être là pour pouvoir aider. » Mais ils me disaient que les gens ne fonctionnaient pas comme ça.

Pour en revenir à René, il disait que j'étais son rayon de soleil. Tous les matins, il avait hâte que j'ouvre mes volets pour voir mon sourire, et c'était la même chose de mon côté.

— Et tu as vécu 13 ans dans cette maison, c'est bien ça ?

— J'ai vécu là-bas treize ans, je crois, et j'ai adoré. D'ailleurs, j'ai beaucoup rêvé à cette maison lorsque je vivais à Reims. Je pense qu'elle me rappelait de retrouver la liberté que j'avais connue là-bas. C'est comme si elle me disait : « Viens, Nacera. Viens. » Et j'ai dit à mes enfants que la maison m'appelait, mais que je ne pouvais pas y aller parce qu'il y a des gens qui habitaient dedans. Enfin, je n'ai jamais été aussi heureuse que dans cette maison-là, sauf qu'à l'époque, je ne comprenais pas. Je cherchais l'amour à l'extérieur, parce que je croyais que je n'étais pas complète. Mais grâce à tout ce cheminement que j'ai vécu ces dernières années, j'ai finalement compris que je me suffisais à moi-même. Lorsque mon ego, mon âme et mon esprit sont en cohérence (elle joint ses mains), je suis entière.

— *C'est un message puissant.*

— Eh bien, c'est ce dont j'ai pris conscience, mais ça n'a pas toujours été le cas. J'ai été longtemps la tête dans le caca, car je ne comprenais pas le message que l'univers m'envoyait. « Nacera, on va te mettre la tête dans le caca pour que tu comprennes qu'il faut que tu t'en ailles ! » Ça a été long avant que je comprenne, mais maintenant, j'en ai marre, car le caca, ça pue ! (On rigole)

Alors, le prochain chapitre, on parlera de ma fille qui m'a inscrite sur Meetic pour que je fasse des rencontres amoureuses.

— *Ça risque d'être rigolo !*

— Oh oui, mais avant, je viens de me rappeler d'un truc au sujet des expériences paranormales. J'ai oublié de te dire que quand j'étais enfant, j'avais réussi à faire bouger mes légumes sans y toucher, simplement en les regardant, mais comme mes frères m'ont regardée d'un air effrayé, je n'ai pas reproduit l'expérience. Mais j'ai refait quelque chose de ce genre avec le téléphone de ma belle-sœur. Mon beau-frère et elle faisaient des photos d'Arnaud pour l'embêter et ça m'agaçait. Du coup, en fixant son téléphone, j'ai décidé de le bloquer et ça a fonctionné. Et il y a eu cette fois avec Arnaud. On venait d'acheter une barre de son pour faire un peu *home cinéma* et au bout de quelque temps, elle a arrêté de fonctionner. Ça a énervé Arnaud et il s'est mis à débrancher et rebrancher les fils. Mais ça ne fonctionnait toujours pas, alors j'ai communiqué avec les êtres qui évoluent dans l'invisible : « Vous trouvez la solution, vous vous débrouillez pour que demain, je me réveille et que la barre de son fonctionne. » Eh bien, je ne sais pas comment ça s'est passé, mais le lendemain, quand on s'est réveillé, la barre de son fonctionnait.

Et une dernière anecdote pour aujourd'hui. Ça concerne Jamel. Il venait de déménager en appartement et il avait amené tous ses meubles. le soir même, il m'appelle pour me dire que quelqu'un devait venir chez lui le lendemain pour brancher l'électricité. Mais il y a eu un problème et l'électricien ne pouvait pas venir. Il a même dit qu'il allait venir uniquement dans un mois. Jamel m'a dit qu'il allait devoir revenir chez nous, mais j'avais déjà commencé à arranger la maison différemment pour ma dernière née. J'ai donc encore une fois communiqué avec l'invisible : « Faites ce que vous voulez, vous vous débrouillez, mais demain matin, Jamel a l'électricité chez lui. Il n'aura donc pas besoin de revenir à la maison. » Eh bien, le lendemain matin, à 10h, mon fils avait l'électricité. Je ne peux pas t'expliquer comment ça fonctionne, mais je sais que tout ce que l'on veut, on l'a.

— *Demandez et vous recevrez.*

— Oui, mais tu dois être ferme et sûr de toi. Tu dois savoir que tu vas l'obtenir.

(Nacera et moi terminons cette partie sur ces sages paroles, mais quelques semaines plus tard, elle me contacte pour me dire qu'il y a une autre anecdote qui lui est revenue en mémoire et elle trouve important de l'insérer dans cette section, car elle l'a vécue avec Abed.)

— Cette anecdote est très particulière et c'est une histoire que j'avais oubliée. Avec Abed, on revenait de vacances. On avait pris le bateau et on avait fait beaucoup de route, alors on était épuisé. Je lui ai donc dit : « Écoute, il fait nuit, il faudrait qu'on trouve un petit motel et qu'on s'arrête quelques heures pour ne pas prendre de risque. » Mais comme il était radin, il n'a pas voulu. Il était hors de question qu'on s'arrête dans un motel et qu'on sorte de l'argent. Donc, du coup, il a continué de rouler et on s'est endormi tous les deux. À un moment donné, je me suis réveillée et j'ai vu qu'on était sur la file d'à côté. On était face à face avec un camion qui arrivait droit devant nous. De là, j'ai attrapé le volant et tout de suite, je suis allée sur le côté. Ensuite, j'ai réveillé Abed, qui s'était endormi pendant qu'il conduisait. J'étais paniquée et je lui ai dit : « Mais Abed, il faut qu'on s'arrête ! Regarde, tu as failli tous nous tuer ! »

— *Les enfants étaient avec vous ?*

— Oui, les trois enfants étaient assis à l'arrière. Mais malgré cela, il a dit non, il n'a pas voulu. Il ne m'a pas écoutée et il a continué de rouler. Mais ce qui est étrange, c'est que le lendemain, on s'est tous réveillé à la maison dans nos lits et personne ne s'est rappelé comment on est arrivé là. Abed s'est réveillé et il m'a dit : « Tu te rappelles comment on est arrivé à la maison ? Je ne me rappelle même pas qu'on a continué de rouler après que tu aies attrapé le volant. Je ne me rappelle pas qu'on se soit arrêté devant la maison, je ne me souviens pas qu'on soit sorti de la voiture, qu'on a sorti les valises, qu'on a ramené les enfants au lit et qu'on soit allé se coucher. » Et de mon côté, je ne me souvenais de rien non plus. Je me vois juste l'engueuler après avoir rattrapé le volant, mais après, je n'ai plus aucun souvenir. Et le lendemain, on a demandé aux enfants : « Est-ce que vous vous rappelez qu'on soit arrivé à la maison et qu'on soit descendu de la voiture ? Vous souvenez-vous qu'Abed et moi, nous vous avons aidés à monter dans votre chambre ? » Vois-tu, c'était une maison sur 3 étages, alors quand tu as un enfant, tu peux quand même te rappeler que tu as monté 3 étages en pleine nuit pour aller le coucher dans son lit. Eh bien, sur les cinq membres dans la voiture, personne ne se souvient qu'on se soit garé devant la maison. Personne ne se rappelle être sorti de la voiture, être rentré dans la maison et être allé dormir dans son lit. Voilà, c'est une chose qu'on a jamais pu expliquer.

(Nacera me contacte à nouveau quelque temps plus tard et elle me raconte deux autres anecdotes tout aussi étranges.)

— Quand je travaillais chez Christine Laure, je me vois fermer la grille du magasin, et une demi-heure plus tard, je suis devant chez moi. Mais à aucun moment, je me rappelle comment j'ai fait pour arriver là. Je ne me souviens de rien. J'ai l'impression de rouvrir mes yeux, de me réveiller et d'être au volant de ma voiture. C'est vraiment très étrange, c'est comme un temps manquant d'une demi-heure. Je ne sais pas du tout ce qui s'est passé pendant cet intervalle.

J'ai vécu une autre anecdote de ce genre. J'étais en vacances en Algérie, je devais avoir quatorze ans à l'époque. Ma famille et moi, nous étions sur le toit, car il nous arrivait de dormir là-haut. Vois-tu, en Algérie, il y a des murs sur les toits pour avoir de l'intimité. Tout le monde était donc couché en ligne et dormait. Je me souviens, j'étais au bout de la ligne et le chien de mon oncle était à côté de moi. Je le caressais et à un moment donné, je commence à être fatiguée et je veux me retourner sur le dos. Je le fais en clignant des yeux, et quand je les rouvre, je m'aperçois qu'il fait jour. Mon oncle était réveillé, il était en train de descendre les escaliers et son chien le suivait. De là, je me redresse presque brutalement en me demandant ce qui se passe. Mais comme je suis en panique, je me rallonge. Je mets le drap sur ma tête en me disant : « Mais c'était quoi, ça ? Qu'est-ce qui se passe ?! » Et là, quand je redescends le drap tout doucement, il refait nuit. Je ne sais pas si tout s'est joué en une minute, puisque je n'ai pas compris ce qui s'est passé. Un instant, il fait nuit, l'autre instant, il fait jour, et la seconde suivante, il fait encore nuit.

***

ENSEIGNEMENTS

Dans cette troisième partie, on peut voir qu'il y a un enseignement qui revient, et cela concerne le respect de soi. Comme nous l'avons vu dans la partie précédente, Nacera avoue qu'avec le recul, elle comprend qu'à travers les épreuves vécues, la Vie lui demandait de mieux se positionner intérieurement, afin d'être fidèle à son ressenti. Mais les apprentissages se font toujours de manière progressive et c'est pourquoi Nacera continue d'affronter des défis reliés à l'affirmation de soi. D'ailleurs, voici ce qu'elle m'a révélé au sujet de cette leçon qu'elle avait à conscientiser : « Une médium m'a demandé quel âge j'avais lorsque j'ai voulu partir de chez moi. Lorsque j'ai voulu me sauver, mais que je n'ai pas osé le faire. Elle m'a mentionné que c'était comme si c'était inscrit au niveau de l'éthérique. Il y avait une trace, une empreinte qui était restée. Je lui ai répondu que c'était à mes 22 ans, et comme je n'avais pas été capable de quitter la maison, je me suis mariée avec Abed, et c'est à ce moment que ma voix a changé. Et donc, comme je ne me suis pas affirmée, ça s'est transféré au niveau transgénérationnel. Lorsque mes trois enfants ont eu 22 ans, je les ai fait sortir de la maison. C'est comme si inconsciemment, j'avais créé le contexte pour qu'ils quittent, afin de réparer ce que j'aurais dû faire à l'époque. »

Elle relate également dans un autre passage les conséquences négatives qu'il y a eu, lorsqu'elle ne s'est pas affirmée : « Tu vois, le fait que je n'ai pas dit non m'a mis en colère et ça bouillonnait en moi. Et au bout de quelques jours, j'ai eu une angine blanche. J'ai eu mal pendant au moins une semaine. Je n'arrivais plus à manger, quoique j'ai le vague souvenir de

manger des oranges. J'avais également de la difficulté à parler, je me demande même si je n'avais pas cette voix. Celle que j'ai depuis qu'on a commencé l'enregistrement. »
Un autre passage vient mettre en lumière l'importance de s'affirmer : « Nous étions donc plusieurs à la maison et c'est moi qui faisais la bouffe et le ménage pour tout le monde. Ça, je m'en rappelle, je n'en pouvais plus. C'est comme si l'Univers, mon Je Suis, ma partie divine, me disait : *Nacera, je n'arrête pas de te faire comprendre que ce n'est pas bon. Je n'arrête pas de te faire comprendre que ce n'est pas là que tu dois être. Ce n'est pas ça qui t'attend.* Mais à cette époque, je ne comprenais pas, et entre-temps, j'avais commencé à avoir un problème avec mes pieds. Quand je marchais, j'avais les orteils qui se rétractaient. Ça a duré pendant des jours, et je trébuchais et je tombais. La Nacera d'aujourd'hui comprendrait que je n'étais pas sur la bonne voie, que je ne marchais pas sur mon chemin. Mais la Nacera d'avant ne comprenait rien. Ma voix avait changé, mon pied partait en cacahouète, mais je ne comprenais toujours pas. J'ai donc été voir des médecins. »

Je souris en retranscrivant ce passage, car Nacera m'a dit qu'elle n'était pas en mesure de faire émerger les enseignements de son propre parcours, alors qu'elle me démontre le contraire. En effet, dans ces lignes, elle comprend que le fait qu'elle ne se soit pas respectée et affirmée l'a malheureusement amenée à dévier de sa trajectoire.

Elle le conscientise également dans ce passage : « Tu vois comment l'Univers organise les choses ? Avec le recul, je me dis que c'était encore une expérience pour m'amener à me positionner et à dire non. Je te dis, la Nacera d'aujourd'hui pourrait mettre des claques à l'ancienne ! Mais j'ai dû

travailler à me pardonner, car je ne comprenais pas les messages à l'époque. J'étais aveugle. »
Comme je l'ai mentionné un peu plus haut, les apprentissages se font toujours de manière progressive et c'est pourquoi nous devons faire preuve d'indulgence envers nous-mêmes. Nous devons nous témoigner beaucoup d'amour, et c'est un autre enseignement qu'on retire de cette partie du parcours de Nacera. Elle nous l'explique dans ses mots : « Je n'ai jamais été aussi heureuse que dans cette maison-là, sauf qu'à l'époque, je ne comprenais pas. Je cherchais l'amour à l'extérieur, parce que je croyais que je n'étais pas complète. Mais grâce à tout ce cheminement que j'ai vécu ces dernières années, j'ai finalement compris que je me suffisais à moi-même. Lorsque mon ego, mon âme et mon esprit sont en cohérence, je suis entière. C'est ce dont j'ai pris conscience, mais ça n'a pas toujours été le cas. J'ai été longtemps la tête dans le caca, car je ne comprenais pas le message que l'Univers m'envoyait. *Nacera, on va te mettre la tête dans le caca pour que tu comprennes qu'il faut que tu t'en ailles*! Ça a été long avant que je comprenne, mais maintenant, j'en ai marre, car le caca, ça pue !
Voilà la leçon qu'elle retire de cette expérience de vie. Elle a appris à cesser de rechercher l'amour partout autour de soi, car elle a compris que l'amour était *en elle*. Et cette prise de conscience a eu un impact majeur dans sa vie. D'ailleurs, elle nous avoue que par le passé, elle agissait sur la base de la peur, au lieu de se centrer sur l'amour. Elle nous l'exprime dans ce passage : « Et là, j'entends la voix de ma mère : *Nacera, prépare-toi. Prends ta douche, car on va te marier cet après-midi.* Affolée, je me suis exclamée que je ne voulais pas. De là, elle s'est mise en colère : *Écoute Nacera, je commence à en avoir marre. Ou tu prends cet homme, ou ta fille et toi n'êtes plus à la maison lorsque je vais rentrer ce*

soir. Tu sais, à l'époque, je ne connaissais pas les assistances sociales, je ne connaissais pas les foyers pour jeune maman. La Nacera d'aujourd'hui aurait fait un doigt d'honneur, mais ce n'était pas la Nacera d'aujourd'hui qui se querellait avec ma mère. C'était la Nacera qui avait peur. Je me disais que j'allais me retrouver dehors avec sa fille et qu'on allait être des sans-abris. J'ai donc accepté. »

Mais lorsqu'elle a finalement choisi de laisser aller la peur et de s'octroyer l'amour qu'elle méritait, les choses ont commencé à changer. Ce passage en est un bon exemple : « Comme je savais que j'allais quitter le foulard et que j'allais divorcer, j'ai été chez le foyer Rémois et je leur ai demandé un rendez-vous. Lorsque j'ai rencontré le monsieur qui s'occupait de mon dossier, je lui ai dit d'un ton ferme : *Écoutez, j'ai l'intention de divorcer, j'ai l'intention de quitter ce foulard et j'ai l'intention de changer de vie et de me trouver un emploi, mais je vais avoir besoin de votre collaboration.* Quand je suis sortie du bureau, je me suis demandé qui avait parlé ! C'est étrange, c'est comme si ma bouche parlait et que je ne contrôlais rien. Comme si une part de moi plus grande avait pris le dessus. » En effet, cette part, c'est son Je Suis, son Soi Divin, et les choses se mettent en place naturellement lorsque nous quittons la peur. Cela permet à notre identité supérieure de nous guider, afin que notre vie se réaligne sur nos désirs profonds.

Enfin, je ne peux pas clore ce chapitre sans parler de la résilience. Encore une fois, je m'incline devant la force incommensurable qui émane de Nacera et qui lui permet de faire face aux nombreux défis que son âme a choisi de relever. Ce passage m'a particulièrement touchée : « Abed m'a alors menacée : *Soit tu mets le foulard, soit tu fous le camp dehors.*

» J'ai eu peur, car je ne pouvais même pas aller chez ma famille. Je lui ai tout de même dit : *Non, mais, ça ne va pas ?!* Et c'est là qu'il a pris les enfants contre lui, même Sabrina, et il a dit qu'il gardait les gosses en Algérie : « *Là maintenant, si tu demandes le divorce, tu n'auras même pas le droit d'avoir les enfants. Tu n'as même pas le droit de prendre ta valise. Tu pars juste avec les vêtements que tu as sur toi.* » J'ai eu si peur que je me suis dit que je devais prendre sur moi : *Nacera, tu vas être adorable. Tu vas être gentille et tu vas être une femme obéissante.* Je me souviens qu'à partir de ce moment, j'allais me coucher tôt en me disant que le temps passerait plus vite. Et lorsque j'allais au lit, je me rappelle qu'il m'arrivait de fixer le plafond de la chambre en me disant : *Tiens bon, Nacera.* Je n'en pouvais plus et des choses comme celle-là, ça m'a marquée.

Je crois pouvoir affirmer que ça nous a tous marqués, car ce n'est pas tout le monde qui aurait été en mesure de tenir le coup. Cela prend une sacrée force intérieure pour ne pas craquer lorsqu'on vit des épreuves comme celle-là et encore une fois, cela nous démontre que Nacera est une vraie guerrière de Lumière.

PARTIE IV

— Avant de parler des aventures que j'ai vécues par l'intermédiaire du site Meetic, il y a un chapitre que j'ai oublié. Tu te rappelles l'histoire de Rita ? Eh bien, ça s'est reproduit avec Stéphanie, c'est-à-dire qu'il y avait quelque chose de très fort entre nous, mais la relation d'amitié s'est malheureusement terminée.

— *C'est vraiment dommage, mais dis-moi, comment l'as-tu connue ?*

— Je l'ai rencontrée durant cette période où j'allais quitter Abed. J'étais en pleine séparation et je venais d'avoir cette nouvelle maison où j'allais commencer une nouvelle vie avec mes enfants. Je me souviens, j'ai demandé le divorce en 1999 et l'année 2000, j'arrive dans un magasin, je crois qu'à l'époque il s'appelait Marca. Par contre, je ne me rappelle plus comment j'ai su qu'il cherchait quelqu'un là-bas. C'était un contrat de remplacement, car l'employée était enceinte et elle était en congé de maternité. J'ai donc postulé même si je n'avais encore jamais travaillé. J'étais seulement passée de stage en stage.

Lorsque je suis allée déposer mon CV, c'est Stéphanie qui l'a pris. Elle était la responsable du magasin et je l'ai trouvée très gentille, très sympathique. Je ne sais plus si c'est dans la même journée ou le lendemain, mais très vite, j'ai eu un appel pour aller à un entretien. C'était un jeune homme qui m'a reçue et tout ce dont je me rappelle, c'est que c'était un amour. Et donc, j'ai passé l'entretien et je lui ai expliqué que je n'avais jamais travaillé avant. Que j'étais juste passée de stage en stage, que j'étais mère au foyer à la base, mais comme maintenant je reprenais les rênes de ma vie, je lui ai dit que s'il m'embauchait, il ne le regretterait jamais ! « Je vous promets que je serai très reconnaissante et que je ferai tout pour que vous appréciez mon travail dans votre magasin. »

En plus, ce jour-là, j'avais de la fièvre. Comme j'étais en train de changer ma vie, j'étais tombée malade. Ce n'est qu'avec le recul que je m'en rends compte. J'étais en plein dans le changement. J'avais quitté le foulard, j'avais quitté Abed, j'avais réussi à convaincre le monsieur de me louer ce pavillon. Je démarrais une nouvelle vie, mon divorce était en route. Comme mon corps était en train de traverser un tsunami d'émotions, je suis tombée malade et je vais à cet entretien avec de la fièvre. Je n'étais vraiment pas bien, mais je n'ai rien dit, j'ai fait l'entretien et le lendemain, ils m'ont appelée pour me dire que c'est moi qu'ils avaient choisie.

Je commence donc à travailler dans ce magasin. J'apprends à être caissière et à mettre en valeur les vêtements dans les rayons pour que les gens aient envie de les acheter. Il y avait beaucoup de choses que je n'aimais pas dans la vente, mais ce que j'appréciais, c'est quand je devais m'occuper de la caisse et prendre le temps de parler aux gens. D'ailleurs, un peu plus tard, Stéphanie m'a avoué qu'elle avait aimé ma façon de parler et de me présenter, et c'est pour cette raison qu'elle avait donné ma lettre au patron, elle a même appuyé ma demande.
Je me souviens, à cette époque, j'avais pris du poids, car je ne sortais pas, je m'ennuyais, j'étais enfermée à la maison. Mais le fait de travailler là-bas m'a aidée à perdre mes kilos en trop. Toute la journée, j'allais dans les cabines d'essayage pour ramasser les vêtements et je devais ensuite aller les

ranger dans le magasin. En quelques mois, je suis donc passée de taille 40 à taille 34. En plus, lorsque ma journée de travail se terminait, je continuais de me dépêcher. Vite les enfants à l'école, vite le repas, vite prendre le bus, vite aller au magasin et même là-bas, c'était tout le temps vite vite vite ! On avait du stress, car ils nous disaient souvent que nous devions refaire tout le mur pour mettre les vêtements en valeur, et nous n'avions qu'une heure pour le faire. Comme je n'avais pas confiance en moi, je me disais : « Oh, mon Dieu, oh, mon Dieu, je vais y arriver !! » Mais bon, j'adorais venir au magasin, parce que Stéphanie était là. J'adorais aussi être à la caisse, car j'aimais l'échange avec les clients. Je sortais enfin de la maison, je voyais des gens et ça me faisait du bien. Bref, il y avait des choses que j'appréciais et d'autres que j'aimais moins, mais je me donnais à fond dans mon travail. Mes patrons étaient très contents de moi. D'ailleurs, mon contrat se renouvelait chaque fois qu'une personne était enceinte ou qu'il y avait un congé maladie. Aussi, Stéphanie me rappelait lorsqu'il y avait un inventaire à faire.

Ça a été un véritable coup de foudre entre nous, j'étais folle de cette fille. Une amitié pure, mais c'est juste que de son côté, elle ne devait pas le montrer aux autres. On se retrouvait donc à l'extérieur. Elle venait chez moi et vice-versa. Des fois, elle m'invitait chez elle avec mes enfants, car elle les adorait. Mais je n'ai pratiquement plus de nouvelle d'elle. Pourtant, je sais qu'elle m'aime. Elle me l'a dit il y a quelque temps : « Nacera, je ne te donne plus de nouvelle, mais parfois, je regarde tes vidéos, je regarde ton évolution. Et je veux juste que tu saches que je t'aime. » Voilà, c'est encore ce travail de me dire que j'aime une personne, mais que je dois la laisser vivre sa vie, car elle ne m'appartient pas.

Bref, au magasin, Stéphanie me vouvoyait comme les autres employés, et de mon côté, je devais faire comme tout le monde et l'appeler par son nom de famille. Je devais faire comme si de rien n'était, mais il y en avait qui avait deviné. Tu sais, c'était plus fort que nous et des fois, on nous chopait dans un coin en train de discuter. Mais bon, lorsque j'ai quitté le magasin, on a enfin pu se montrer.

— *Pourquoi as-tu quitté le magasin ?*

— Parce qu'ils m'appelaient seulement quand il y avait des remplacements. Je me suis donc trouvé un autre emploi et encore une fois, j'ai constaté que je ne fonctionnais pas comme les autres. Tu vois, quand j'étais au travail, j'aimais les gens pour de vrai. Pour moi, il n'y avait pas de barrière. Je ne me disais pas des choses comme : « Tu es ma collègue, on travaille ensemble, mais le soir, j'oublie tout, et paf, il y a un mur entre les deux mondes. » Je me disais plutôt : « Quand je suis au travail, vous êtes ma famille. » C'est sincère, je ne peux pas faire de demi-mesure. C'est soit j'aime quelqu'un ou soit je ne l'apprécie pas. Et lorsque je ne l'apprécie pas, la personne le sait. Par contre, je ne vais pas être méchante avec elle, c'est juste que je ne lui parlerai pas. Mais quand j'aime quelqu'un, c'est comme si mon chakra du cœur était gonflé, comme s'il prenait une grande dimension, une grande place et qu'il remplissait toute l'atmosphère. C'est aussi cette impression que quand tu vois l'autre, tu la prends dans tes bras et elle peut se fondre en toi et devenir Un.

— *C'est une belle image.*

— Eh bien, j'ai toujours été comme ça, mais les gens avec qui je travaillais me disaient qu'on était juste des collègues. Je voyais donc que mon mode de fonctionnement n'était pas comme eux et du coup, ils me trouvaient étrange. Je me souviens, j'amenais des crêpes et des gâteaux au travail, car je voulais faire plaisir. J'étais reconnaissante qu'on me donne ma chance dans un emploi et que celui-ci me rende tellement heureuse que je n'avais pas l'impression de travailler. Et en plus, j'avais un salaire à la fin du mois. Enfin, cela pour te dire qu'un jour, j'ai entendu une collègue parler à Stéphanie et lui dire : « Tu ne trouves pas ça bizarre, la gentillesse de Nacera ? Moi je trouve qu'elle est trop bizarre et je crois qu'elle attend quelque chose de notre part. » Elle m'a fait pleurer et c'est là que j'ai compris : « Ils sont bizarres les gens, moi je donne avec mon cœur parce que je les aime et parce que je veux leur faire plaisir. Je voudrais tous les prendre dans mes bras pour qu'ils se fondent en moi et qu'on devienne Un, mais malheureusement, ça n'a pas de sens pour ces gens-là. » Et donc, tout doucement, je commençais à sentir le décalage entre eux et moi, et j'essayais de comprendre pourquoi. Mes pensées ressemblaient à : « Quand tu es dehors, Nacera, tu ne peux pas aimer les gens, parce qu'ils ne vont pas comprendre et tu vas le faire peur. Déjà, les hommes, tu ne peux pas les aimer, parce que si tu les aimes, ils vont croire que tu cherches quelque chose. Et c'est la même chose pour les femmes. Si tu les aimes, elles vont croire que tu cherches quelque chose également et que tu les manipules. » Et là, j'ai commencé à souffrir de tout ça. Je ne cessais de me demander comment fonctionnent les êtres humains. Ça me rendait malheureuse, parce que lorsque j'étais au travail, je devais mesurer mon amour, le tempérer, et ce n'était pas naturel. C'était super compliqué.

Ça me fait penser à ce que les clients me disaient. Ils me disaient que j'avais quelque chose de particulier et partout où j'ai travaillé, on me répétait la même chose : « Elle est où, la petite brune, la petite Maghrébine ? » Partout où j'allais, les gens me réclamaient et je me demandais pourquoi. D'ailleurs, je me rappelle d'une anecdote. Comme il y avait beaucoup de vols au magasin, mes patrons avaient engagé un vigile et il me draguait. Il voulait même que je devienne sa maîtresse ! Je lui ai dit : « Mais tu fais n'importe quoi, tu as une femme ! En plus, elle est adorable, sans compter que tu as des enfants. » Il m'a répondu qu'il avait envie de faire comme ses copains. Ils avaient une femme et une maîtresse, comme ça, quand il y en a une qui n'était pas disponible, il en avait une autre, si tu vois ce que je veux dire ! Je trouvais ça tellement étrange. Jamais je ne pourrais faire ça et c'est là que j'ai réalisé que quand j'aime quelqu'un, c'est entier, c'est honnête, je ne peux pas trahir cette personne. Je ne peux pas lui mentir ou lui faire du mal. C'est comme si tu demandais à un ordinateur d'être un grille-pain. Ton ordinateur ne peut pas griller ton pain, ce n'est pas possible. Eh bien, c'est la même chose pour moi. On me demandait de faire des choses qui étaient en dehors de mes données. Dans mes données, il n'y a pas ces informations-là et donc, je ne pouvais pas fonctionner comme ça. C'était impossible. D'ailleurs, j'ai réalisé que la première personne à qui je faisais du mal lorsque je ne respectais pas mon mode de fonctionnement, c'était moi. Je ne peux pas aller à l'encontre de mon logiciel, mais ça m'a pris du temps pour le comprendre. Je ne cessais de me demander pourquoi l'être humain fonctionnait différemment de moi. Lorsque je regardais mon parcours et les gens que j'avais rencontrés, je me disais : « Ma mère et mon mari ont été durs avec moi. Ils m'ont humiliée et rabaissée. Puis, la même chose s'est reproduite avec mon second mari. Lui aussi m'a humiliée et rabaissée. Et à l'école, il y avait les enfants qui me battaient et les professeurs qui étaient durs avec moi. » C'est comme si je répertoriais toutes ces données, toutes ces expériences, et je me disais : « C'est très étrange, pourquoi l'humain fonctionne-t-il comme ça ? Pourquoi entre eux, ils se trahissent, ils se mentent ? Est-ce que c'est moi qui ai un problème ? Puisque c'est moi qui ai du mal à m'adapter à ce monde, peut-être que c'est à moi de modifier mon logiciel ? Mais non, je ne peux pas fonctionner comme ça pour être aimée et acceptée, parce que c'est à moi que je vais faire du mal. Ça ne me conviendra pas et du coup, je vais comme détruire mon mode de fonctionnement. Et là ça va me faire du mal. Je vais donc continuer de fonctionner comme j'ai toujours fonctionné. » La seule différence, c'est que je ne faisais plus de gâteaux pour tout le monde. Je donnais juste à ceux qui m'aimaient pour de vrai, comme Stéphanie et les nouvelles collègues chez Camaïeu, la nouvelle boutique dans laquelle je travaillais. Et tout doucement, je commençais à les recevoir à la maison, mais je sentais quand même qu'il y avait toujours une barrière invisible entre eux et moi.

D'ailleurs, ça me fait penser à la conversation que j'ai eue tout à l'heure avec une amie. Je lui racontais qu'en ce moment, je regarde deux séries sur Netflix. La première, c'est *Good Doctor*, avec l'autiste Asperger. Il joue le rôle d'un médecin et il se fait engager dans un hôpital. Par contre, on a du mal à l'accueillir et à l'accepter. J'aime beaucoup quand il parle de sa vie et de sa sexualité, mais ses collègues trouvent ça étrange qu'il parle de ce sujet. Or il leur répond que c'est important pour lui. Lorsqu'il a dit ces mots, ça m'a beaucoup touchée, car à ses yeux, sa vie est importante et il ne comprend pas pourquoi les autres ne s'y intéressent pas. C'est exactement la même chose de mon côté. Je me dis que ma vie est importante, alors je veux en parler. Et c'est là que j'ai réalisé que dans le fond, on était tous pareils. On se réveille tous le matin avec des projets, des envies, des rêves, et le soir, après avoir terminé notre journée, on répertorie toutes les données accumulées : « J'ai réussi, je n'ai pas réussi, pourquoi je n'ai pas réussi, comment vais-je faire pour réussir, etc. » Chaque individu sur Terre a sa propre conscience qui lui donne envie de réaliser ses rêves et ses projets, et pour chacun, c'est important. C'est pour ça qu'on ne doit jamais minimiser l'envie de l'autre, le rêve de l'autre, le désir de l'autre. Et quand j'ai entendu ça dans Good Doctor, j'ai dit Wow !! Et l'autre série que j'ai aimée, c'est *Un soupçon de magie*. C'est une femme qui tient une petite boutique et dès que les gens rentrent, elle sait déjà ce qu'il leur faut. C'est comme si c'était déjà prêt pour eux, et en plus, elle sait déjà ce qu'ils vont dire, comme une forme de médiumnité. Enfin, elle rencontre un médecin et elle tombe amoureuse de lui, alors que de son côté, il est très terre à terre, cartésien. Mais ce qui m'a marquée, c'est qu'elle a juste à être elle, comme le personnage dans Good Doctor. Ces deux protagonistes, ils sont eux. Ils sont en accord avec ce qu'ils sont. Ils ne vont pas mettre un masque pour plaire aux autres. En fait, dans Good Doctor, on l'influence un peu pour qu'il s'adapte à l'hôpital. Mais très vite, sa personnalité influence tous ceux qui sont autour de lui, alors qu'au début, ils ont du mal à l'accepter. Mais par la suite, chacun prend note de l'autre, de l'expérience de l'autre, de la douleur de l'autre et à la fin, chacun prend soin de l'autre et a du respect pour l'autre. On peut dire que le personnage principal a laissé son empreinte, et c'est ce que j'ai aimé dans cette série. Et dans l'autre série, ce que j'ai aimé, c'est qu'il y a une forme de magie. Il y a toujours un peu de surnaturel. D'ailleurs, la protagoniste ainsi que sa sœur et sa fille sont connectées et elles reçoivent des informations dites paranormales. On le devine dans le film et la présence du personnage principal

crée une béatitude pour toute la ville. Du coup, c'est une ville où il n'y a jamais de haine, de méchanceté, de trahison. Je me souviens, quand j'ai terminé la série, je me suis dit : « Ahhhhh mon Dieu, mais je veux vivre dans cette ville !! » Il n'y a que de l'entraide, de la bienveillance et de l'amour, et le sens de la communauté est mis de l'avant. Ils ne sont pas nombreux, c'est une petite communauté, mais tout le monde se respecte. C'est pour ça que j'ai adoré, j'aurais voulu qu'elle ne se termine jamais cette série-là. C'est le genre de série que tu aimerais rentrer dedans et faire partie de ces gens-là.
Enfin, pour en revenir à ce que je disais un peu plus tôt, les expériences que j'ai vécues dans mes relations m'ont démontrée que dans la réalité où je suis, ce n'est pas comme ça que les choses se passent. Et c'est là qu'on devine qu'on vient d'un autre monde, où il y a cette sérénité, cette paix et cette entente avec tous les gens que l'on rencontre. Dans cet autre monde, chaque personne est importante, car grâce à sa vibration, elle apporte une sérénité à la communauté. Mais bon, dans ce monde-ci, les choses sont différentes et en travaillant avec mes collègues, ils m'ont appris à aimer à petite dose et c'était très frustrant. Tout doucement, on était en train de modifier Nacera et c'était très compliqué pour moi. Je devais jongler avec ce mode de vie étrange et il était en train de devenir une nouvelle réalité pour moi.

Comme je te l'ai dit dans un autre chapitre, j'avais quitté l'islam entre-temps, et pendant cette période, Stéphanie a pris une grande place dans ma vie. Elle me laissait l'aimer comme je le voulais. Je n'avais pas à peser ou mesurer mon amour avec elle, mais uniquement quand on était toute seule. Quand j'allais la voir chez elle ou qu'elle venait me voir à la maison, on avait le droit d'être honnête dans nos sentiments et elle savait que je l'aimais. Elle savait qu'elle était importante pour moi et de mon côté, je savais qu'elle m'aimait et que j'étais importante pour elle. Elle a vu grandir mes enfants et elle était formidable avec eux. C'est quelqu'un qui a une place importante dans mon cœur et elle l'aura toujours.

Donc voilà, je voulais qu'on sache que Stéphanie avait une grande place pour moi. Et tout doucement, dans mon nouveau parcours, dans cette nouvelle maison, elle m'aidait, elle me conseillait, elle m'écoutait, elle me guidait. Avec le recul, je réalise que c'est une très belle âme et qu'elle aussi elle adore écouter les gens. D'ailleurs, je me souviens qu'elle disait qu'elle sentait qu'elle était à côté de sa vie et qu'elle aimerait travailler dans le social pour aider les gens. Elle savait regarder la beauté de l'âme des gens. Elle savait écouter, enfin je suppose qu'elle sait le faire encore. Comme je ne la vois plus depuis des années, je ne sais plus où elle en est dans son cheminement. Et donc maintenant, je dois respecter. Elle a eu un enfant entre-temps et même avant cela, elle n'avait plus le temps de me voir ni même de me téléphoner. Et dès qu'elle a eu son enfant, c'était terminé. C'est comme si j'étais sortie de sa vie. Par contre, du point de vue de notre âme, je sais qu'on est toujours ensemble.

Tout cela pour te dire qu'à l'image de Rita, c'est une personne qui a laissé une belle trace dans ma vie et pour qui j'ai une grande estime et un grand respect. C'est une très belle âme et je pense qu'il n'y a qu'elle qui ne le sait pas. Donc voilà, Stéphanie m'a beaucoup aidée dans mon parcours. Je me souviens que lorsque je me suis séparée d'Abed, il ne venait pas chercher les enfants au début, mais Stéphanie venait nous chercher pour nous ramener chez elle ou nous promener. Et tout doucement, je commençais à avoir une nouvelle vie, à avoir de nouveaux repères, une nouvelle façon de fonctionner, une nouvelle façon de vivre avec mes enfants. D'ailleurs, je me rappelle que le mardi soir, on regardait un film en famille, mes enfants et moi. Souvent, on regardait des histoires vraies où l'on racontait l'expérience d'une personne et quand le film était terminé, je demandais à mes enfants de me donner leur point de vue. J'aimais bien voir comment ils fonctionnaient, comment ils pensaient, quel était leur état d'esprit par rapport à l'expérience qu'on venait de voir. Et tout doucement, j'apprenais à observer comment mes enfants grandissaient dans un cadre beaucoup plus serein. Il n'y avait plus cet Abed qui était là à leur dire : « Ne fais pas ci, ne fais pas ça », et il n'y avait plus cette Nacera qui pleurait et qui faisait en sorte que mes enfants étaient malheureux. On avait une nouvelle façon de vivre, une liberté à tous les niveaux. Les enfants allaient et venaient chez leurs amis, et de mon côté, j'allais à des rencontres que je commençais à avoir. Et après, on se retrouvait pour dîner et pour regarder un film, et je trouvais ça intéressant de récolter leur avis. D'ailleurs, c'est durant cette période que j'ai compris beaucoup de choses à leur sujet. Comme nous étions tous libres, nous avons appris à nous découvrir et je me souviens que je leur disais : «C'est super intéressant, je réalise que je vous ai éduqué tous les trois de la même manière, et pourtant vous avez un mode de fonctionnement différent, un état d'esprit et un mode de pensée différent. » Et c'est là que j'ai réalisé que mes enfants ne m'appartenaient pas et je me souviens leur avoir dit que j'aimerais qu'on soit des amis, comme les quatre mousquetaires, chacun au même niveau, car je devais respecter leur façon de penser et de voir la vie. Il arrivait donc qu'on fasse des réunions lorsqu'il s'était passé quelque chose afin que chacun puisse vider son sac et ouvrir son cœur. À tour de rôle, chacun pouvait s'expliquer et s'excuser, et comme ça, on apprenait à se découvrir.

Je me souviens d'une anecdote avec Sabrina. Il est arrivé un moment où elle m'a dit qu'elle ne voulait plus faire le ramadan. Eh bien, je lui ai dit de faire comme elle le voulait. Ça l'a étonnée, car elle pensait que j'allais la gronder. J'ai donc répliqué : « Pourquoi veux-tu que je te gronde ?! C'est très courageux de ta part d'être venue m'en parler et je dois respecter ton point de vue, tes idées, ta façon de voir les choses. D'ailleurs, je vous éduque avec ce qu'on m'a appris, mais finalement, c'est toi qui as le courage d'essayer de comprendre les choses par toi-même plutôt que d'écouter ta maman ou le point de vue de quelqu'un d'autre. Tu as le courage d'essayer de chercher ta vérité à toi. » Quelques jours plus tard, j'ai vu dans sa chambre qu'elle avait un petit coran, elle avait une bible et elle faisait des recherches sur le bouddhisme. Je me suis exclamée : « Purée, mais elle est géniale cette gamine ! Elle fait des recherches, elle se cherche, alors que moi je ne me suis pas cherchée, j'ai pris le chemin de mes parents. Je crois qu'il est temps que je cherche mon chemin, comme le fait ma fille. »

Donc tout doucement, je commençais à chercher d'autres réponses, d'autres informations et j'ai laissé Sabrina vivre son expérience. J'ai également dit à Jamel et Halima de faire ce qu'ils voulaient. S'ils voulaient faire le ramadan, ils le faisaient, s'ils ne voulaient pas, ils ne le faisaient pas. Ils ont tous les deux choisi de continuer, mais Sabrina a arrêté et moi aussi. Tout doucement, j'ai arrêté les prières, car je n'arrivais plus à jongler entre le travail et les cinq prières par jour. De plus, je devais m'occuper des enfants le soir et faire les repas, alors je devenais folle ! Je me rappelle, je pleurais beaucoup, et avec le recul, j'ai compris que c'est parce que je ne voulais pas que Dieu soit en colère contre moi. Je pleurais en lui disant : « S'il te plait, j'espère que tu me comprends, parce que là, je n'y arrive plus. » Toute la journée, j'étais au travail, alors le soir je devais rattraper toutes les prières et j'étais perdue. Je me demandais où j'en étais rendue et quand tu ne te rappelles pas, tu dois tout recommencer. Je paniquais en me disant que j'allais rester jusqu'à minuit ! Et là, je me suis mise à pleurer et j'ai dit : « Je n'en peux plus. Je ne t'abandonne pas, mais je ne peux plus continuer comme ça. Je vais péter un plomb, alors j'arrête. » À partir de ce moment, je n'ai plus jamais refait les cinq prières par jour. Je pense que ça remonte à l'année 2003. Donc tu vois, il y avait cette évolution qui continuait.

Le temps passe et là, cinq ans plus tard, Sabrina m'inscrit sur Meetic. Entre-temps, mon frère lui avait donné un ordinateur et elle m'a dit : « Maman, tu ne peux pas rester comme ça, il serait peut-être temps que tu refasses ta vie. » J'ai donc regardé le site et à l'époque, c'était gratuit, alors je me suis inscrite et j'ai commencé à faire un profil. Dans mes souvenirs, j'ai commencé à tomber sur des blaireaux. Je te le dis, si j'avais fait un film, on aurait trouvé que c'était exagéré tellement c'était cocasse ! Je me rappelle qu'au début, je cherchais uniquement des Arabes et j'ai rencontré un homme et je lui ai dit qu'on ne pouvait pas coucher ensemble tant qu'on n'avait pas fait le mariage coranique. Il m'a répondu d'un ton cynique : « Hey, on n'est pas des animaux, ça, c'est l'âge de pierre ! » Et donc, la majorité des hommes, tout ce qu'ils voulaient, c'était faire crac-crac ! (On rigole) Mais moi, ce n'est pas ce que je voulais, alors je me suis dit que ça n'allait pas me convenir. Mais bon, j'ai tout de même essayé.

Je me rappelle qu'un jour, Stéphanie m'a présenté un vigile

du magasin et elle m'a dit que j'allais le trouver gentil et sympathique. J'ai donc accepté de sortir avec lui et le mec m'a invitée au McDo.

— *C'est un endroit romantique pour un premier rendez-vous !*

— Pas vraiment, et le pire, c'est qu'à l'époque, ce n'était pas encore interdit de fumer dans les restaurants. Et donc, il fumait, mais je déteste la cigarette. Je lui ai dit et il a répondu que lui, il adorait ça ! Et à un moment donné, il m'a parlé de sa voisine qui avait un jeune enfant qui faisait le bazar. Il était tout fier de me dire qu'il était monté chez elle, qu'il avait frappé à sa porte, qu'il avait sorti une arme en disant à la dame : «Ou tu calmes ton fils, ou c'est moi qui m'en occupe ! » Lorsqu'il m'a raconté cette histoire, je lui ai dit qu'on allait arrêter là et je suis rentrée chez moi en bus, car je ne voulais pas qu'il me raccompagne.

La prochaine anecdote, c'est avec un mec qui avait un restaurant et qui jouait les riches. Il est venu me chercher avec sa voiture, mais tu sais, je ne connais rien aux bagnoles. Pour moi, tant qu'elle m'amène du point A au point B et qu'elle roule, ça me va. Même si c'est un âne, ce n'est pas grave ! (On rigole) Mais lui, il frimait, l'air de dire : « Hey, regarde ma bagnole ! » Il avait même pris une position, sur la voiture pour m'attendre. Mais de mon côté, j'y allais à reculons en essayant de faire abstraction de l'image qu'il m'envoyait. Enfin, ce monsieur vient me chercher à la maison et il m'amène dans un restaurant maghrébin, parce que c'était un Arabe. J'ai su par la suite que c'était son resto et il a été fier de me le dire ! Il était vraiment m'as-tu-vu, tape-à-l'œil, mais ça ne fonctionne pas avec moi. Mais bon, après le dîner, il m'a ramenée chez lui et il m'a fait visiter : « Voilà le salon, et à l'étage, c'est la chambre. » Il me fait donc monter à la chambre et il s'assoit sur le lit, mais je reste debout. Il tapote alors le matelas pour me dire de m'asseoir à ses côtés, mais j'ai insisté pour redescendre au salon. On est donc descendu, mais tu veux savoir ce qu'il a fait ? Il a ouvert la porte d'entrée et il m'a dit de m'en aller. En colère, il s'est exclamé : « On n'est pas des animaux ! Franchement, tu crois quoi ? Tu crois que je vais attendre dix ans pour coucher avec toi ? » Et donc, ciao, bye-bye, au suivant ! Après, je me rappelle que je me suis dit que j'allais prendre ceux qui sont moins beaux. Peut-être que ça marche mieux avec eux ! (On rigole) Tu sais, au début, on est attiré par l'apparence de l'autre, alors je répondais aux annonces de ceux qui avaient un physique sympathique.

J'ai une autre anecdote, encore avec un vigile. Quand je le voyais au magasin, il était tout gentil et adorable, et il a insisté. Il m'a fait comprendre qu'il voulait me connaître et j'ai fini par accepter de sortir avec lui. Et donc, un jour, il vient à la maison. Avant cela, on s'était vu deux ou trois fois à l'extérieur, mais cette fois-ci, il est passé me chercher. Je me souviens, Halima était toute petite et lui, il était très grand. Elle a donc levé la tête pour le regarder et elle a dit : « Ah, mais tu es moche, toi !! » (On s'esclaffe) J'étais tellement gênée ! Elle devait avoir cinq ou six ans à l'époque, alors on va dire que c'était pardonnable ! Mais bon, le pire dans toute cette histoire, c'est que j'ai parlé de ce monsieur à mon beau-frère, car il avait accepté de faire le mariage coranique. Il avait accepté d'attendre avant de coucher avec moi, mais quand j'ai parlé de lui à mon beau-frère, ce dernier m'a avoué qu'il le connaissait. C'était son voisin et il était marié !

— *Non !!!*

— Eh oui, il était marié ! Donc au suivant ! Et la prochaine histoire est assez cocasse ! On m'a présenté un homme et on est sorti à quelques reprises. Un jour, il veut qu'on fasse crac crac, mais je lui ai dit de se calmer. Mais il a répliqué : « Hey, on n'est pas des animaux. » Cette même réplique qui revient, encore une fois. Le problème, c'est que je ne la comprends pas ! Ces hommes auraient dû me donner la traduction ou un décodeur ! (On rigole) Enfin, comme il essayait à tout prix de me séduire, il m'a dit : « Nacera, laisse-moi faire, et quand tu vas me laisser faire, tu vas en redemander. »

— *Oh mon Dieu, l'ego surdimensionné !!*

— En effet, et je lui ai dit de se calmer. Quelque temps après, il est venu me chercher à la maison, car il voulait me montrer quelque chose. Le problème, c'est que je n'avais personne pour garder Halima, je l'ai donc amenée avec nous. En passant, Halima a joué un rôle important dans mes relations. D'ailleurs, lors de cette sortie, le mec s'est trompé de chemin et il est passé par une station de péage. Il était dégoûté de devoir payer, alors qu'au départ, il voulait m'en mettre plein la vue pour que le soir il me mette dans son lit. Mais comme il ne roulait pas bien, Halima a vomi dans sa voiture. Je me suis excusée, car j'étais gênée quand même, mais il m'a dit que c'était terminé et qu'il me ramenait à la maison. Il m'a même dit que tout ça, c'était de ma faute : « Tu ne m'as jamais laissé te toucher, et comme tu ne m'as pas laissé te toucher, tu n'as pas pu être en manque. » En gros, il voulait dire que j'aurais été comme droguée de ce qu'il m'aurait fait dans le lit, et qu'après, je l'aurais réclamé. Non, mais, c'est quand même des phénomènes, ces hommes !!
Et donc, après lui, c'était le Tunisien et il s'appelait Hassin. Il me plaisait vraiment, il était super beau et drôle, et il était de

Paris. Quand on s'est rencontré, il est venu me voir à Reims et je me souviens qu'on s'embrassait beaucoup. Et comme il y avait également beaucoup de caresses, ça chauffait, car ça faisait cinq ans que je n'avais pas eu de relations sexuelles. C'était au point où j'en avais mal au ventre. Je me réveillais même en pleine nuit et j'avais si mal que j'attrapais mes draps. J'aurais pu en pleurer tellement c'était douloureux. C'est comme si mon corps lui-même m'appelait à avoir des relations et c'est à ce moment que je me suis dit que ce n'était pas possible que ce soit un péché. Peu importe ce qu'en pense la religion, le fait de coucher avec quelqu'un ne peut pas être un acte mauvais. Je me rappelle, dans mes rêves, j'avais parfois des relations sexuelles et un orgasme me réveillait. J'ai fini par en parler à ma mère, mais elle m'a fait peur. Elle m'a dit que j'étais en train de faire des choses avec le diable.

Enfin, comme je te l'ai dit, Hassin, je le trouvais vraiment beau, adorable, drôle… Il avait des cheveux raides et noir magnifiques et ça faisait un beau dégradé. Il était vraiment génial et c'était le mec que tu devinais qu'il se débrouillait bien au lit. Tout l'inverse d'Abed, car quand on avait des relations sexuelles, c'était le strict minimum. On ne pouvait pas développer notre créativité et en plus, c'était tout le temps dans le noir. Tandis qu'avec Hassin, il m'avait donné son accord pour faire le mariage coranique, alors on allait pouvoir se laisser aller. Et effectivement, quand je me suis mise avec lui, c'était sympa, car on faisait plein de choses. Je continuais de découvrir mon corps d'une nouvelle manière. Car des mauvais souvenirs inceste, attouchements en Algérie des jeunes hommes nous ont attrapées, ma sœur et moi, et ils nous tenaient les bras et les jambes. Ils ont laissé leur main se balader là où ils le voulaient, mais par chance, un vieil homme est venu de nulle part. Il avait une canne et il a mimé qu'il allait les frapper avec.

Cela pour dire que j'ai vécu plusieurs expériences où j'ai été traumatisée par rapport au sexe, et j'ai grandi en pensant que j'étais un objet sexuel pour les hommes. Mais tout doucement, lorsque Hassin est entré dans ma vie, j'ai réappris à utiliser mon corps, mais cette fois-ci, c'était donnant-donnant. Je trouvais ça fantastique, parce que j'étais enfin avec quelqu'un qui respectait mon corps et qui l'utilisait pour me donner du plaisir. Ensuite, je m'amusais à mon tour à lui donner du plaisir. C'était un échange et c'est là que j'ai commencé à me réconcilier avec cette part de moi, même si j'avais des vergetures. Ce corps de jeune fille était devenu un corps de femme. Il avait été abîmé par la vie et par les accouchements, et pourtant, à travers l'expérience sexuelle, j'avais compris qu'il fallait aller au-delà de l'apparence physique et juste t'amuser. Quand tu vis ces moments-là, il n'y a plus le mental qui interfère. Tu es juste dans le plaisir et le partage.

On a donc fait le mariage coranique, Hassin et moi, et il m'a demandé si je voulais venir vivre chez lui à Paris. Il habitait à Cergy Pontoise, alors j'ai demandé à ma responsable de magasin à Camaïeu si elle pouvait m'aider à avoir une mutation à Paris. Entre-temps, il venait souvent chez moi avec ses trois enfants et très vite, je les ai aimés. De toute façon, j'ai toujours aimé les enfants, mais des fois, c'est moi qui allais seule chez lui. Je prenais le train et il venait me chercher.

— *Pendant ce temps, tes enfants restaient à la maison ?*

— La plupart du temps, oui. Comme ils étaient grands, ils

pouvaient rester seuls, mais il arrivait que mon frère passe le week-end avec eux. Il arrivait également qu'ils aillent dormir chez leurs amis. Enfin, j'ai eu de la chance d'avoir des enfants qui étaient très responsables et la maison était toujours impeccable, lorsque je rentrais. Et pour en revenir à Hassin, j'ai malheureusement découvert que c'était un homme qui était très abîmé, car il avait été battu par sa première femme. Elle l'avait même poignardé à deux reprises. Il m'a d'ailleurs montré les deux coups de couteau. Malgré ce qu'elle lui a fait subir, il pensait tout le temps à elle, il en était obnubilé. Cela a commencé à affecter notre relation, car un coup, il me disait : « Nacera, tu es géniale, je suis bien avec toi, je vis quelque chose de nouveau », et le coup suivant, il me disait : « Ma tête est remplie de souvenirs et j'ai du mal à profiter du moment avec toi. » Notre mariage a donc duré uniquement trois mois et je me rappelle qu'un soir, j'étais chez lui. On regardait la télévision et j'avais la tête sur ses genoux. À un moment donné, j'ai pris conscience qu'il s'amusait avec mon alliance, il la déplaçait le long de mon doigt. Il l'enlevait et la remettait à sa place, et à ce moment, j'ai reçu l'intuition qu'il était déjà en train d'imaginer de me sortir de sa vie. Mais il ne voulait pas me le dire directement, car il ne voulait pas me faire de mal. Il m'envoyait donc des signes, mais indirectement.

— *Comme quoi, par exemple ?*

— Eh bien, dans sa voiture, il y avait suffisamment d'espace pour moi, mes enfants et les siens, mais il m'a dit qu'il voulait la vendre pour s'acheter une petite Citroën. Ça confirmait donc mon intuition. Et je me souviens d'une fois où je suis rentrée dans la salle de bain. Il y était et je l'ai entendu parler très fort. Lorsque j'ai ouvert la porte, je l'ai vu se mettre une claque. Il était en train de s'insulter. Je lui ai demandé ce qu'il faisait et il m'a répondu : « J'ai un dégoût profond pour moi. Je réalise que j'ai amené tes enfants et toi dans mon bateau qui est en train de couler. C'est injuste ce que je vous fais vivre. Tes enfants et toi, vous êtes adorables. Tu m'apportes du soleil dans ma vie, mais j'ai mal au fond de moi, je suis détruit. Cette femme elle m'a détruit et je n'arrive pas à remonter la pente. » À la suite de son aveu, je lui ai demandé si c'était terminé entre nous et il m'a dit oui. Je suis donc rentrée chez moi et je me souviens que je pleurais à chaudes larmes. Et comme pour amplifier ma peine, je me suis mise à écouter des chansons tristes. Des chansons qu'il m'avait fait découvrir et je les écoutais en me morfondant. Je me rappelle d'une chanson en particulier. C'est *À fleur de toi*, de Vitaa.

(Nacera me fait écouter la chanson)

— *Je t'imagine en train de verser toutes les larmes de ton corps !!*

— Oui, mais cette chanson, je l'adore ! J'ai même acheté le CD. Enfin, tout ça pour dire que j'étais vraiment accroc à ce monsieur. C'est comme si j'avais trouvé un Arabe qui fonctionnait comme moi. On avait les mêmes délires, mais tout doucement, je découvrais un homme qui avait de la colère en lui. Et des fois, il était très brutal avec ses enfants…

Et donc, on s'est séparé et je devais dire à ma responsable que je ne partais pas finalement. Je devais également prévenir ma famille que je divorçais, sauf que Hassin avait du mal à couper les ponts. Il reprenait souvent contact avec moi. Je lui disais : « Mais Hassin, c'est fini, il faut que tu me laisses avancer sinon ça va être compliqué. » Et en plus, il avait dit la phrase.

— *La phrase ?!*

— Oui. Il fallait qu'il dise une phrase en arabe pour déclarer que nous ne sommes plus mariés devant Dieu. Il m'avait donc rendu ma liberté et je pouvais faire ce que je voulais. Deux ou trois mois plus tard, je suis partie en vacances avec mes enfants à la mer en Normandie, et c'est là que j'ai rencontré Philippe. C'était un Français, et non un musulman, car j'avais décidé de laisser mon cœur aller là où il a envie d'aller. Mais Hassin continuait de m'appeler. C'est lui qui avait pris la décision de nous séparer, mais il avait peur d'avoir fait une erreur. Je lui ai dit que je venais de rencontrer quelqu'un et il a voulu savoir son prénom. Lorsque je lui ai dit qu'il s'appelait Philippe, il a compris que c'était un Français. Ça l'a étonné et c'est à ce moment que je l'ai remercié : « Tu me plaisais vraiment, Hassin. On rigolait bien, c'était super au lit, mais j'étais en grande partie avec toi, car je voulais faire plaisir à ma famille. Je voulais encore un musulman. Mais à partir de maintenant, je vais aller là où mon cœur m'amène. »

J'ai donc rencontré Philippe et ça a très vite accroché. Cet homme, il était adorable et j'ai tout de suite adoré sa fille et son gamin. En fait, le gamin était un peu perturbant, c'était plus difficile avec lui, mais sa gamine, on a eu un lien très fort. D'ailleurs, pour ne pas m'appeler maman, elle a commencé à m'appeler Nina, et partout autour de moi, on a commencé à faire de même. Et pour en revenir à Philippe, il y a vraiment eu un truc fort entre nous. Très vite, il m'a fait comprendre qu'il était tombé amoureux de moi et à partir de là, il commençait à venir passer les week-ends à la maison. Mais parfois, c'est moi qui allais le voir à Paris, sauf qu'il était dans le 75. On voyait la tour Eiffel de chez lui, on pouvait même y aller à pied. Alors qu'avec Hassin, on était très loin. Mais bon, en vrai, je me fiche de la tour Eiffel et je déteste Paris, car les vibrations sont lourdes. Quand je suis là-bas, il y a trop de monde, trop d'agitation, je ne suis pas bien du tout. Mais bon, j'aimais bien être avec Philippe et il m'amenait dans des lieux plus tranquilles. Il me montrait les grandes galeries marchandes de Paris et il y avait plein de boutiques. En plus, à l'époque, j'aimais m'habiller et changer de vêtement tous les jours. Et donc tout doucement, la transition entre Hassin et Philippe se faisait. J'aimais vraiment Philippe, mais il m'arrivait d'écouter la chanson de Vitaa : *À fleur de toi.* Philippe m'aidait donc à oublier Hassin, mais à un moment, ce dernier m'a dit : « Ahhh, mais qu'est-ce que j'ai fait ?! C'est de ma faute. À cause de moi, je t'ai fait sortir de l'islam et je t'ai mis dans les bras d'un Français. » Il s'en est beaucoup voulu, mais comme le temps passait et que j'étais toujours avec Philippe, il a coupé les ponts et il est sorti de ma vie. Il m'a redonné des nouvelles dix ans plus tard, car il m'a retrouvée sur Internet. Il a découvert que je faisais des vidéos sur You Tube et il m'a dit : « Nacera, j'ai vu ton évolution, je n'en reviens pas de ce que tu fais. » Mais avant de me dire tout ça, il a commencé en se présentant. Il m'a dit qu'il était une personne que j'avais connue il y a dix ans de cela et qui m'avait fait énormément de mal. Et là, je l'ai reconnu et je lui ai dit que je n'étais pas fâchée contre lui. Je l'ai même remercié, car entre-temps, j'avais rencontré Philippe 3 ans et ensuite Arnaud le papa de mes 2 dernières : « Tu ne peux même pas imaginer Hassin. Grâce à toi, j'ai découvert que je devais m'écouter, et non plus écouter ma famille. »

Et donc, le temps passait, et Philippe prenait sa place dans ma vie. Je me rappelle qu'un jour, ma mère est venue à l'improviste chez moi, et il était là. Elle m'a amenée au salon pour me demander : « C'est qui, le grand noir dans ta cuisine ? » Ça m'a surpris, car même si ça faisait plusieurs mois qu'on sortait ensemble, je n'avais pas remarqué qu'il était grand et qu'il était noir. C'est comme si j'étais aveuglée par quelque chose que j'aimais chez lui et je pense que ce qu'on a partagé était sincère. C'est juste que les mois passaient et il n'arrêtait pas de me demander de l'argent. Il me semble que j'ai été jusqu'à lui donner 4000 euros, peut-être même 5000.

— *Et pour quelle raison te demandait-il de l'argent ?*

— Eh bien, il y avait une histoire avec son avocat pour récupérer son héritage. Ses parents étaient décédés et ils avaient une maison à Paris et une aux Antilles. Pendant des années, il y a eu une bataille avec son frère. Et entre-temps, il y avait eu cette anecdote avec la commode. Tu sais, lorsqu'elle avait changé de place et qu'elle était désormais devant la porte. Eh bien, Philippe était là et je lui ai dit : « Si ça se trouve, ce sont tes parents qui te font barrage et qui te disent d'arrêter avec cette histoire. Arrête de courir après cet argent, vis ta vie, parce que pendant tout ce temps-là, tu es en train de passer à côté. Tout ce que tu fais, c'est de dire mon avocat, avocat, avocat, mon héritage, héritage… et ta vie est en train de passer. » Il n'a pas très bien réagi à mon commentaire et tout doucement, ça a foutu en l'air notre relation. En plus, je devais nourrir ses enfants et je devais m'occuper d'eux quand ils venaient à la maison. Le problème, c'est qu'ils avaient une mère et un beau-père qui aimaient l'argent, et qui avaient beaucoup de moyens. Chez eux, c'était le grand écran et au repas, il fallait manger une entrée avec un dessert, alors que chez moi, c'était : « On mange ça et point barre ! » J'étais une maman seule avec trois enfants et je travaillais vingt-deux heures par semaine. Mais quand les enfants de Philippe venaient à la maison, ils critiquaient mon mode de fonctionnement pour mes repas. Ils me disaient que chez leur mère, ils mangeaient mieux que ça, et je commençais à en avoir marre. Et en plus, comme Philippe n'en avait pas les moyens, j'habillais ses enfants. Mais je ne peux pas lui en vouloir, car c'est moi qui, encore une fois, m'étais créée une prison. D'ailleurs, quand je me suis mariée avec Hassin, j'ai fait la même chose et j'habillais ses enfants. Ça veut donc dire que d'une manière ou d'une autre, je créais les prisons dans lesquelles j'atterrissais. Et avec du recul, je réalise que tous ces gens m'ont donné des leçons.

Enfin, avec Philippe, ça a duré trois ans et au bout de ces trois années, j'en ai eu ras le bol. Entre-temps, il y a eu quelque chose qui s'est passé avec un de mes beaux-frères. C'était d'ailleurs avec lui que j'étais le plus proche. Un jour, il a dit à ma mère : « Ta fille est une vraie salope, elle passe d'homme en homme. »

— *Il ne t'a pas réellement dit ça ?! C'est horrible !*

— Eh oui, parce que chez les musulmans, tu te maries et tu restes avec ton mari jusqu'à la fin. Sauf que moi, j'ai eu Abdelaziz, et après j'ai divorcé. Ensuite, j'ai eu un autre Abdelaziz. Après j'ai eu Abed, après c'était Hassin, ensuite c'était Philippe et après, Arnaud. Il a donc dit que j'étais une salope, et que tout ce que je voulais, c'était de coucher avec des hommes. J'ai alors dit à ma mère de lui répondre que c'était vrai que j'adorais le Justin Bridou, mais je voulais juste goûter à toutes les couleurs.

Enfin, tout ça pour dire qu'il m'a insultée, et quand j'ai quitté Philippe, il m'a invitée chez lui, alors que ça faisait trois ans qu'il ne l'avait pas fait. Je trouvais qu'il y avait anguille sous roche et je l'ai interrogé : « Ibrahim, comment ça se fait que tu m'invites, alors que ça fait trois ans que je ne peux pas montrer patte blanche chez toi ? On t'a dit que j'avais quitté Philippe, c'est ça ? Et maintenant que j'ai quitté le Français, j'ai le droit de revenir chez toi, c'est ça ? » Il a acquiescé, et j'ai renchéri : « Dans ce cas, je vais te décevoir. Si ça se trouve, c'est la dernière fois qu'on se voit parce que j'ai décidé de laisser mon cœur aller là où il doit aller. À partir d'aujourd'hui, je ne chercherai plus quelqu'un pour faire plaisir à la famille. J'irai là où mon cœur m'amène. Ce sera peut-être un homme vert, un homme jaune, ça m'importe peu. Tout ce qui importe, c'est que dorénavant, j'écoute mon cœur. »

À partir de là, je me suis remise sur Meetic et comme c'était payant, ma collègue m'a prêté son compte. Je m'appelais donc Séverine 04, mais j'ai tout de même mis ma photo. Et là, c'était reparti avec les situations cocasses, mais cette fois avec les Français. Je me souviens qu'un jour, j'ai parlé avec un mec qui m'avoue avoir couché avec la meilleure amie de sa femme. Du coup, elle ne voulait plus de lui, mais le problème, c'est qu'il avait couché avec elle dans les mêmes moments qu'il avait couché avec sa meilleure amie, et les deux femmes étaient tombées enceintes. D'ailleurs, elles allaient accoucher presque en même temps.

— *Mais non...!! Ça ne se peut pas !!*

— Eh oui, et en plus, le mec, il était beau !! Je pense qu'il venait de la Réunion et on a fait crac crac ensemble une fois, puis ça s'est terminé. Ensuite je suis tombée sur un autre mec, et c'était sensiblement le même scénario. Sa femme ne voulait plus de lui, mais comme il avait couché avec elle avant leur séparation, elle était tombée enceinte de jumeaux et il n'a pas voulu l'abandonner directement. Il voulait être sûr d'être avec quelqu'un avant de la quitter. Je lui ai dit : « C'est quand même particulier ce que tu fais. Ta femme, tu l'aimes, tu ne l'aimes pas, tu la quittes ou tu ne la quittes pas, mais tu dois prendre une décision définitive. » Et quelque temps plus tard, je ne sais pas comment il a fait, mais il a trouvé mon adresse. Il a toqué à ma porte et je le trouve avec ses deux valises. Sur le coup, je ne l'ai pas reconnu par rapport à sa photo, alors je lui ai demandé qui il était. Il m'a répondu : « C'est moi le mec avec qui tu communiquais et ma femme m'a foutu dehors. Et comme on s'entend bien, eh bien me voici ! » J'ai paniqué : « Non, mais ça ne va pas ?? Tu reprends tes valises, tu repars dans l'autre sens et ciao bye-bye ! » Fini avec lui ! Ensuite, il y en a eu un autre, mais ça été le dernier. Je n'en pouvais plus. Vois-tu, le mec il était sympa, il était rigolo, bref ça allait. Il venait à la maison, il faisait rire mes enfants, il me faisait rire également. Jusqu'au jour où je lui ai demandé pourquoi il n'avait pas de chaussette. Il m'a répondu que son fils lui piquait tout le temps, il m'a même avoué qu'il lui piquait ses caleçons. Ensuite, il m'a dit : « Hey, mon fils vient tous les dimanches dans ta rue, parce qu'il y a le marché, et donc c'est génial, ça veut dire que tous les dimanches on pourra venir chez toi. » J'ai accepté et je lui ai dit que je pourrais faire un poulet. Il a rétorqué qu'il fallait plutôt en faire deux, parce que son fils et lui mangeaient chacun un poulet entier.

Et ce n'est pas tout. Vois-tu, j'achetais des bouteilles de sirop pour mes enfants, mais la bouteille était censée faire une semaine, car je ne voulais pas qu'ils boivent trop de sucre. Je voulais qu'ils privilégient l'eau, mais de temps en temps, ils pouvaient prendre du sirop. La seule condition, c'était que le flacon d'un litre devait durer une semaine. Eh bien, lui, quand il venait à la maison, en l'espace d'une soirée il me finissait le flacon. Et ensuite il commençait à me présenter à des amis et il disait : « Je vous présente ma femme ! » Et moi je me disais intérieurement : « Olala non, mais ça ne va pas ! » Enfin, tout ça pour dire qu'il commençait à venir tous les soirs, il mangeait et buvait beaucoup, enfin le sirop, et à un moment donné, j'ai essayé de lui faire comprendre. Mais il m'a simplement répondu qu'avec lui, c'était comme ça. Il m'a même dit qu'au boulot, ça n'allait pas, et que j'allais devoir gérer son fils. C'est à ce moment que j'ai dit stop et que je lui ai avoué que ça n'allait pas marcher. Je me souviens, c'était un samedi soir. J'avais acheté la galette des Rois, c'était début d'année, janvier 2009. Je crois qu'il s'appelait Éric celui-là. Je lui dis qu'on allait arrêter là et il m'a avoué qu'il s'en doutait. Il croyait que c'était à cause de la religion, et j'ai sauté sur l'occasion ! Je ne me voyais pas lui dire que son fils et lui consommaient à tire-larigot, et que je n'étais pas un frigo ambulant. Enfin, il est sorti de la maison et je me souviens que quand on a fait la galette des Rois, c'est moi qui ai eu la fève pour la première fois de ma vie. Et j'ai dit à mes enfants, ça y est, ma vie va changer !!

— C'est quoi, la galette des Rois ?

— C'est une galette dorée avec de la pâte feuilletée et dedans, il y a de la frangipane avec une fève. Elle est donc cachée dedans et tu coupes les parts et tu demandes à un enfant de les distribuer.

— Et quand c'est toi qui as la fève, ça veut dire que ton année va être chanceuse ?

— Normalement non, mais comme je ne l'avais jamais eue, je me suis dit que la roue était en train de tourner. Et le lendemain matin, je me suis dit que j'allais me déconnecter de Meetic. Je ne voulais plus en entendre parler, je préférais laisser la vie m'amener là où je devais aller. J'étais donc dans mon lit en train de me faire cette réflexion et j'ai senti qu'on me poussait à me lever et à aller sur mon ordinateur. Je me rappelle que c'était à la même époque où j'avais commencé à entrer dans une société qui s'appelle HerbaLife. Je ne la connaissais pas, c'était tout nouveau pour moi. On m'avait fait comprendre que si je vendais les produits, je gagnerais de l'argent. Et entre-temps, j'avais changé de magasin. Je travaillais maintenant chez Christine Laure et on vendait des vêtements de taille 38 à 52. Dans nos clientes, il y avait beaucoup de femmes qui voulaient perdre du poids. Je me suis donc dit que ça tombait bien, car j'aurais une clientèle pour HerbaLife là-bas. Par contre, j'ai rapidement réalisé que ça prenait beaucoup de temps et d'énergie. Il y avait des réunions le soir pour apprendre à bien vendre. Enfin, ce dimanche-là, je me sens poussée à aller sur mon ordi, alors je me lève. À cette époque, je commençais à parler avec le monde de l'invisible. C'était la maison où il se passait plein de choses et je commençais à comprendre que le monde de l'invisible essayait de communiquer avec moi. Je me suis donc levée en me disant : « Ok, vous voulez que j'aille sur mon ordi, mais qu'est-ce que je fais maintenant ? » Et là, je me suis dit que j'allais en profiter pour me désinscrire de Meetic. J'ai donc commencé à retirer ce que j'avais écrit à mon sujet, mais j'ai eu un flash. J'avais sympathisé avec un autre mec quelques jours auparavant. C'était un avocat, mais je n'avais plus de nouvelle de lui et Arnaud venait de me flasher.

— *Peux-tu préciser qui est Arnaud pour les lecteurs et lectrices qui ne le savent pas ?*

— C'est le père de mes deux dernières filles, Jade et Marie-Sarah. Mais lorsqu'il m'a flashé sur Meetic, je me suis dit que c'était encore un autre blaireau qui allait me dire qu'il aimait bien mon sourire et blablabla… Entre-temps, j'avais mis ma photo, alors je me suis dit : « Encore un qui va me draguer. » Mais il m'a surpris en me disant qu'il aimait plutôt ce que j'avais écrit au sujet de mes attentes par rapport au couple. Ça m'a étonnée, car c'était la première fois que quelqu'un portait attention à mon texte. À partir de là, je lui ai avoué que j'étais en train de fermer mon compte et que j'avais l'intention de ne plus revenir sur Meetic. On a donc commencé à échanger sur MSN.

— *Et que s'est-il passé avec l'avocat ?*

— Eh bien, on avait un peu discuté et je lui avais demandé comment il faisait pour défendre des violeurs. Il m'avait répondu que tout le monde avait le droit d'être défendu, mais j'ai riposté : « Te rends-tu compte que tu défends quelqu'un qui a violé un être humain ? » Mais il m'a répété la même chose. J'ai donc dit que je ne pourrais pas : « On va arrêter là, car je ne peux pas être avec quelqu'un qui défend un criminel. » J'ai donc continué avec Arnaud. On commençait à échanger sur MSN et je trouvais cela agréable, alors il a fini par m'appeler. J'ai été surprise de voir qu'il avait une voix très douce. Pour ma part, j'avais l'habitude d'entendre des voix graves, comme celle de mon père et de mes frères. Mais la voix d'Arnaud était douce, et tout de suite, j'ai adoré.

Entre-temps, je me souviens que j'avais un bouton de fièvre, parce que j'étais tombée malade. C'était l'époque où je m'étais dit que j'arrêtais de chercher un homme et une histoire d'amour. C'était en janvier 2009, et c'est à ce moment qu'Arnaud est entré dans ma vie. Et j'avais attrapé un bouton de fièvre, car mon corps nettoyait des choses. Mais tu sais, c'est avec le recul que tu comprends tout ça. Tu comprends que chaque fois que tu passes une étape, ton corps se nettoie. Enfin, j'ai dit à Arnaud que j'aimerais bien qu'on se rencontre, mais pas tout de suite, car je n'avais pas envie qu'il me voie comme ça. On a donc attendu et on s'est rencontré le 9 janvier. C'est dingue ! Le 9 /01/ 2009, c'est le 1er mois de l'année, donc ça symbolise un nouveau démarrage, et le 9, c'est la fin d'un cycle. Je me suis dit que c'était trop beau ! Et donc, encore une fois, de nouvelles expériences arrivent. Une nouvelle vie qui fera l'objet d'un nouveau chapitre.

— *J'ai déjà hâte d'entamer cette autre partie !*

— Elle va être riche, car j'ai vécu beaucoup de choses avec Arnaud. Mais avant de conclure cette section, je voulais revenir sur Philippe. J'ai oublié de dire que de temps en temps, il m'appelait et sa fille également. On était devenu des amis à distance. Mais tout doucement, il s'est passé des choses qui ont fait que j'ai coupé. En fait, ça fait longtemps que j'ai coupé, car quand sa fille a grandi, elle a commencé à me demander des services. Elle avait vu ma notoriété qui grandissait sur You Tube et elle voulait que je fasse comme un système de pyramide. Elle voulait que tous les mois, je paye 50 euros pour qu'elle crée quelque chose, c'est-à-dire qu'elle utilisait mes services avec d'autres médiums pour que les gens payent un abonnement. Les médiums et moi devions donc payer 50 euros, mais je ne comprenais pas pourquoi. Elle m'a répondu que je devais payer uniquement au début, et qu'ensuite, je ne payerai plus : « Tu vas me ramener d'autres personnes qui payeront, alors tu n'auras plus à payer, car elles m'amèneront d'autres personnes. » Elle avait eu l'idée de créer ça avec son frère et ça m'a mis en colère. Je lui ai dit : « Si je comprends bien, ton frère et toi êtes assis à ramasser l'argent, pendant que moi je paye, alors que je me suis mise à mon compte pour ne plus avoir personne qui me dirige et me commande. Mais attends, je viens de conscientiser un truc. Ton père m'a pompé mon pognon et il me doit encore 2000 euros. Et là sa fille et son fils qui veulent que je leur donne de l'argent pour les rendre riches ? C'est comme ça que tu m'as aimé comme une belle-mère ?! C'est terminé. Je ne veux plus entendre parler de vous. »

Mais avant de couper les ponts, je me souviens qu'elle m'avait demandé un soin. Je commençais à expérimenter mes nouvelles capacités et elle m'a dit : « Nacera, j'ai un souci et j'aimerais que tu me fasses un soin à distance. » J'ai accepté et je lui ai demandé de ne pas me dire où elle avait mal. Je voulais tester mes capacités. Je me rappelle que j'avais mis des oreillers sur la table du salon et je visualisais que c'était son corps. J'ai commencé à la scanner et je sentais qu'on me dirigeait vers son avant-bras droit. Je sentais de l'air frais. J'ai alors eu l'idée d'essayer de toucher l'oreiller et quand j'ai voulu toucher, j'ai senti son corps énergétique. C'est comme si on voulait que je le fasse pour conscientiser qu'elle n'était pas là, mais que je travaillais sur son corps énergétique. Au bout de vingt minutes, je l'ai appelée pour lui dire que le soin était terminé : « J'ai senti que tu avais des démangeaisons au niveau de ton avant-bras droit. » Elle m'a avoué que c'était

exactement ça. Sa patronne était horrible avec elle et elle avait des plaques rouges sur le bras.
J'ai complètement oublié de te raconter quelque chose au sujet de Philippe. Vois-tu, lorsque j'ai rencontré Abed, nous avions toujours des relations intimes dans le noir. Je n'avais donc pas à me confronter avec l'image que je renvoyais avec mon corps. Mais quand j'ai rencontré Philippe, les premières fois où je me déshabillais devant lui, je me rappelle que j'étais super mal à l'aise. Mais avec le temps, j'ai réalisé qu'il était ma relation de pansement, pour que je reprenne confiance en mon corps. Il me disait : « Nacera, pourquoi tu es gênée avec ton corps ? Ton corps, il est comme il est, il est parfait, car il raconte ton histoire. »

— *Ah, c'est beau !*

— Ah oui, c'est beau, mais il n'a pas dépassé Arnaud, car il a été encore plus loin. Je me souviens, c'était notre première fois. Je lui expliquais que j'avais eu des opérations et que j'avais des cicatrices. Et comme il est infirmier de bloc opératoire, il m'a demandé de lui montrer, alors qu'on n'avait jamais couché ensemble encore. J'ai déboutonné ma chemise et il a regardé. Je me rappelle, il embrassait mes cicatrices et il m'a dit « Ton corps est ton temple, il n'y a que toi qui peux m'autoriser à y entrer, donc c'est toi qui décideras quand tu te sentiras prête pour qu'on passe à la suite. » Je dois avouer que lorsque tu entends ce genre de phrase, tu dis WOW ! Et maintenant, je me demande ce que va me dire le prochain. (On s'esclaffe !)

— *Il a tout un défi devant lui !*

— Ouais, et entre-temps, mon corps est encore plus abîmé,

parce que j'ai maintenant cinq enfants. Enfin, tout ça pour dire que chaque personne laisse une trace dans notre vie et nous permet de comprendre un peu plus ce que l'on veut. En expérimentant ce qu'on ne veut pas, on conscientise davantage ce que nous désirons vivre. C'est un peu comme de se dire : « Tu m'as fait vivre ça et j'ai finalement compris que je ne *méritais* pas ça. » Et donc, toutes ces expériences, je les remercie parce qu'elles m'ont permis de réaliser ce que je veux. Et là avec Arnaud, il m'a dit ce matin : « Nacera, tu es arrivée à un point où tu aimes les autres, et je vois que tu les aimes pour de vrai, on voit que tu es quelqu'un de très sociable, mais tu veux les autres quand toi tu as envie. Quand tu n'as plus envie, il faut qu'ils te laissent tranquille. » C'est comme si j'ai tout le temps peur qu'on me ré accapare, car je ne veux plus de prison. Je ne veux plus avoir des rendez-vous d'avance dans mes consultations. Je n'arrive même pas à me visualiser avec un homme. Pourtant les cartes n'arrêtent pas de me dire qu'une belle histoire d'amour m'attend, mais avec quelqu'un qui sera dans les mêmes vibrations que moi. Enfin, pour le moment, je ne veux pas m'engager. Je veux juste m'occuper de moi. Ce que je suis en train de réaliser, c'est que j'ai besoin de retrouver la liberté d'être moi. J'ai juste envie d'être Nacera. Je n'ai pas envie d'un homme qui va me dire que je dois faire ci et ça, je veux juste être avec moi toute seule pour l'instant. Après s'il y a une histoire d'amour, je me dis que le mec y va en baver parce qu'à mon avis, je vais le repousser.

Enfin, le prochain chapitre, nous parlerons d'Arnaud, le père de Jade et Marie-Sarah. Ça me fait de la peine de le dire, mais Arnaud, c'était une autre prison. Mais je ne le remarquais pas parce que je l'aimais vraiment. Et les médiums me l'ont confirmé : « Vous aimez vraiment cette personne, c'est un amour sincère tous les deux. Vous auriez pu être à l'autre bout du monde, vous vous seriez retrouvé d'une manière ou d'une autre. » Et on s'est retrouvé grâce à Meetic. Arnaud demeurait de l'autre côté du pont de mon quartier et il s'est marié à l'église que je voyais de la fenêtre de ma cuisine. Il faisait ses courses dans le même magasin que moi, et quand j'allais en ville, je passais tous les jours devant chez lui, mais je ne le savais pas. Et donc, c'est là que tu réalises comment les choses se mettent naturellement en place. Pour conclure cette section, je voulais dire que l'épisode Philippe m'a apporté beaucoup de choses. Cet homme, il m'a vraiment aimée, mais tout a été foutu en l'air avec l'histoire d'argent. Et ses enfants, c'est comme s'ils avaient mis un point final à notre relation. Et donc, vers la fin, pourquoi est-ce que je l'ai quitté ? Parce qu'il était toujours pessimiste. Il était tout le temps en train de broyer du noir et de voir le verre à moitié vide. Et donc vers la fin, je lui ai dit : « Philippe, je vais arrêter là parce que maintenant, j'aspire à m'envoler et toi tu me tires vers le bas. » Ce sont les termes que j'ai utilisés. Et maintenant, ça se reproduit avec Arnaud. D'une autre manière, mais il y a beaucoup de schémas qui se reproduisent, malheureusement.

Ah oui, une dernière chose. En octobre 2022, j'ai eu des nouvelles de Philippe. Il pensait toujours à moi et il regrettait que notre histoire soit terminée. Il espère toujours avoir gain de cause sur son affaire au tribunal par rapport à son héritage, parce qu'il tient vraiment à me rembourser ce qu'il m'a emprunté à l'époque. Tout ça pour dire qu'il a reprit contact avec moi récemment pour s'excuser encore de tout ça et pour dire qu'il voulait que les choses soient claires entre nous. Voilà, je trouvais ça important de le mentionner.

***

ENSEIGNEMENTS

Encore une fois, je vais me servir des paroles de Nacera pour faire émerger les enseignements qu'on retire de cette partie de son parcours. Comme je l'ai mentionné dans la section précédente, elle a la faculté de les faire jaillir, sans même s'en rendre compte et je trouve ça très beau. Ça démontre qu'elle a vraiment pris un pas de recul par rapport à ses expériences de vie. Elle s'est désidentifiée de son corps, de son ego et de son mental, et elle observe désormais son parcours à travers les yeux de son Soi Divin.

Dans la partie précédente, nous avons vu que Nacera a dû apprendre ce qu'est l'amour de soi. Si je peux employer une image, je dirais que c'est la première marche à gravir pour se rapprocher de l'Amour Universel, et comme elle a intégré la leçon, elle est maintenant prête à incarner ce principe : « Enfin, cela pour te dire qu'un jour, j'ai entendu une collègue parler à Stéphanie et lui dire : *Tu ne trouves pas ça bizarre, la gentillesse de Nacera ? Moi je trouve qu'elle est trop bizarre et je crois qu'elle attend quelque chose de notre part.* Elle m'a fait pleurer et c'est là que j'ai compris : *Ils sont bizarres les gens, moi je donne avec mon cœur parce que je les aime et parce que je veux leur faire plaisir. Je voudrais tous les prendre dans mes bras pour qu'ils se fondent en moi et qu'on devienne Un, mais malheureusement, ça n'a pas de sens pour ces gens-là.* Et donc, tout doucement, je commençais à sentir le décalage entre eux et moi, et j'essayais de comprendre pourquoi. Mes pensées ressemblaient à : *Quand tu es dehors, Nacera, tu ne peux pas aimer les gens, parce qu'ils ne vont pas comprendre et tu vas le faire peur. Si tu les aimes, ils vont croire que tu cherches quelque chose également et que tu les manipules.* Et là, j'ai commencé à souffrir de tout ça. Je ne cessais de me demander comment fonctionnent les êtres humains. Ça me rendait malheureuse, parce que lorsque j'étais au travail, je devais mesurer mon amour, le tempérer, et ce n'était pas naturel. C'était super compliqué. »

Ce que je comprends de ce passage, c'est que Nacera est venue incarner l'Amour Universel, afin d'aider les êtres humains à intégrer ce principe. Mais ce n'est pas une tâche aisée et elle rencontre beaucoup d'obstacles en chemin. En revanche, la vie lui envoie les expériences nécessaires pour qu'elle finisse par accepter de rester fidèle à elle-même. Elle n'a pas à modifier sa manière d'être, car c'est justement grâce à elle qu'elle parvient à ouvrir les consciences. D'ailleurs, cette histoire avec le vigile qui voulait qu'elle soit sa maîtresse lui a fait réaliser quelque chose d'essentiel : « J'ai réalisé que quand j'aime quelqu'un, c'est entier, c'est honnête, je ne peux pas trahir cette personne. Je ne peux pas lui mentir ou lui faire du mal. C'est comme si tu demandais à un ordinateur d'être un grille-pain. Ton ordinateur ne peut pas griller ton pain, ce n'est pas possible. Eh bien, c'est la même chose pour moi. On me demandait de faire des choses qui étaient en dehors de mes données. Dans mes données, il n'y a pas ces informations-là et donc, je ne pouvais pas fonctionner comme ça. C'était impossible. D'ailleurs, j'ai réalisé que la première personne à qui je faisais du mal lorsque je ne respectais pas mon mode de fonctionnement, c'était moi. Je ne peux pas aller à l'encontre de mon logiciel, mais ça m'a pris du temps pour le comprendre. Je ne cessais de me demander pourquoi l'être humain fonctionnait différemment de moi. Lorsque je regardais mon parcours et les gens que j'avais rencontrés, je me disais : *Ma mère et mon mari ont été durs avec moi. Ils m'ont humiliée et rabaissée. Puis, la même chose s'est reproduite avec mon second mari. Lui aussi m'a humiliée et rabaissée. Et à l'école, il y avait les enfants qui me battaient et les professeurs qui étaient durs avec moi.* C'est comme si je répertoriais toutes ces données, toutes ces expériences, et je me disais : *C'est très étrange, pourquoi l'humain fonctionne-t-il comme ça ? Pourquoi entre eux, ils se trahissent, ils se mentent ? Est-ce que c'est moi qui ai un problème ? Puisque c'est moi qui ai du mal à m'adapter à ce monde, peut-être que c'est à moi de modifier mon logiciel ?* Mais non, je ne peux pas fonctionner comme ça pour être aimée et acceptée, parce que c'est à moi que je vais faire du mal. Ça ne me conviendra pas et du coup, je vais comme détruire mon mode de fonctionnement. Et là ça va me faire du mal. Je vais donc continuer de fonctionner comme j'ai toujours fonctionné. »

À mes yeux, ce passage est très puissant. En rejetant sa manière d'être, elle a conscientisé que c'est à elle qu'elle faisait du mal, alors que la Vie lui demande simplement d'être elle-même. Et comme Nacera le dit, elle est venue d'un autre monde pour nous démontrer qu'il existe d'autres façons d'être *humain* : « C'est là qu'on devine qu'on vient d'un autre monde, où il y a cette sérénité, cette paix et cette entente avec tous les gens que l'on rencontre. Dans cet autre monde, chaque personne est importante, car grâce à sa vibration, elle apporte une sérénité à la communauté. »

Elle nous l'explique également dans ce passage : « Je me dis que ma vie est importante, alors je veux en parler. Et c'est là que j'ai réalisé que dans le fond, on était tous pareils. On se réveille tous le matin avec des projets, des envies, des rêves, et le soir, après avoir terminé notre journée, on répertorie toutes les données accumulées : *J'ai réussi, je n'ai pas réussi, pourquoi je n'ai pas réussi, comment vais-je faire pour réussir, etc.* Chaque individu sur Terre a sa propre conscience qui lui donne envie de réaliser ses rêves et ses projets, et pour chacun, c'est important. C'est pour ça qu'on ne doit jamais minimiser l'envie de l'autre, le rêve de l'autre, le désir de l'autre. »

À travers ces mots, on comprend que nous avons tous un rôle à jouer. Nous nous sommes tous incarnés avec un certain bagage, avec des rêves et des envies, afin de rendre ce monde meilleur. Ça me fait penser au sous-titre de cet ouvrage, qui ne pourrait pas être mieux choisi : *Je ne suis pas venue m'adapter à ce monde, je suis venue créer le mien.* C'est ce que la Vie nous demande à tous et c'est l'enseignement central qu'on retire du parcours de Nacera. À travers ses expériences, elle crée un monde nouveau à partir du cœur, et elle le conscientise dans l'expérience qu'elle a vécue avec Hassin. Lorsqu'elle l'a quitté, voici ce qu'elle a réalisé : « Je lui ai dit que je venais de rencontrer quelqu'un et il a voulu savoir son prénom. Lorsque je lui ai dit qu'il s'appelait Philippe, il a compris que c'était un Français. Ça l'a étonné et c'est à ce moment que je l'ai remercié : *Tu me plaisais vraiment, Hassin. On rigolait bien, c'était super au lit, mais j'étais en grande partie avec toi, car je voulais faire plaisir à ma famille. Je voulais encore un musulman. Mais à partir de maintenant, je vais aller là où mon cœur m'amène.* »
Mais comme Nacera le souligne, avant d'être en mesure

d'écouter et de suivre notre cœur, nous expérimentons bien souvent ce que nous ne voulons pas : « Enfin, tout ça pour dire que chaque personne laisse une trace dans notre vie et nous permet de comprendre un peu plus ce que l'on veut. En expérimentant ce qu'on ne veut pas, on conscientise davantage ce que nous désirons vivre. C'est un peu comme de se dire : *Tu m'as fait vivre ça et j'ai finalement compris que je ne méritais pas ça.* Et donc, toutes ces expériences, je les remercie parce qu'elles m'ont permis de réaliser ce que je veux. »

En effet, Nacera a réalisé que ce que son cœur recherchait, c'est d'être libre : « Je ne veux plus de prison. Ce que je suis en train de réaliser, c'est que j'ai besoin de retrouver la liberté d'être moi. J'ai juste envie d'être Nacera. Je n'ai pas envie d'un homme qui va me dire que je dois faire ci et ça, je veux juste être avec moi toute seule pour l'instant. » Elle le dit également à Philippe : « *Je vais arrêter là parce que maintenant, j'aspire à m'envoler et toi tu me tires vers le bas.* Ce sont les termes que j'ai utilisés. Et maintenant, ça se reproduit avec Arnaud. D'une autre manière, mais il y a beaucoup de schémas qui se reproduisent, malheureusement. »

Comme je l'ai mentionné dans une autre partie, notre évolution se fait de manière progressive. Ce n'est pas magique, cela demande du temps, de l'indulgence envers soi-même et beaucoup d'amour et d'humour. On retombe, on refait les mêmes erreurs, et un jour, on en a marre de se retrouver le derrière au sol, et c'est à ce moment qu'on brise notre schéma, notre programmation. C'est d'ailleurs ce que nous verrons dans la prochaine section.

PARTIE V

— *Nous voici enfin à l'épisode Arnaud. Cela fait longtemps que j'attends ce moment, car j'ai hâte de connaître votre histoire.*

— Eh bien, c'est une très belle histoire, même si elle s'est terminée récemment. Comme je te l'ai mentionnée dans la partie précédente, Arnaud et moi, on s'est rencontré le 9 janvier 2009. Je me rappelle, je le trouvais magnifique et encore aujourd'hui, je le trouve toujours beau. C'est vraiment un bel homme et il est beau à l'intérieur comme à l'extérieur, c'est juste qu'il a encore des choses à travailler sur lui, comme nous tous.

Je me souviens de notre premier rendez-vous, il portait un jean Levi's qui lui moulait bien ses petites fesses ! (On rigole) On peut dire qu'il a un beau petit cul et il avait laissé ses longs cheveux châtains détachés. J'adore les cheveux châtains, et en plus, il a de beaux yeux bleus comme le ciel. Et ce que j'adore chez lui, c'est qu'il rougit vite, donc ça lui fait une belle peau. J'adore aussi ses lèvres, il a de belles lèvres pulpeuses et quand il parle, j'étais tout le temps fière de l'observer, de le regarder, je le trouvais intéressant. Tu sais, Arnaud, il a une culture générale et tu ne peux pas t'ennuyer avec lui. Si tu t'ennuies, c'est que tu as décidé de t'ennuyer. Et en plus, c'est quelqu'un qui sait t'écouter. Il a une bonne oreille et une belle écoute, et du coup, il te donne de merveilleux conseils, avec ses croyances et son niveau à lui.

— *Peux-tu préciser aux lecteurs et lectrices ce que tu veux dire par « niveau » ?*

— Eh bien, lorsqu'il te donne un conseil, ça va être un conseil de la 3D. Et pour en revenir à notre première rencontre, je me souviens que je lui ai expliqué que ça m'agaçait, les hommes qui se permettaient de me toucher lors du premier rendez-vous. Je détestais ça et je me rappelle que ce soir-là, il faisait froid, mais comme on était en plein centre-ville, l'éclairage me laissait entrevoir ses joues rosées qui faisaient du coup ressortir ses beaux yeux bleus. Et je me souviens m'être dit : « Purée, il est trop beau, ce n'est même pas la peine, il ne va pas rester avec moi. » Un peu plus tard, on est allé dans un café-restaurant et on discutait bien. On n'a même pas vu le temps passer et à un moment donné, on est en pleine discussion et j'avais mis mes mains sur la table. Il les a attrapées, mais très vite, il s'est rétracté. Par contre, j'avais adoré ça, mais je ne pouvais pas le lui dire, parce que je lui avais moi-même avoué que je n'aimais pas ça au premier rendez-vous. Mais j'ai trouvé ça beau, le fait qu'il respecte ça et qu'il s'en souvienne. J'ai trouvé ça beau, parce que je me suis dit qu'il faisait attention à ça, qu'il ne voulait pas me décevoir et faire de faux pas.

Et donc, on s'est vu plusieurs fois dans ce café-restaurant et chaque fois, on ne voyait pas le temps passer. On était bien et c'est comme si je ne voulais pas que le temps s'arrête. Et un jour, il m'a invitée chez lui et j'étais un peu intimidée, car je me suis dit : « Si ça se trouve, ce soir, je vais passer à la cocotte !! » (On rigole) Je m'étais donc rasée et tout. L'épilation du maillot et patati et patata. Et donc, je me rappelle qu'il avait deux fauteuils en forme de demi-cercle, et il s'est assis en face de moi. On a commencé à parler et dès le début, je lui ai dit : « Tu sais, Arnaud, je veux que tu saches que comme j'ai eu trois enfants, j'ai eu beaucoup d'expériences. J'ai même failli mourir lorsque j'étais jeune, donc j'ai quelques cicatrices. »

— *Quelles expériences as-tu eues avec tes enfants ?*

— Eh bien, quand j'ai accouché de mes trois enfants, j'ai eu des problèmes, mais je ne sais plus comment ça s'appelle. On m'a recousue, j'ai une cicatrice au niveau du ventre qui monte à la verticale, et j'en ai une autre à l'horizontale qui va d'un côté jusqu'à l'autre. Et donc, je lui ai dit que j'avais un corps un peu abîmé par la vie, et comme il est infirmier au bloc opératoire, il s'est intéressé au côté chirurgical et il m'a demandé si je voulais lui montrer. J'étais tout intimidée, mais j'ai commencé à déboutonner ma chemise. Je me rappelle, j'avais une chemise vert émeraude et je sentais mon cœur battre à tout rompre. En plus, je lui avais expliqué que je m'étais fait refaire la poitrine, parce qu'après mes trois enfants, j'avais la poitrine qui était comme des gants de toilette !! Je lui avais donc avoué que j'avais des implants mammaires, mais je ne les ai plus maintenant, car j'ai tout enlevé. C'est donc mes vrais nénés ! (On rigole) Et donc, je déboutonne ma chemise, je l'ouvre et il observe mes cicatrices. Ensuite, il dégrafe mon soutien-gorge et il se met à embrasser toutes les zones où j'ai une cicatrice. Délicatement, avec beaucoup de douceur et de bienveillance, et il me dit : « Nacera, je veux que tu saches que je ne t'incite à rien, je n'entrerai dans ton temple que lorsque tu me donneras l'autorisation. »

— *Wow, un homme qui a tout compris !*

— En effet, et j'en profite pour dire que lorsque je me suis mariée la première fois, je me rappelle que ma mère m'avait dit : « Tu te lèves le matin avec ton mari, tu te fais une toilette, tu manges un bonbon pour avoir bonne haleine et tu te mets un peu de maquillage. » En gros, il fallait toujours tricher, car ce n'était pas naturel. Elle m'a expliqué que pour *garder* son mari, il faut être bonne au lit et bonne en cuisine. Il fallait tout faire pour le séduire afin qu'il n'ait pas envie d'aller voir ailleurs. Alors qu'en vrai, tu as juste à être toi, et ça, c'est quelque chose que j'ai compris récemment. On n'a pas à jouer de subterfuge pour garder l'autre, pour l'emprisonner avec des liens affectifs, avec des liens de tromperie. Si c'est un amour sincère, l'autre va t'aimer comme toi tu t'aimes. Si toi tu ne t'aimes pas, c'est là que tu vas commencer à utiliser des subterfuges pour maintenir l'autre auprès de toi. Voilà, je trouvais ça important de le mentionner et pour en revenir à Arnaud, dès qu'il m'a dit cette phrase, je lui ai répondu : « Elle est où, ta chambre ?! » Et il m'a aussitôt mise à l'aise, alors que je n'aimais pas trop faire ça dans la lumière. Je l'avais fait un petit peu avec Philippe, qui m'avait dit que mon corps racontait mon histoire. Pour moi, Philippe, c'était la relation de pansement. Il m'avait appris à reprendre confiance en moi et en mon corps. Et Hassin, le Tunisien qui était avant lui aussi. Je faisais déjà des jeux où j'apprenais à me réapproprier mon corps pour me donner du plaisir et avec Arnaud, comme il assure au lit, on jouait à tout ce qu'on pouvait jouer !! Et il m'a tout de suite mise à l'aise, au point où je me suis amusée à lui envoyer des photos coquines. Il adore les mangas, alors je mettais des petites oreilles de chat, des petites tenues, et je me prenais en photo et lui envoyait, car il était parti pendant un mois. Tu sais, Arnaud est allé trois fois au Pérou, il est allé au Mexique et à l'île de Pâques, et c'est quand on s'est connu qu'il est parti là-bas. On s'est donc séparé alors que ça faisait sept mois qu'on sortait ensemble. Pendant ces sept mois, je me souviens que lorsque je sortais du boulot, j'allais le voir.

Comme mes enfants étaient très responsables, je préparais la popote et ensuite, j'allais le rejoindre. Et tout doucement, je commençais à dormir chez lui et je revenais chez moi le lendemain. À cette époque, j'avais ma petite voiture et je n'habitais même pas à trois minutes de chez lui. Il est donc parti à l'île de Pâques, et il m'a terriblement manquée. C'était très dur et c'est là que j'ai réalisé que je l'aimais vraiment, et lui aussi apparemment, mais je l'ai su uniquement quand il est revenu.

— *Comment te l'a-t-il avoué ?*

— Eh bien, à son retour, j'avais préparé les petites tenues pour le recevoir et je lui avais envoyé des photos pour l'avant-goût. Et quand il est rentré en France, je l'attendais chez lui, car j'avais les clés de son appartement. Dès qu'il est arrivé, il m'a pris dans ses bras et il m'a dit qu'il m'aimait. C'est comme si cette distance lui avait permis de comprendre qu'il était amoureux de moi. Même si on s'entendait très bien depuis le début de notre relation, le fait de ne pas me voir l'a aidé à en prendre conscience. Par contre, je tiens à dire que je n'étais pas envahissante, car je ne suis pas ce genre de nana. J'attendais toujours que ce soit lui qui m'appelle et s'il ne m'envoyait pas de message, je ne lui en envoyais pas. Je ne suis vraiment pas une nana contrôlante, je me fais toute petite comme une souris. Et donc, cet éloignement lui a permis de comprendre qu'il était amoureux de moi et c'est en rentrant qu'il m'a dit « je t'aime » pour la première fois. À partir de là, il m'arrivait de rester plus longtemps chez lui. Je restais parfois le week-end entier, et pendant ce temps, mes enfants étaient soit chez leur papa, soit chez leurs copains. Je n'avais donc pas à culpabiliser. Et entre-temps, Sabrina s'était trouvé un emploi et en plus, elle avait des bourses. Elle faisait donc ses études et elle travaillait chez McDo en même temps. Arnaud a alors commencé à venir dormir à la maison, et c'est à ce moment qu'il a rencontré mes enfants.

Et là, cet épisode, c'est tout un micmac, parce qu'Arnaud a un peu de mal avec les enfants. Ce n'est pas qu'il ne les aime pas, mais il n'aurait pas couru après eux. Il aurait voulu avoir ses propres enfants, mais sans plus. Par contre, il avait bien compris qu'à l'âge qu'il avait, il n'aurait pas trouvé de femme sans enfant, mais il ne s'était pas douté qu'il tomberait sur une Maghrébine avec trois enfants ! Enfin, je l'ai invité à manger une raclette à la maison et encore aujourd'hui, il remet cette soirée sur la table et il se moque de moi. Vois-tu, j'avais tellement peur que mes enfants fassent un faux pas et qu'il me quitte à cause de ça que j'étais en état de nerf. J'ai dit à mes enfants : « C'est bon, vous avez fini de manger maintenant ?! » Et là, j'ai débranché le service à raclette, je l'ai pris et je l'ai enlevé de la table. Arnaud m'a regardé d'un air paniqué et il m'a dit : « Mais qu'est-ce que tu fais ? Tu te rends compte que c'est chaud ?! » Ensuite il se tourne vers mes enfants et leur dit de ne jamais faire ça : « Ce que votre maman a fait, c'est très dangereux et elle aurait pu se brûler. » Mais moi, je voulais que le repas se termine le plus rapidement possible, car j'avais peur qu'il y ait un verre qui se renverse ou quelque chose du genre. J'ai donc retiré le service à raclette, les enfants sont sortis de table et ils sont partis s'amuser. Arnaud et moi on s'est alors retrouvé seul et il m'a demandé ce qui venait de se passer. Et ce n'est que beaucoup plus tard qu'il m'a dit : « Heureusement que tes enfants étaient adorables et que j'étais amoureux de toi, parce que si c'était notre premier rendez-vous, je ne serais pas resté, parce que tu m'as fait peur ! » J'étais tellement en état de stress qu'il ne m'a pas reconnue. Je n'étais pas la Nacera qu'il connaissait quand j'allais chez lui, mais comme c'était la première fois qu'il entrait en contact avec mes enfants, j'ai eu peur. Par chance, Jamel a tout de suite été génial avec lui et Sabrina aussi.

— *Quel âge avaient tes enfants à cette époque ?*

— Sabrina devait avoir 18-19 ans, donc Jamel avait environ 16 ans et Halima 13. Et dès qu'Arnaud est entré dans la maison, Jamel l'a mis à l'aise et ils ont commencé à discuter ensemble. Sabrina a également papoté avec lui et après, ils nous ont laissés seuls. Par contre, Halima a collé un peu, parce qu'elle et moi, on était toujours ensemble. En plus, je dormais au même étage qu'elle et le soir, on regardait souvent un film ensemble dans mon lit et ensuite, elle regagnait sa chambre. Et je me rappelle qu'il y a eu un épisode où Arnaud a dormi à la maison. Je lui ai dit que dans ma chambre, il y avait un bureau où je mettais mon ordinateur, parce que je travaillais pour Herbalife. Et avec Herbalife, ça commençait à aller mal, car tous les jours, il y avait des réunions pour apprendre à bien vendre et à gagner du pognon, sauf que je n'ai jamais couru après l'argent. J'ai donc dit à la dame que je ne pourrais pas être présente à toutes les réunions, parce que je venais de rencontrer quelqu'un. Comme ça se passait bien, j'avais envie de voir comment cette relation évoluerait. Mais la dame a rétorqué : « Mais attends, je suis en train de te parler de pognon là ! » Je l'ai remerciée d'avoir été honnête et je lui ai dit que j'arrêtais tout, car j'allais privilégier mon histoire d'amour, plutôt que de privilégier l'argent. J'ai donc arrêté avec Herbalife et j'ai continué la relation avec Arnaud.

Et pour en revenir à cette anecdote, Arnaud avait dormi à la maison ce soir-là et il avait placé ses clés de voiture sur le bureau. Le lendemain matin, il devait repartir chez lui et aller travailler, mais il ne trouvait plus ses clés. On a cherché partout, mais elles n'étaient pas dans ma chambre. On a alors ouvert la porte de la chambre d'Halima et je vois ses clés sur la fameuse commode qui avait changé de place quand j'étais avec Philippe. Arnaud ne comprenait rien, alors je lui ai dit : « Tu te rappelles, je t'avais expliqué que dans ma vie, j'ai toujours expérimenté des trucs bizarres avec le monde des esprits. » Et je me souviens que lorsque je lui avais expliqué, il ne m'avait pas pris pour une folle. C'est comme s'il avait vu que j'étais quelqu'un de posé, que j'avais la tête sur les épaules, alors il m'a crue. En plus, ça venait expliquer pourquoi les clés étaient dans la chambre d' Halima, parce que si elle était venue les chercher dans la nuit, on l'aurait entendue. Tu sais, les poignées de porte étaient très anciennes. C'était des boules qui faisaient du bruit quand tu les tournais. Et en plus, il aurait fallu qu'elle marche dans le noir et elle aurait certainement trébuché. On savait donc que ce n'était pas elle qui avait pris les clés. Mais bon, on a mis ça de côté, même si Arnaud a très vite remarqué que j'avais une forme de facilité avec les intuitions.

Enfin, revenons maintenant à Sabrina. Comme je te l'ai mentionné, elle avait trouvé un emploi et elle étudiait en même temps. Elle venait d'avoir son permis, car comme je ne fumais et ne buvais pas, et que j'utilisais bien mon argent, j'avais réussi à en mettre de côté et j'ai payé le permis de mes trois enfants. Je leur ai même payé leur premier loyer et je leur achetais les premières bricoles pour démarrer, les petits trucs essentiels. Et donc, voici ce qui s'est passé avec Sabrina. Comme Arnaud et moi ça allait bien et qu'on voulait vivre ensemble, il fallait que je laisse aller la grande maison. Arnaud ne voulait pas habiter là et chez lui, il n'y avait que deux chambres. Celle où l'on dormait, lui et moi, et celle où il y avait son chat. Elle était devenue la chambre de Jamel et d'Halima, mais il en manquait toujours une pour Sabrina. Je lui ai dit que si elle désirait rester avec nous, nous allions nous débrouiller, mais elle a répliqué qu'il était peut-être temps qu'elle prenne son envol elle avait ses 21 ans. Mais bon, il n'empêche que c'était un peu délicat, car il fallait vite lui trouver un appartement ou la mettre dans un foyer d'étudiants. Et cette expérience-là, elle ne l'a pas très bien vécue.

— Mais pourquoi Arnaud ne voulait-il pas vivre dans ta maison ?

— À cause des voisins. Vois-tu, au début, quand je suis venue habiter dans cette maison, il n'y avait personne des deux côtés, mais entre-temps, on a eu des voisins très bruyants. Et en plus, ils étaient très vulgaires. On entendait des gros mots toute la journée et il y avait tout le temps du monde, ils faisaient des BBQ, ils faisaient la fête. Des deux côtés, c'était le bazar. On n'en pouvait plus et Arnaud a dit que c'était hors de question qu'il emménage là. Il ne se voyait pas vivre avec ce voisinage-là, même si en face, on avait René, le garagiste qui était un amour. On a donc choisi de s'en aller et on a un peu bousculé Sabrina, car si elle venait avec nous, elle allait devoir dormir dans la même chambre que Jamel et Halima. Comme elle ne voulait pas, on a dû lui trouver un appartement. Heureusement, un cousin à moi quittait le sien, et Sabrina a pu aller vivre là-bas. À partir de là, tout s'est emboité. Malgré cela, ça a été un peu dur pour Sabrina au début, mais après, elle invitait beaucoup de copines et elle a très vite pris son indépendance, son rythme de vie.

Donc voilà, Sabrina est partie à ses 22 ans et je m'installe chez Arnaud avec Jamel et Halima. Le temps passe, et Arnaud part un mois à la Réunion. Il faisait une formation là-bas pour valider son niveau d'infirmier bloc opératoire et ça s'est tellement bien passé qu'ils lui ont dit : « Si vous voulez du boulot, on vous paye le déménagement et on vous trouve une maison ici. » C'était un des meilleurs endroits de la Réunion, on aurait été vraiment bichonné et le salaire était très intéressant. Mais mes enfants ont refusé, car ils voulaient rester à Reims. Et puis, si nous avions emménagé là-bas, je n'aurais plus vu Sabrina, et Arnaud n'aurait plus vu ses parents et sa sœur. On a donc laissé tomber, mais on est parti deux années de suite en vacances, en Crète. J'ai adoré. C'était la première fois que je voyageais très loin pour être seule avec mon amoureux et c'était formidable. C'était une formule tout inclus, alors je n'avais pas à faire la cuisine. C'était le rêve et je suis tombée amoureuse de la Crète.

Donc voilà comment notre vie s'est mise en place tranquillement, et entre-temps, je suis tombée enceinte. Arnaud voulait avoir un bébé, mais je n'avais pas pensé que je tomberais enceinte, car j'avais 42 ans. J'avais donc arrêté la pilule, mais le mois d'après, j'étais enceinte. Je me suis alors demandé comment on allait s'arranger, parce qu'on avait déjà un chat et deux ados dans la même chambre. Mais bon, au même moment, le propriétaire de l'appartement nous a demandé de partir. Je ne sais plus si on avait trois ou six mois, mais je me rappelle qu'il nous avait proposé d'acheter son appartement, sauf qu'entre-temps, on a eu des voisins et c'était une vraie catastrophe ! Ça criait, ça hurlait, ça se bagarrait. Entre les enfants, la mère et la sœur, tout le monde se tapait, et quand ils sortaient de la maison, il y en avait toujours un qui tapait dans la porte. La police était tout le temps là, c'était une catastrophe. Malgré cela, Arnaud m'a dit que le propriétaire n'avait pas le droit de nous demander de partir, parce qu'on avait le droit d'y rester trois ans. Et je me souviens qu'à l'époque, je commençais les canalisations, mais sans m'en rendre compte. J'ai donc dit à Arnaud qu'il y avait une raison derrière tout ça et qu'il y avait sûrement autre chose pour nous. Et en plus, je commençais à lire des livres sur les médiums et à tomber sur des vidéos de EMI1, je commençais à m'intéresser à tout ça. Avec la grossesse, je devais prendre du temps pour relaxer, car à 42 ans, c'était très difficile pour mon corps. Je prenais donc le temps de lire des livres, je pourrais même dire que je faisais des boulimies de livre, sur les médiums particulièrement. Surtout Lisa Williams, je l'adorais.

Enfin, je me rappelle que je commençais à faire des recherches sur Internet pour trouver un nouvel appartement, et je cherchais F5. C'était compliqué, car chaque fois qu'il y avait un F5, c'était dans les quartiers chauds. Je ne trouvais rien d'autre, mais le temps passait et il fallait qu'on trouve. Et là, j'entends : « Cherche type 4. » Tu sais, c'est comme le matin où je devais me lever pour aller sur mon ordinateur pour aller rencontrer Arnaud. Je parle à quelqu'un dans mon esprit, mais je ne sais pas à qui je parle. Et je trouvais ça normal de parler, je ne me suis jamais trouvée folle. Et donc, je tape F4 et je tombe sur un appartement que je reconnais. Sur les photos, il y en avait une qui montrait une chambre et il y avait de grandes fenêtres. C'est là que j'ai reconnu le paysage à l'extérieur et j'ai appelé Arnaud : « Regarde, c'est l'Esplanade Fléchambault ! Il faut qu'on voie ce que c'est. » Et dans l'annonce, il disait bien quatre chambres, deux salles de bain, un salon et une cuisine. Et c'était une grande cuisine et un grand salon. Et d'un côté de la maison, il y avait de grandes fenêtres où l'on voyait l'Esplanade Fléchambault, c'était magnifique. Ça ressemble à des chalets, comme quand on va à la montagne en ski. Et de l'autre côté, de notre fenêtre, on voyait la Basilique Saint-Rémi. On aurait presque pu croire que c'était la Cathédrale de Reims, mais un peu plus petit. Et il y avait plein de monde qui venait de loin pour la voir, mais nous, on la voyait de la fenêtre et l'on avait juste à traverser la rue. Arnaud a donc dit qu'il allait y aller directement et qu'il allait essayer de le retrouver grâce à l'image qu'on avait vue sur la photo.

Heureusement, il a trouvé l'endroit. Il a sonné chez une dentiste et c'est la secrétaire qui lui a ouvert la porte. Il lui a montré l'annonce sur son téléphone et elle l'a informé que c'était la voisine, qui habitait la porte d'en face. Normalement, il aurait fallu téléphoner à une agence immobilière et payer quelque chose comme 800 euros pour que l'agence nous fasse visiter. Mais Arnaud est allé cogner directement à sa porte et la fille lui a donné le numéro de téléphone de ses parents. C'est eux qui s'occupaient de louer l'appartement. Arnaud les a donc appelés et ils nous ont donné rendez-vous. À cette époque, j'avais déjà mon gros bedon, j'étais enceinte de quatre mois, je crois, mais ça se voyait déjà bien. Enfin, je vais les rencontrer avec Arnaud et la dame a trouvé que nous formions un beau petit couple, mais elle avait peur, car le loyer coûtait 1050 euros par mois, avec les charges par contre. Elle nous fait donc passer deux entretiens qui durent 45 minutes et Arnaud lui explique qu'il est infirmier de bloc opératoire et c'est là qu'ils réalisent qu'ils travaillent dans les mêmes établissements. C'était des établissements qui se touchent et en plus, la dame habitait à Belleu dans le 02, comme les parents d'Arnaud. Il y avait donc des petites synchronicités, et elle a fini par accepter. Du coup, on est resté dans cet appartement environ huit ans et j'ai vécu des petites bricoles comme dans la maison sur la rue Buridan.

D'ailleurs, j'ai deux anecdotes à te raconter à ce sujet. La première, c'est qu'à cette époque, je commençais à utiliser le pendule et Halima avait un appareil dentaire. Elle m'avait demandé de l'utiliser pour savoir quand elle allait pouvoir l'enlever. Elle en avait marre de le porter, mais le pendule lui a dit qu'elle aurait à le porter encore pendant un mois. Et effectivement, c'est ce qui est arrivé. La prochaine anecdote, c'est à propos de la maison. On venait de recevoir la lettre du propriétaire qui nous disait de partir, alors j'ai demandé au pendule quand nous allions déménager. Il a répondu dans quatre mois, mais Arnaud m'a dit que ce n'était pas possible. Jusqu'à présent, on n'avait rien trouvé, alors à ses yeux, le délai était trop court. Mais je lui ai dit de me faire confiance et effectivement, on a déménagé quatre mois plus tard. Et ce qui est encore plus extraordinaire, c'est que quand on a visité la maison et qu'on a signé le bail, on devait déménager au mois de mai. Mais la dame nous a laissés déménager dix jours avant pour nous permettre de préparer la maison, et elle ne nous a même pas fait payer. Et donc, on a déménagé à la date indiquée par le pendule.

Cette nouvelle vie avec Arnaud se met donc en place tranquillement. Jamel habitait encore avec nous et Halima aussi. Et Jamel s'entendait super bien avec Arnaud, mais avec Halima, c'était plus difficile. Elle a un sacré caractère et Arnaud ne voulait pas se faire monter sur la tête. Parfois, il y avait des frictions entre eux, sauf que j'ai dit à Arnaud : « S'il te plait, je sais qu'Halima est particulière, mais j'ai envie de vivre une belle harmonie dans la maison. J'ai envie qu'on soit heureux, qu'on soit épanoui, j'ai envie que ce soit la maison du bonheur. Alors il va falloir que tu apprennes à mettre de l'eau dans ton vin, et Halima aussi. » J'avoue qu'il m'est arrivé d'être très dure avec Halima, de peur qu'Arnaud soit dégoûté. Enfin, ce n'est pas tout à fait le bon terme, mais nous avions bousculé sa vie. Ça faisait des années qu'il vivait seul avec son chat et il a dû faire beaucoup de compromis en nous accueillant chez lui. Mais Dieu merci, il adorait Jamel et mon fils l'adorait aussi. Du coup, dans la maison, c'était comme deux gamins. Des fois, c'était Arnaud qui se jetait sur Jamel, ils se roulaient par terre tous les deux et se bagarraient, ils étaient toujours à plaisanter. Jamel apportait du soleil dans notre vie et il n'a pas changé. C'est un gamin incroyable et partout où il passe, tout le monde l'adore, Halima était très drôle aussi à sa manière. Jamel dégage un truc, il est très solaire et c'est quelqu'un de très avenant. Lorsqu'il voit que tu n'es pas bien, il va aller te chercher un verre d'eau et il va essayer de te masser. Lorsqu'il voit une mamie dans la rue, eh bien, il va lui porter son sac. Lorsqu'il est dans le bus et qu'il voit une dame enceinte ou une mamie, il va se lever pour leur laisser sa place. Et j'ai eu de la chance, car j'ai été dur avec lui, il m'a même demandé pourquoi j'avais été plus dur avec lui qu'avec ses sœurs. Je lui ai répondu : « Tu sais Jamel, tu es un garçon et j'ai toujours eu peur que tu deviennes comme certains jeunes hommes Maghrébins qui donnent des ordres à leur mère et qui les frappent. » Je ne dis pas qu'ils sont tous pareils, mais je l'ai vu de mes propres yeux. J'ai donc très vite appris à Jamel à me respecter et de mon côté, j'essayais également de le respecter en tant qu'individu. Eh bien finalement, il a été un amour et il m'obéissait tout le temps. Enfin, ce n'était pas le but que je recherchais, c'était plutôt d'établir une relation de confiance dans la maison. J'avais dit à mes enfants : « On est comme les quatre mousquetaires. Je n'ai pas envie de vous pourrir la vie, mais il ne faut pas me pourrir la mienne non plus. Je sais qu'il y a cette histoire d'adolescence avec les hormones, mais pour ma part, l'adolescence, je la fous à la poubelle. Je ne crois pas à tout ça. Je peux comprendre que vous êtes à la recherche de qui vous êtes et que vous ayez envie de trouver votre place dans ce monde. Je suis d'accord avec ça, mais pas à mes dépens. » Et donc, mes trois enfants ont été formidables avec moi et ils ne m'ont jamais manqué de respect. Enfin, il y a eu Sabrina à un moment donné, mais c'était parce qu'elle était en souffrance vis-à-vis d'elle-même. Elle a dû me claquer une fois la porte au nez, car je ne voulais plus qu'elle aille à son cours de danse. On avait entendu des choses sur son professeur, il faisait des attouchements sur les jeunes, mais Sabrina l'adorait. Toutefois, je lui ai dit de se mettre à ma place : « Je ne sais pas ce que tu fais avec lui, des fois tu pars deux jours et tu ne rentres pas dormir, alors je m'inquiète. Tu ne voudrais pas que je te fasse vivre ça, alors ne me le fais pas vivre non plus. » Ça s'est donc vite réglé.

Cela pour dire qu'on a toujours eu cette relation de confiance et le soir, on se mettait des films en famille. Et des fois, il y avait le cousin qui venait à la maison. Il s'appelle Sophian et je l'ai reçu comme mon fils, car je l'adorais. Et jusqu'à maintenant, Jamel est toujours en relation avec lui. Sophian s'est marié et il a 3 filles, et de son côté, Jamel a maintenant un fils, et ils se voient régulièrement. C'est pour dire que mes enfants ont évolué, ils sont adultes et vivent leur vie. Mais tout ça, ça a passé par des cheminements où moi-même, je devais apprendre à trouver ma nouvelle place de Nacera, et apparemment, il y a une médium qui sommeille en moi. D'ailleurs, mes enfants me voyaient tout le temps devant l'ordinateur ou derrière mes livres et ils me demandaient ce que je faisais. Ils trouvaient cela étrange, mais Arnaud, lui, me laissait tranquille. Il avait appris à me connaître et il voyait qu'on avait des expériences de télépathie. Et je me rappelle d'une anecdote à propos de Jade. C'était une gamine qui était très turbulente. Dès qu'elle a appris à marcher, elle touchait à tout et elle se mettait tout le temps en danger. Et je me souviens qu'un jour, je la faisais manger sur sa table haute de bébé, et après, je suis allée à la salle de bain chercher un gant de toilette. Alors que j'étais en train de le nettoyer, j'ai eu comme un flash. Un film s'est déroulé dans ma tête et j'ai vu Jade défaire sa ceinture d'enfant. Ensuite, elle enlève ses pieds de la ceinture, elle se met debout et elle commence à enjamber la tablette, comme si elle voulait marcher dans le vide, mais en vrai, elle serait tombée d'un mètre de hauteur. J'ai donc lâché le gant de toilette et j'ai couru jusqu'au salon. Heureusement, je suis arrivée au bon moment. Jade était debout sur la tablette et je l'ai prise dans mes bras. Et il s'est produit quelque chose de similaire avec elle. Elle jouait dans sa chambre et on était obligé de mettre des barrières. C'est pour te dire qu'on ne pouvait pas la laisser sortir librement de sa chambre et la laisser vivre sa vie. Elle se mettait toujours en danger, c'était infernal. Marie-Sarah et elle, mes deux dernières filles, ce sont des gamines qu'il fallait tout le temps surveiller. Et j'ai eu Jade à 42 ans, et Marie-Sarah à 45, et elles m'ont épuisée. Et le pire, c'est que ce n'est toujours pas fini. Jusqu'à maintenant, il faut toujours les surveiller, sinon elles font des bêtises. Pourtant, Jade a aujourd'hui dix ans et Marie-Sarah en a sept, mais Arnaud et moi on doit tout le temps les surveiller. Et ça, je ne l'ai jamais fait avec mes autres enfants. Elles ne sont pas du tout pareil que Sabrina, Jamel et Halima. Mais bon, c'est la nouvelle génération…!

Et donc, pour en revenir à Jade, le deuxième flash que j'ai eu, j'étais dans ma cuisine et je l'ai vue s'allonger près d'une prise électrique. On avait pourtant mis une étagère en fer forgé avec plein de peluches devant. Mais je la vois en train d'allonger son bras pour essayer de la toucher. Je jette donc mon couteau dans l'évier et je cours ! J'arrive au bon moment et j'attrape son pied pour la tirer vers l'arrière. À la suite de cet incident, Arnaud a mis du scotch, et elle n'a plus jamais réessayé. Et donc, j'expérimentais encore des trucs paranormaux, mais pas autant que lorsque j'étais célibataire. Quand j'étais seule, j'expérimentais beaucoup plus le monde subtil que quand je me suis mise avec Arnaud. Mais j'ai tout de même vécu certaines choses pour le moins étranges. Je me souviens d'une fois, je donnais le biberon à Marie-Sarah et j'ai senti qu'on était en train de me tapoter l'épaule. Et ce qui est drôle, c'est qu'Arnaud avait acheté une grande panthère en peluche qui faisait un mètre de longueur et sa queue descendait le long du fauteuil. Eh bien, j'avais l'impression que quelqu'un prenait la queue et qu'il me chatouillait sur le cou. Je me suis donc retournée, mais il n'y avait rien.

— Est-ce que tu as eu peur ?

— Non, je n'ai jamais eu peur. D'ailleurs, plusieurs personnes me le demandent souvent et je leur dis que c'est comme si je sentais au fond de moi qu'il ne pouvait jamais rien m'arriver. Et je me rappelle d'un soir, il y avait beaucoup d'éclairs et Arnaud adorait regarder l'orage. Il est donc sorti sur la terrasse, mais je ne l'ai pas suivi, car j'avais trop peur. Et à ce moment, j'ai senti une main qui m'a tapoté l'épaule. Je me suis retournée, et encore une fois, il n'y avait personne. Et dans les jours qui ont suivi, j'ai appris que l'avocate qui s'était occupée de mon divorce avec Abed était morte. Et j'ai pensé à elle, car elle était gentille cette dame, elle avait tout fait pour m'aider. Je me suis demandé si ce n'était pas elle qui m'avait fait coucou. Et le lendemain, il y a eu des choses qui se sont passées, des synchronicités par rapport à elle.

J'ai également une autre anecdote qui me vient en tête. Mon amie Stéphanie venait de tomber enceinte et elle voulait me l'annoncer. Elle sonne à ma porte et pendant qu'elle monte les escaliers, j'entends : « Elle vient t'annoncer qu'elle est enceinte. » J'ouvre donc la porte avec de grands yeux ronds et je m'exclame : « Tu es enceinte ?! » Comme moi, elle avait 42 ans, et elle n'avait jamais imaginé qu'elle aurait un enfant un jour. Mais de mon côté, j'avais fait un rêve où je l'avais vue avec un bébé et je lui avais dit qu'elle aurait un enfant plus tard. Et là, le rêve est devenu réalité. J'avais même vu que le bébé aurait les cheveux clairs, et effectivement, il a les cheveux roux. Et donc, sur le coup, elle était triste, car elle voulait m'annoncer la nouvelle et elle m'a demandé comment je l'avais su. Je lui ai répondu qu'on m'avait donné l'info dans ma tête.

Et donc, tout doucement, je commençais à réaliser qu'il se passait des bricoles par-ci par-là. Après qu'est-ce qu'il y a eu…? Ah oui, on allait faire les courses et chaque fois, j'oubliais les jetons. Tu sais, les jetons qu'on met dans les caddies. Et Arnaud m'avait dit qu'il fallait que je trouve une solution pour ne pas oublier d'en avoir un quand on faisait les courses. Je me rappelle, le jour où il m'a dit ça, on rentre à la maison et j'avais un tiroir où il y avait mes sacs à main. J'ouvre le tiroir en me disant qu'il fallait que je pense à me préparer un jeton, mais je le vois dedans. C'est la première chose que j'ai vue, un jeton posé sur mes sacs. Je le prends et me tourne vers Arnaud en m'exclamant : « Ah ah, très drôle ! » Mais il ne savait pas de quoi je parlais, alors je lui ai dit qu'il avait mis le jeton dans le tiroir pour que je ne l'oublie pas. Mais il ne savait toujours pas de quoi je parlais et il m'a promis qu'il n'avait rien fait. J'ai donc remercié les êtres de l'autre côté !

Après cette anecdote, il y a eu Jamel qui rentre à la maison et qui me dit que la maman de son ami Gauthier est morte. Il me dit qu'en classe, son téléphone avait sonné, c'était sa mère, mais son copain n'a pas répondu. Et un peu plus tard, il apprend qu'elle est décédée. Et comme entre-temps, j'avais commencé à développer mes capacités, j'ai demandé à Jamel s'il voulait que je parle à son ami. Mais il a refusé en disant qu'il allait nous prendre pour des fous ! Et Halima a renchéri : « Tu nous fais peur maman, si ça se trouve, un jour, on va rentrer à la maison et on va te retrouver en train de marcher au plafond comme dans le film *Exorciste* ! » Mais bon, je dis à Jamel que je suis certaine que son copain va venir à la maison. Mais il riposte : « Pff ! Tu te mets le doigt dans l'œil, maman, parce que maintenant que sa mère est morte, il n'habite plus à Reims. Maintenant, il doit aller vivre chez son père et il prend le train tous les jours. Dès qu'il sort de l'école, il va à la gare, alors je ne le verrai qu'à l'école. » Mais dès le lendemain, Jamel m'appelle pour me demander s'il pouvait amener un copain à la maison et dans ma tête, j'entends que c'est Gauthier. Et effectivement, c'était lui. Ils sont allés s'amuser dans la chambre de Jamel et à un moment donné, mon fils vient me voir pour me dire qu'il va raccompagner son copain à l'abribus. Il me dit également que c'est lui le copain qui a perdu sa maman, mais je lui avoue que j'étais déjà au courant : « Quand tu m'as dit que tu venais avec un copain, ils m'ont donné l'information et ils m'ont dit que c'était lui. » Jamel me demande alors pourquoi je ne lui avais rien dit, et je lui explique qu'ils m'avaient mentionné

que Gauthier allait revenir. Mais Jamel ne me croyait pas, parce que la seule raison pourquoi il était venu à la maison, c'est parce qu'il y avait eu une grève de train. Malgré cela, je n'ai pas douté de l'information qu'on m'avait envoyée, et effectivement, la semaine suivante, il est revenu.
Ce jour-là, j'étais sur l'ordinateur dans le salon et il y avait un mur qui ne faisait même pas deux mètres et il séparait cette pièce de l'entrée. Quand Jamel a ouvert la porte, il a passé sa tête de l'autre côté du mur et il m'a demandé ce que je faisais. Je lui ai répondu que j'étais dans mes trucs de fantôme et d'esprits errants, et aussitôt, Gauthier a passé sa tête de l'autre côté du mur et il m'a dit : « Vous parlez des fantômes ?! » Et là, j'ai entendu dans ma tête : « Vas-y ! » C'est drôle, mais je savais que je devais me centrer et respirer pour dire ce qu'il fallait. La Nacera que tu connais parle très fort et très vite, mais je savais que je devais être calme et posée. J'ai donc demandé à Gauthier s'il avait déjà vu les films *Le sixième sens* et *Ghost,* et il a dit oui. J'ai alors ajouté que ces films pouvaient être vus comme des documentaires, car ils reflétaient la réalité : « Il faut que tu saches que les personnes que nous avons perdues dans ce monde, on ne les voit plus et on ne peut plus les toucher, mais pourtant, elles continuent à vivre, mais dans un autre monde. Comme si elles étaient juste dans la pièce d'à côté. » Il a été étonné, alors j'ai renchéri : « Tu as juste à penser à Ghost. Dans le film, on voit que le mec essaie d'interférer dans la vie de sa nana. Il reste là à regarder son amoureuse, et à la fin, on le voit passer dans l'autre monde.» Je ne lui en ai pas dit davantage et je n'ai pas parlé de sa mère. Un peu plus tard, Jamel l'a raccompagné à l'abribus et il m'a expliqué que cette fois-ci, c'était le professeur qui était absent et comme le prochain train était plus tard, il l'a ramené à la maison pour qu'il ne soit pas tout seul dehors. Tu vois comment les choses se mettent en place

naturellement ?! Enfin, lorsque Gauthier est parti, j'ai parlé avec l'invisible : « Si j'ai dit ce qu'il fallait, envoyez-moi un signe. » Olala, Virginie, j'ai adoré !

— *Tu as piqué ma curiosité ! Que s'est-il passé ?*

— Eh bien, le soir même, Arnaud et moi, on va aux courses. Je me rappelle, la musique jouait très fort dans le magasin, alors que d'ordinaire, c'est une musique de fond à laquelle tu ne prêtes pas vraiment attention. Sauf que là, le son avait été monté et tu veux savoir ce qui jouait ? La musique de Ghost !

— *Noooonnnn !!*

— Je te promets, Virginie, et le son avait été monté. On entendait très fort, alors que d'habitude, c'est juste un truc au loin. Et je venais d'expliquer à Arnaud ce qui s'était passé, alors il m'a regardée avec un sourire narquois : « Tu vas me dire que c'est un signe, c'est ça ? » Je lui ai répondu que les probabilités pour entendre cette chanson étaient plutôt minces, mais il était sceptique. Enfin, on continue nos courses, et j'arrive auprès d'un bac de viande. Je me rappelle, il y a un monsieur qui s'est arrêté et c'était trop bizarre, car il ne s'est pas arrêté pour fouiller dans le bac. Il s'arrête simplement de marcher et il se met à siffler la musique de Ghost, alors que c'était une autre musique qui jouait. Et là, Arnaud me répète la même chose : « Tu vas me dire que c'est un signe, c'est ça ? » Je lui dis que oui, mais il réplique que le monsieur ne faisait que siffler la mélodie qu'il venait d'entendre. Je lui fais alors remarquer que c'était une autre musique qui jouait, mais bon, il n'est toujours pas convaincu. On rentre donc à la maison et je vois qu'une de mes copines m'a écrit un message sur Facebook. Elle pensait à moi et tu n'en croiras pas tes oreilles, mais elle m'a envoyé le clip de *Ghost* !! J'ai crié dans la maison : « Arnauuuuud !!! Regarde à quelle heure ma copine m'a envoyé ça, c'était au moment où l'on faisait les courses. » Et là, par contre, il a admis que ça commençait à faire beaucoup, mais ce n'est pas tout. Tu te rappelles que je t'avais dit que le professeur était absent ? En fait, les professeurs étaient en grève et c'est pour ça que Gauthier était venu à la maison. Eh bien, le lendemain, Jamel n'avait pas de cours et il m'a demandé si je voulais qu'on regarde un film. J'ai accepté et je lui ai dit de choisir celui qu'il voulait. Comme il adorait Vin Diesel, il a choisi un de ses films dans lequel il est un soldat, mais on lui donne une mission où il doit devenir baby-sitter. Il doit s'occuper d'un bébé, mais il y a également un gamin et une jeune fille. Et à un moment donné, cette dernière lui fait la gueule et elle s'en va dans sa chambre regarder un film. Eh bien, devine quel est ce film ? Ghost !! En plus, dans le film, les méchants sont à la recherche d'une preuve qu'ils doivent détruire, et cette preuve, c'est un disque et dessus, c'est écrit Ghost !

— *C'est hallucinant !*

— En effet, et tout ça pour dire que c'était les premières canalisations que je faisais dans lesquelles je donnais un message à quelqu'un. Et en même temps, je tombais sur des médiums qui me disaient que j'étais moi-même médium. Par contre, à l'époque, je n'avais pas beaucoup de revenus, car j'étais en congé de maternité, et je ne me voyais pas payer pour une consultation. Tu sais, à cette période de ma vie, je ne connaissais pas encore la loi d'attraction. Je ne savais pas que si je ne me le permettais pas, l'argent ne circulerait pas. J'étais encore dans les blessures du manque, mais l'univers a mis sur mon chemin une médium. Elle s'appelle Aline

Peugeot, elle est connue, elle est même passée à la télé. C'est une femme qui a été abandonnée quand elle avait deux ans et elle a été adoptée par la famille Peugeot. La pauvre, elle a été très malheureuse elle raconte son histoire dans un livre, elle est médium. Elle a un beau canal pur et un jour, je tombe « par hasard » sur son post où elle mentionne qu'elle fait des consultations gratuites. En échange, tout ce que nous avions à faire, c'est de mettre un avis sur sa page pour lui faire de la pub. Je l'ai donc appelée et elle m'a fait ma consultation. À cette époque, j'avais accouché de Marie-Sarah et dès qu'elle s'est connectée à moi, elle m'a dit que j'avais failli mourir. Elle a ensuite ajouté : « Ils veulent que je me taise, car apparemment, tu as mal vécu cette expérience. » Effectivement, après l'accouchement de Marie-Sarah, je pensais tous les jours à me suicider. Enfin, ça fera l'objet d'un autre chapitre, mais pour le moment, revenons à Aline. Lors de la consultation, elle m'a dit que j'étais médium et que j'avais les mêmes capacités qu'elle. Elle m'a même dit que j'étais très puissante, mais j'avais de la difficulté à la croire. Je me suis demandé ce qu'elle avait bu…! Mais ensuite, je suis tombée sur une autre médium qui m'a dit la même chose. Elle, elle m'a chargé 50 euros, mais je venais de recevoir cette somme exacte. Et après, j'ai rencontré une autre médium que j'ai payée 80 euros, au moment même où 80 euros sont rentrés. Je commençais à expérimenter le fait que lorsque l'argent sortait d'un côté, elle rentrait de l'autre. C'est comme s'il fallait qu'ils me rappellent que je ne manquerais jamais de rien. Enfin, toutes ces médiums que j'ai rencontrées ne se connaissaient pas, mais elles me donnaient tout le temps les mêmes informations : « Tu es une médium et tu as de grandes capacités. À toi de te reconnecter à ça. » Mais j'avais toujours autant de difficulté à le croire et je ne comprenais pas le vocabulaire qu'elles utilisaient. Elles me disaient : « Tu dois revenir ici et maintenant, et tu dois entrer à l'intérieur de toi. » Et moi, je me disais : « C'est où, ici et maintenant ?? Et comment je fais pour rentrer à l'intérieur de moi ?! » (On rigole) Je ne comprenais pas ce qu'elles me racontaient, et je crois que c'est pour cette raison que j'utilise des mots simples. Pour que les gens puissent comprendre, car à l'époque, elles me donnaient des termes que je ne comprenais pas.

Et donc, mon cheminement s'est fait tout doucement. J'ai commencé à expérimenter sur moi et j'ai acheté des jeux de cartes. Par la suite, je les tirais à Halima, et ensuite à ma belle-sœur. Les choses se mettaient en place tranquillement et en 2016, j'ai fait une formation avec médium connue sur Facebook car j'avais commencé à la suivre. Entre-temps, mon papa est « mort ». Mort, entre guillemets, parce qu'ils sont plus vivants que nous. Je me rappelle que je cherchais une médium et je voulais avoir quelqu'un qui m'aurait mis en contact avec mon père. Et au moment où je suis tombée sur les vidéos de cette medium, il s'est produit un truc avec le jouet d'Arnaud. C'était un petit Playmobil, mais magnétique, et il était posé sur un coin de son ordinateur. Et en regardant les vidéos, je me suis dit qu'elle était intéressante, mais qu'il y avait anguille sous roche. Vois-tu, elle faisait des consultations en ligne et elle les mettait sur You Tube pour que les gens voient comment elle travaille, mais je croyais qu'elle disait aux personnes quoi dirent exactement. Sauf qu'après, je m'aperçois qu'elle fait une, deux, trois quatre, cinq, six cents vidéos ! Et là je me dis : « Ohhh, elle connaît tout ce monde-là, ce n'est pas possible. Là, il y a un truc ! » Et au moment où je dis à Arnaud que je pense que c'est une vraie médium finalement, le petit bonhomme tombe. Et ce n'est pas tout. Au moment où je remplis la lettre pour prendre rendez-vous avec elle, le petit bonhomme tombe encore ! Et là, je dis à Arnaud que c'est trop bizarre et que chaque fois que je regarde une vidéo d'elle ou que je parle d'elle, son petit bonhomme tombe. Je l'ai même dit, parce qu'après, on a échangé un peu ensemble. D'ailleurs, il y a une anecdote qui vient à l'esprit. Elle avait été appelée pour faire de la médiumnité en salle.

— *Qu'est-ce que c'est ?*

— C'est quand les gens posent des photos des défunts et qu'ensuite, tu canalises. elle ne voulait pas le faire, alors elle m'a appelée. Elle m'a dit qu'elle avait pensé à moi et que je pourrais le faire à sa place, mais je ne me sentais pas prête. J'ai donc refusé, mais aujourd'hui, je le suis. D'ailleurs, le 19 mai de cette année (2022), j'ai fait de la médiumnité en salle. J'avais fait ça des fois dans des formations et j'avais trouvé ça intéressant. Bref, pour en revenir à elle, c'est avec elle que j'ai fait mon premier rendez-vous contact défunt et guidance filmé sur Internet. Et par la suite, j'ai eu un autre rendez-vous très intéressant avec une autre. Elle est également médium, alors elle s'est connectée à mon père et il lui a dit : « Maintenant que je suis de l'autre côté, je réalise pourquoi Nacera était comme ça et je suis désolé de lui avoir dit plusieurs fois qu'elle était bizarre. » D'ailleurs, il avait dit à mon premier mari de faire gaffe, car il me trouvait spéciale. Il l'a également dit à mon deuxième mari et à Arnaud : « Nacera, elle est spéciale, elle n'est pas comme ses frères. » Et là, la médium me transmet le message de mon père : « Maintenant qu'il est de l'autre côté, il réalise comme ta lumière est belle, et il est fier de toi. Et il sait maintenant que tu es entrée dans cette famille musulmane pour ouvrir les consciences. » Lorsqu'elle m'a dit ça, j'ai pleuré comme un bébé, et je me rappelle que dès que le rendez-vous s'est terminé, je me suis sentie toute légère, comme si l'on m'avait enlevé un gros sac à dos.

— *Ça devait être très émouvant pour toi.*

— Oui, c'était un grand moment. Et donc, tout doucement, je tombais sur des médiums qui me disaient que je l'étais également. Ce message revenait sans arrêt, alors j'ai commencé avec les guidances et ensuite on m'a dit que je pouvais faire des soins. Du coup, j'ai pris un citron et j'ai commencé à le magnétiser. J'avais aussi appris des choses avec le livre de Lisa Williams : *Je parle aux morts ! Et vous ? Un programme de 8 semaines pour éveiller le médium en vous.* Dans le livre, elle nous donne un exercice sur son grand-père qui a quitté ce plan, et l'on te demande de revenir dans le moment présent et d'écrire ce qui te vient à l'esprit. J'ai donc noté ce qui me venait et j'ai obtenu pas mal de réponses qu'elle donne à la fin du livre.

Il y a aussi une anecdote avec cette médium qui m'a donné des réponses au sujet de mon père. Elle m'avait dit : « Parfois, je me déplace en France avec ma voiture et je demande aux gens une contribution de 20 euros par personne pour faire des exercices. Je vous apprends à vous connecter à vos intuitions. » Je lui ai donc dit de venir et je me rappelle, c'était trop étrange. En une semaine, j'ai réussi à avoir neuf femmes, et le jour où elle est venue, il y avait une biche qui se baladait devant chez moi ! J'habitais en plein centre-ville, alors les probabilités de voir une biche, c'est presque l'équivalent d'en voir une au cœur de Paris ! C'est impossible.

Ensuite, qu'est-ce que j'ai expérimenté d'autre ? Ah oui, je me rappelle, ça c'était vers la fin, quand Jamel allait bientôt avoir son appartement. Je suis allée lui acheter une chaîne en argent dans une brocante, car j'en avais acheté pour mes filles. Arnaud m'attendait dans la voiture et en chemin, je croise une boulangerie plein air et je vois une galette Ardenaise. C'est un gâteau qui fait un effet brioché. Il y a des trous comme des niches, et dedans, on met de la crème pâtissière. J'adore ça, alors j'ai voulu en acheter une et je me suis mise en file. Mais on ne m'a pas vue.

— *Comment ça, on ne t'a pas vue ?!*

— Eh bien, j'attendais mon tour et les employés faisaient comme si je n'étais pas là. Ils s'occupaient des gens derrière moi, et j'ai pensé : « Mais c'est quoi, ce délire ?! Personne ne me voit et personne ne m'entend. » Ça m'a vraiment frustrée et je n'ai pas pu avoir ma galette. J'ai rejoint Arnaud dans la voiture et je me suis mise à pleurer. J'ai vécu ça de manière très désagréable, je me suis même demandé si c'était du racisme. Mais ça voulait dire que tout le monde était raciste, sur le coup. Enfin, ce n'est pas la seule fois dans ma vie que j'ai expérimenté le fait d'être invisible et je pense que c'est moi qui provoquais ça, car j'ai toujours voulu l'être. J'ai toujours voulu être comme une souris, ne pas déranger, ne pas brusquer. Même avec Arnaud, je faisais comme ça. Si tu m'appelles tant mieux, si tu ne m'appelles pas, je ne t'appelle pas. C'est comme si j'avais l'impression de déranger, je me disais : « Ça y est Nacera, il faut que tu disparaisses, cache-toi dans le trou. »

Pour en revenir à cette histoire, je rejoins Arnaud dans la voiture et l'on s'en va chez ses parents. Et pour le goûter, ma belle-mère n'avait rien préparé, car mon beau-frère avait dit qu'il avait fait un gâteau au chocolat. Sauf qu'il l'avait raté, il

était tout sec et j'ai failli m'étouffer avec. Et je me rappelle que j'avais mal à la tête tellement j'avais faim. Lorsque je suis rentrée à la maison, j'ai pris un Doliprane et j'ai mangé un peu. Et ensuite, il s'est produit un truc de dingue, car Jamel est rentré du travail avec une galette Ardenaise ! Il m'a dit qu'il était passé à côté d'une boulangerie et qu'il a senti que c'était plus fort que lui, comme une impulsion, il fallait qu'il m'achète ce gâteau. Je lui ai alors raconté l'histoire et il n'en croyait pas ses oreilles !! Même Arnaud, il était bluffé.
Je viens de me rappeler que j'ai oublié de te dire quelque chose au sujet de cette chaîne que j'ai achetée pour Jamel. Comme ma belle-mère aimait bien que je lui montre ce que j'achetais dans les brocantes, je lui ai fait voir lorsque nous sommes allés prendre le goûter chez elle et je lui ai dit qu'elle m'avait uniquement coûté 50 centimes. Mais après, je me suis rendu compte que le mousqueton était cassé, alors Arnaud me demande de la lui donner en me disant qu'il savait quoi en faire. Ensuite, je vais changer la couche de Jade et au même moment, j'ai un flash dans la tête et je m'exclame : « Je sais pourquoi tu la veux ! Tu souhaites faire une chaîne pour ton personnage de chevalier du zodiaque ! » Arnaud était bluffé et il m'a dit : « Tu sais Nacera, des fois, tu me fais peur ! Comment as-tu deviné que j'allais faire ça ?? » Je lui ai répondu que j'avais vu sa vitrine dans ma tête et dedans, il y avait son chevalier du zodiaque avec une chaîne à la main. Je lui ai même dit que je pensais qu'il voulait faire un fouet avec. Et lorsqu'on est rentré à la maison, il m'a demandé de venir dans le salon et de regarder dans la vitrine. « Est-ce que c'est ça que tu m'as vu faire ? » Je lui ai répondu que oui, c'était le flash que j'avais eu.

Je me rappelle également d'une autre anecdote qui s'est produite entre-temps. Halima et moi, nous étions allées à la brocante et elle avait acheté un beau t-shirt Ralph Lauren à Jamel. Il était tout content et il m'a demandé de le laver pour qu'il puisse le porter ce week-end. Il allait en discothèque, alors je l'ai lavé et repassé, puis je l'ai déposé sur le dossier de sa chaise, dans sa chambre. Mais lorsque Jamel est sorti de la douche, il ne l'a pas vu et il m'a demandé où je l'avais mis. Je lui ai répondu que je l'avais déposé sur sa chaise, mais il m'a dit qu'il n'y était pas. Je me suis dit que c'était étrange et lorsque j'arrive dans sa chambre, je ne vois pas le chandail. On va donc voir Halima qui est dans la chambre d'à-côté, et on lui demande si elle a pris le pull qu'elle avait offert à Jamel. Mais non, elle ne l'avait pas pris ! Du coup, on a cherché partout dans la maison et au jour d'aujourd'hui, on ne l'a jamais trouvé ! Pourtant, lorsque Jamel a déménagé, il a vidé son armoire, mais le pull n'y était pas. En plus, le jour avant que le t-shirt disparaisse, j'avais nettoyé les fenêtres. C'était des grandes baies vitrées et à un moment donné, Jamel se met à crier : « Maman, Arnaud, venez ! » À la course, on va le rejoindre dans sa chambre et il nous montre une grande empreinte de pied nu à côté de la fenêtre. Comme il avait baissé les volets et allumé la lumière, on la voyait vraiment bien. On voyait même les orteils, et le pied était d'une grande taille, sachant que le t-shirt de Jamel, c'était un large. Ça lui a foutu la trouille et il m'a demandé de nettoyer l'empreinte. Et le pire, c'est que même si c'était un humain qui avait posé son pied nu contre la fenêtre, il y aurait eu des traces, comme quand tu mets tes doigts dans la peinture et que tu les glisses vers le bas. Mais là, le pied était net comme un tampon.

Tout ça pour dire qu'il y a eu plein de petites bricoles comme ça dans la maison. Et je me rappelle, quand je me suis mise avec Arnaud, j'avais donné mon lapin à une dame qui avait une maison avec un jardin et des animaux. Comme Arnaud avait un chat, le lapin avait super peur et l'on craignait qu'il fasse une crise cardiaque. Et entre-temps, j'avais fait un lit en baldaquin à Halima. En vrai, c'était un lit superposé, mais comme on n'avait pas mis l'étage du haut, j'avais fait un drapage avec des tulles pour lui faire un beau lit de princesse. Mais le tulle descendait par terre et un jour, Halima m'a dit : « Maman, c'est bizarre, la nuit j'entends comme s'il y avait un animal qui la grattait. Je sais que ce n'est pas Pitchou, car quand j'ai ouvert la porte, le chat était avec Jamel dans sa chambre. » D'ailleurs, on a trouvé des griffes et des trous dans les tulles, et Jamel m'a dit : « Maman, c'est trop bizarre, j'étais dans le couloir et j'ai vu un animal blanc courir. Et ce qui est le plus étrange, c'est que Pitchou était en train de dormir dans le salon, et j'ai vu l'animal courir là-bas. » Je suis donc allée vérifier dans le salon, et comme le chat dormait toujours, j'ai appelé Pierrette pour avoir des nouvelles de mon lapin. Elle m'a dit qu'elle avait quelque chose à m'annoncer et qu'elle espérait que je ne serais pas fâchée. Ça faisait trois jours que mon lapin était mort, mais elle n'osait pas me le dire. Et nous, ça faisait trois jours que Jamel avait vu l'animal courir. Ça veut dire que le lapin est venu nous dire au revoir avant de partir de l'autre côté.

Et ensuite, il y a eu l'histoire de Pitchou. Quand le chat a quitté ce plan, il s'est passé la même chose. Ça a été très dur pour Arnaud, car il l'avait depuis treize ans et c'était comme son bébé. Je me rappelle qu'il l'avait amené chez le vétérinaire et il a demandé à avoir ses cendres. On les a mises derrière le fauteuil, là où le chat dormait tout le temps. Et à un moment donné, je me mets à quatre pattes pour aller changer les feuilles de l'imprimante et à ce moment, il y a Pitchou qui est monté sur mon dos. Et quelques jours plus tard, on l'a entendu miauler dans la maison et j'ai su que c'était sa

manière de dire au revoir.
Donc voilà, ce sont les petites bricoles qui nous sont arrivées dans cette maison. Ah oui, et je me souviens d'une autre anecdote. J'avais mis à vendre la combinaison de Jade sur un site Internet LEBONCOIN et une dame a répondu à l'annonce. Elle sonne donc à ma porte et lorsque je vais ouvrir, elle regarde la combinaison et aussitôt, elle me dit qu'elle la prend. Elle me tend un billet de cinq euros et au moment où elle me le tend, elle me dit : « Je crois que je vous ai déjà vue quelque part. » Mais à l'époque, je ne faisais pas de vidéo, je n'étais pas connue du tout. Enfin, il y avait un peu de monde qui me suivait sur Facebook, mais je n'avais pas cette notoriété. Je regarde donc la dame pour essayer de me souvenir d'elle, et là, je vois comme un film qui se déroule dans mon esprit. Je vois des escaliers dans un couloir et il y a un ado qui les descend. Je me rappelle, il avait les cheveux noirs et je dis à la dame : « C'est bizarre, je vois des escaliers dans un couloir sombre et il n'y a pas de rampe. » Et là elle me dit que c'est chez elle, alors j'ajoute que je vois un jeune homme et il a une mèche qui lui descend sur le côté. Et là elle me dit que c'est son fils et je comprends qu'il est décédé. Au même moment, j'entends 17, et la dame me confirme que ça fait 17ans qu'il est mort. Ensuite, on me fait comprendre qu'elle achète la combinaison pour sa fille qui est enceinte, et elle me le confirme également. Je te le dis, c'est un truc de dingue ! En plus, son fils me fait comprendre qu'il redescend sur Terre et je dis à la dame qu'il se réincarne dans le ventre de sa fille. À ce moment, elle s'est mise à pleurer et elle m'a dit : « Vous savez madame, j'avais deux enfants. Une fille et un garçon, mais mon fils est mort dans les escaliers que vous venez de citer. Il a répondu au téléphone et comme il y avait de l'orage, il s'est électrocuté. » Du coup, elle est restée seule avec sa fille, et là, cette dernière était enceinte et

le bébé, c'était le fils de la dame ! Rien que d'en parler, j'en ai la chair de poule ! Et entre-temps, on s'est rappelé qu'elle m'avait vue dans le parc à Sainte-Anne, lorsque j'étais encore célibataire. J'y allais avec mes enfants et elle, avec son chien, et c'est là qu'elle a vu mon visage. Mais on ne se connaissait pas, on ne s'était jamais parlé.
Et donc, au fil des mois, je parle de mes capacités médiumniques à ma belle-famille. Ma belle-mère est à l'écoute, sauf que mon beau-père ne croit pas en la vie après la mort, ma belle-sœur le sais et mon beau-frère s'en fiche. Mais bon, j'ai dit à Arnaud que j'avais envie d'expérimenter ça et je me souviens qu'il m'avait suggéré de prendre des Post-its et d'écrire dessus que j'étais médium. Ensuite, je n'avais qu'à les coller dans tous les endroits où je regardais pour m'aider à prendre confiance en moi. Et donc, un jour, je vais dans ma chambre pour tester mes capacités, et je prends la photo du grand-père d'Arnaud. Il est décédé quand il avait sept ans, alors il ne connaît pas grand-chose sur lui. Je m'assois sur mon lit et là, je commence à recevoir des messages. J'avais pris une grande feuille A4 et je l'ai remplie. Ensuite, je la donne à Arnaud et il a pu confirmer plein de choses. Et le week-end suivant, on est allé chez mes beaux-parents pour leur partager les infos heureusement ma belle sœur n'était pas là.

— Tu ne t'entendais pas bien avec elle ?

— Eh bien, depuis quelque temps, je sentais qu'il y avait une tension entre nous. Je n'étais pas à l'aise, sauf que chaque fois, je jouais la comédie. Je portais un masque pour faire plaisir à Arnaud. Par contre, j'adorais mon beau-père et ma belle-mère, mais tout doucement, la relation avec ma belle-mère a commencé à changer. En gros, je n'avais plus le droit de parler de ma médiumnité. Je parlais de politique et de fringue, mais ça ne m'intéressait pas. Alors tout doucement, j'ai commencé à m'éteindre au sein de cette famille. Je suis folle de mon beau-père, je l'adore, et j'aime aussi ma belle-mère, mais il y a quelque chose qui a été brisé et je sais qu'ils ne veulent plus entendre parler de moi. J'ai coupé les liens, je pense que c'était en septembre ou octobre 2019. Enfin, pour en revenir à cette histoire, ma belle-sœur n'était pas présente ce jour-là, et j'ai entendu dans ma tête que ça allait être plus simple pour moi. Si elle avait été présente, l'expérience n'aurait pas été la même. Et donc, je donne les informations à ma belle-mère et elle commence à pleurer. Elle me dit : « Nacera, vous ne pouviez pas savoir tout ça. Même Arnaud n'était pas au courant. » Et là, elle attrape la main de mon beau-père et elle répète que je ne pouvais pas savoir tout ça. Mais lui, c'est comme si j'avais heurté quelque chose en lui. J'ai dû faire tomber un mur, mais comme il ne voulait pas me croire, il a tourné ça en dérision. Avec tout le respect qu'il a pour moi, il a dit : « Si je comprends bien, ça veut dire que toutes les vaches que j'ai mangées, quand je serai de l'autre côté, elles vont me dire pourquoi tu m'as mangées ?! » Malgré tout, je voyais qu'il avait les yeux brillants, je pense qu'il a conscientisé parce qu'il était face à une réalité, il ne pouvait pas nier. Je venais de lui apporter une preuve de l'après-vie, mais ça l'a heurté. Par contre, ma belle-mère pleurait et elle était heureuse, parce qu'elle adorait son beau-père. D'ailleurs, dans les messages, il lui a fait comprendre que c'était comme une fille pour lui, alors c'était un moment très émouvant.

J'ai une autre anecdote qui me vient à l'esprit. À l'époque, je commençais à expérimenter pour les soins et j'avais vu les vidéos de Stéphane Allix. Il montrait des trucs sur les énergies et dans une vidéo, on voyait deux personnes. Une qui est de dos, et l'autre est derrière elle et elle devait émettre l'intention d'attraper son énergie et de tirer dessus. C'est un peu comme si tu tirais sur une corde, mais l'autre personne n'est pas au courant, elle ne sait pas ce qui se passe. Je l'avais expérimenté sur mes enfants et les trois avaient basculé vers l'arrière. En fait, Sabrina n'a pas vraiment basculé, mais elle m'a demandé de me dépêcher, parce qu'elle avait du mal à tenir en équilibre. Et donc, quand j'étais chez ma belle-famille, j'étais heureuse d'expérimenter tout ça, et j'ai demandé à ma belle-sœur de se retourner pour que j'essaie quelque chose. Mais elle m'a répondu : « Pff, tu as envie de me faire le truc avec l'énergie ?! » Je lui ai dit que ça me surprenait qu'elle connaisse l'expérience, mais elle s'est exclamée d'un air hautain : « Bien sûr que je la connais, tu crois que tu vas m'apprendre des choses ? Tu es une petite âme… » Elle m'a dit « petite âme », comme si je n'étais rien. Enfin, tu comprends maintenant pourquoi il y avait une tension entre nous, mais revenons à quelque chose de plus joyeux.

Comme je te l'ai dit, à l'époque, je commençais à faire des soins et j'avais magnétisé un citron. D'ailleurs, je l'ai encore et il faut savoir que j'ai fait l'expérience en 2016. Le citron était devenu tout sec, tout dur, et je n'en revenais pas que c'était moi qui avais fait ça. Je faisais donc des soins dès que quelqu'un me disait qu'il avait mal. Halima avait mal au ventre, je lui faisais un soin et elle me disait qu'elle avait l'impression que je tirais sur des fils. Arnaud me disait qu'il avait mal au dos, alors je lui faisais un soin et il me disait qu'il sentait de la chaleur et qu'il n'avait plus mal. Et un jour, je me suis fait une nouvelle copine lorsque je suis allée me faire enlever les implants mammaires. Ça faisait dix ans que je les avais, et normalement, il faut les changer, mais je m'étais dit que je n'étais pas venue sur Terre pour faire le mannequin. Alors tant pis, on les enlève, mais finalement, on m'a fait une petite chirurgie esthétique et donc, j'ai de beaux nénés et il y a de quoi s'amuser !! (On s'esclaffe) Enfin, tout ça pour dire qu'à l'hôpital, j'avais le livre de Raymond Moodi : *La vie après la vie.* Et Florence, l'aide-soignante qui prenait soin de moi, était en train de remplir ma paperasse de sortie et elle a vu le bouquin. Elle m'a alors demandé si j'y croyais et ma réponse l'a surprise. Je lui ai dit : « Je n'y crois pas, je SAIS que c'est vrai. Ce n'est pas du tout pareil. » De là, elle s'est mise à pleurer. Sa fille de quinze ou seize ans venait de se suicider. C'est une longue histoire, mais tout s'est emboité pour qu'elle ne puisse pas l'aider avant qu'elle passe à l'acte. Je lui ai donc donné mon numéro de téléphone et je lui ai dit que plusieurs médiums m'avaient dit que j'avais des capacités et qu'un jour, je pourrais aider les gens.

Et donc, les jours passent et elle me téléphone. Elle me dit : « Bonjour, je suis l'infirmière que vous avez rencontrée à l'hôpital, vous m'avez proposé de venir vous voir au cas où. » Elle est donc venue à la maison et je lui ai expliquai où j'en étais avec les soins énergétiques. Elle a accepté que je lui en fasse un et elle s'est allongée. Je lui ai dit de ne rien me dire, car j'allais faire un test. J'ai donc commencé à la scanner en partant de la tête, et lorsque je suis arrivée aux épaules, j'ai senti de l'air frais. C'était tout nouveau pour moi et j'avais l'impression que quelqu'un avait ouvert un frigo. Elle m'a expliqué ensuite que depuis des années, elle n'arrivait plus à tourner la tête complètement, mais après le soin, elle arrivait à la tourner comme elle voulait. J'ai aussi senti quelque chose au niveau de ses pieds. Ça soufflait fort, et elle a retiré sa chaussette pour me montrer sa cicatrice. Elle m'a dit : « J'ai eu un accident et la nuit, quand je me couche, ça me fait super mal de juste poser le drap sur mes orteils. » Tout ça pour dire que j'expérimente mes nouvelles capacités sur elle, et soudain, j'ai très mal aux épaules. Elle venait tout juste de déposer la photo de sa fille, mais elle ne m'avait pas dit comment elle était morte. Je lui ai dit que ça tirait sur ma colonne vertébrale et sur mes omoplates, et c'est là qu'elle m'avoue que sa fille s'est pendue. J'ai ensuite commencé à recevoir des messages et chaque fois que je revoyais Florence, sa fille revenait me transmettre des infos. D'ailleurs, un jour, elle devait venir me rendre visite et je l'attendais au salon. Je me rappelle, j'ai vu sa fille apparaître devant moi et elle avait de longs cheveux en cascade. Lorsque je lui ai dit ça, elle s'est mise à pleurer et elle m'a dit : « Figure-toi que cette nuit, j'ai rêvé que j'étais en train de lui brosser les cheveux. » Donc c'est comme si sa fille était venue pour prouver que c'était vrai, ce que la maman avait expérimenté. Ce n'était pas un rêve, elle lui avait coiffé les cheveux. Mais ce qui est dingue, c'est que lorsque sa fille est apparue dans mon salon, je l'ai vue en hologramme ! Je me rappelle que j'ai même vu le fauteuil derrière elle et elle m'a envoyée par télépathie : « Regarde mes beaux cheveux. » C'était la première fois que ça m'arrivait et jusqu'à ce jour, ça ne s'est jamais reproduit. Mais bon, à ce moment, je me suis dit qu'il fallait que je commence à expérimenter d'autres choses, et l'univers m'a mis sur mon chemin une femme qui me suivait sur Facebook. Je lui ai dit que j'étais en train d'expérimenter la cartomancie, que je faisais des guidances et que je commençais à expérimenter le contact défunt, et le soin. Elle trouvait ça génial et elle m'a demandé si je pouvais faire un contact défunt. Elle m'a donc montré une photo et j'ai commencé à lui donner plein d'informations. Elle a été bluffée, car j'avais été hyper précise. C'est fou, parce qu'à cette époque, j'étais encore plus précise que je le suis aujourd'hui dans mes rendez-vous. Et lorsque je me fais des tirages, ça me dit toujours que je vais quitter ce que je ne veux plus. Je ne veux plus faire de guidances et de séances d'hypnose, car j'ai envie d'être libre et de faire des trucs en présentiel ou des formations. Je vais donc voir comment ça va s'ouvrir, mais en ce moment, lorsque je fais des contacts défunts, ce n'est pas la même intensité que ce que j'avais avant. Je pense que c'est parce que l'univers veut que je coupe avec ça.

***

ENSEIGNEMENTS

Dans la précédente section, nous avons vu que Nacera avait ce désir irrépressible d'être libre, mais elle nous a avoué que malgré cette prise de conscience, il y avait beaucoup de schémas qui se reproduisaient. Des schémas qui l'empêchent de déployer ses ailes. Pour vous rafraîchir la mémoire, voici ce qu'elle nous expliquait : « Je ne veux plus de prison. Ce que je suis en train de réaliser, c'est que j'ai besoin de retrouver la liberté d'être moi. J'ai juste envie d'être Nacera. Je n'ai pas envie d'un homme qui va me dire que je dois faire ci et ça, je veux juste être avec moi toute seule pour l'instant. » Mais elle nous avoue par la suite que sa relation avec Arnaud, c'était une autre sorte de prison. C'est pourquoi elle y a mis un terme, malgré tout l'amour et le respect qu'elle lui porte.

Dans cette nouvelle partie, on découvre que ce même désir refait surface, avec encore plus d'intensité : « Lorsque je me fais des tirages, ça me dit toujours que je vais quitter ce que je ne veux plus. Je ne veux plus faire de guidances et de séances d'hypnose de soins de contact défunt, car j'ai envie d'être libre et de faire des trucs en présentiel ou des formations, des conférences. Je vais donc voir comment ça va s'ouvrir, mais en ce moment, lorsque je fais des contacts défunts, ce n'est pas la même intensité que ce que j'avais avant. Je pense que c'est parce que l'Univers veut que je coupe avec ça et que je me recentre. »

On peut retirer un enseignement majeur de cette prise de conscience que Nacera a eue, mais avant de vous le partager, je vous rappelle que dans son parcours, elle a dû apprendre le respect et l'amour de soi. Et puisque ces leçons ont été intégrées, la Vie lui envoie maintenant d'autres expériences afin qu'elle apprenne *la confiance en soi.* C'est une étape importante dans notre évolution, car cela nous permet de chasser le doute de notre esprit et de nous reconnecter à notre Soi Divin. C'est en lui que nous devons placer notre confiance, et non en notre mental-ego. C'est en lui que nous allons puiser nos ressources et nos capacités, et c'est grâce à lui que nous retrouvons notre liberté. Et comme Nacera aspire à s'envoler, elle rencontre au cours de son parcours des épreuves et des défis pour lui permettre de renforcer la connexion à sa propre Source.

D'ailleurs, il y a un défi qui ne cesse de lui être envoyé. À plusieurs reprises au cours de cette section, elle mentionne que les êtres de l'invisible communiquent avec elle et lui envoie des informations et des messages. Elle reçoit également des signes et des confirmations, mais malgré cela, elle doute d'elle et de ses capacités. Ce passage en est un bel exemple, en plus, il m'a fait rire : « Lors de la consultation avec Aline Peugeot, elle m'a dit que j'étais médium et que j'avais les mêmes capacités qu'elle. Elle m'a même dit que j'étais très puissante, mais j'avais de la difficulté à la croire. Je me suis demandé ce qu'elle avait bu…! Mais ensuite, je suis tombée sur une autre médium qui m'a dit la même chose. »

À nouveau, les doutes reviennent dans ce passage et cette fois, Nacera nous explique pourquoi : « Toutes ces médiums que j'ai rencontrées ne se connaissaient pas, mais elles me donnaient tout le temps les mêmes informations : *Tu es une médium et tu as de grandes capacités. À toi de te reconnecter à ça.* Mais j'avais toujours autant de difficulté à le croire et je ne comprenais pas le vocabulaire qu'elles utilisaient. Elles me disaient : *Tu dois revenir ici et maintenant, et tu dois entrer à l'intérieur de toi.* Et moi, je me disais : *C'est où, ici et maintenant ?? Et comment je fais pour rentrer à l'intérieur de moi ?!*Je ne comprenais pas ce qu'elles me racontaient, et je crois que c'est pour cette raison que j'utilise des mots simples. Pour que les gens puissent comprendre, car à l'époque, elles me donnaient des termes que je ne comprenais pas. »

Ce que Nacera nous partage nous aide à mieux comprendre pourquoi notre évolution se fait progressivement. Nous devons non seulement nous habituer à un vocabulaire nouveau, mais nous avons également tout un univers intérieur à découvrir. Il serait bien naïf de croire que cela peut se faire du jour au lendemain, et encore une fois, je vais citer Nacera : « C'est pour dire que mes enfants ont évolué, ils sont adultes et vivent leur vie, mais tout ça, ça a passé par des cheminements où moi-même, je devais apprendre à trouver ma nouvelle place de Nacera, et apparemment, il y a une médium qui sommeille en moi. » Cette dernière phrase me permet d'ajouter qu'il y a une étape intermédiaire avant d'être en mesure de se faire entièrement confiance, et cette étape c'est l'acceptation de soi. Nous devons accepter d'être beaucoup plus grands et puissants que ce que l'on peut croire, et étonnamment, cela peut paraître effrayant. Comme le dit Marianne Williamson : « Notre peur la plus profonde n'est pas que nous ne soyons pas à la hauteur ; notre peur la plus profonde est que nous sommes puissants au-delà de toute limite. C'est notre propre lumière et non pas notre obscurité qui nous effraie le plus. »

Cela m'amène à vous poser une question avant de clore cette section : *Imaginez ce que serait le monde, si chaque être humain acceptait d'incarner et de rayonner pleinement sa Lumière ?*

PARTIE VI

— *Comme tu le sais, j'ai un amour profond envers Dolores Cannon et j'aimerais savoir comment tu l'as découverte.*

(Nacera réfléchit quelques secondes avant de me répondre)

— Je n'arrive pas à me souvenir comment je suis tombée sur elle. Tout ce dont je me rappelle, c'est que j'ai fait une séance d'hypnose avec quelqu'un qui pratiquait sa méthode et j'ai découvert que j'avais des vibrations d'une vie pas si lointaine où j'étais de Sirius. À la suite de cette séance, j'ai rencontré des personnes qui m'ont confirmé que j'étais bel et bien originaire de cet endroit, et ensuite, je suis tombée sur la fameuse photo dont je t'ai parlé. Je l'ai prise en capture d'écran, car cela confirmait encore une fois que j'avais vécu sur Sirius. Et le jour où j'ai décidé d'en parler sur Internet, c'était le 2-2-2022 et c'est une vidéo qui s'appelle : *Je décide de reprendre cette vie en main et de trouver ma voie.* J'explique que j'ai fait une séance d'hypnose avec un gentil monsieur et je ne m'attendais pas à ce qu'il me demande de quelle planète je viens. J'avais déjà inscrit les questions que je voulais poser, et elle n'en faisait pas partie. C'est pour ça que ça m'a surprise, mais le pire, c'est que lorsqu'il m'a posé la question, ma bouche s'est mise à parler sans que je ne contrôle rien. J'ai répondu que je venais de Sirius, alors que je ne connaissais même pas cet endroit. C'est ce que je raconte dans la vidéo et dès que j'ai fini le live, j'ai pris mon téléphone afin de l'éteindre, mais cette photo est apparue en fond d'écran :

Ce n'est pas la seule coïncidence que j'ai vécue en lien avec cette séance d'hypnose. La veille, ma fille m'avait offert un pull bleu et je l'avais mis avec une écharpe bleue qui avait un peu de marron. Et lorsque je suis arrivée chez cet hypnotiseur, il m'a parlé des êtres bleus. Ensuite, on sort de chez lui et on tombe sur une camionnette sur laquelle est dessiné un Phoenix. Et dans la séance, on m'avait donné l'information que j'étais venue sur Terre pour guérir les gens et on m'avait montré une aurore boréale verte. Et le vert, c'est la couleur de la guérison, avec l'archange Raphaël. Et ce n'est pas tout. Ma copine et moi, on avait donné rendez-vous à ce monsieur le soir. On l'avait invité au restaurant pour le remercier, même si on avait payé notre séance. C'était en octobre, alors il faisait déjà nuit à l'heure du repas et je me rappelle que c'était un restaurant chinois avec plein de rayons verts. Et sur le parking, ça faisait comme s'il y avait des aurores boréales.

— *Wow, ça commence à faire beaucoup de synchronicités !*

— Oui, et je me souviens que les trois jours qui ont précédé ma séance d'hypnose, j'ai vu une voiture avec la publicité Cannon. Et après mon rendez-vous, je n'ai plus jamais vu la voiture. Et aussi, il y a une médium que je suivais à l'époque et son mari l'avait prise en photo avec son appareil et sur la sangle, c'était écrit Cannon. Ça fait donc beaucoup, si tu ajoutes la voiture Phoenix et l'aurore boréale. Mais il y a autre chose. Lorsqu'on est sorti du restaurant, il y avait des affiches qui annonçaient qu'il allait y avoir le projet Blue Beam. Sur les affiches, on voyait un vaisseau spatial bleu et dans ma séance, j'avais demandé ce qui m'était arrivé quand j'avais deux ans. Tu sais, lorsque ma mère m'a retrouvée de l'autre côté du balcon ? Eh bien, dans mes souvenirs, je me voyais descendre des escaliers et l'équipe de Matthieu Monade me l'avait confirmé. Et donc, je vois cette affiche sur laquelle il y a un vaisseau spatial et les lumières étaient bleues. Je n'en croyais pas mes yeux et je me suis dit que ça faisait beaucoup de coïncidences.

Avec le recul, j'en suis venue à la conclusion qu'on me préparait tout doucement. Et l'été dernier, j'ai fait un après-midi papotage sur la plage avec des abonnés de ma chaîne et il y a une dame qui est arrivée avec le premier livre de David Rousseau, *Au-delà de notre Monde*. Elle m'a demandé si je l'avais lu et elle m'a mentionné que dans ses ouvrages, il parlait des Indiens. Eh bien, depuis que je suis gamine, j'ai une fascination pour eux et j'en veux aux Américains de l'époque. C'est bien triste tous ces peuples qui se sont entretués pour de mauvaises causes ou pour des mensonges de leurs dirigeants. En plus, par la suite, l'histoire est transformée dans nos livres scolaires. Enfin, tout ça pour dire que je vois plein de trucs d'Indien ces temps-ci.

Et donc, la dame m'a montré le livre de David Rousseau et je l'ai pris en photo. Pendant plusieurs mois, je me suis demandé si je devais l'acheter, jusqu'au jour où je rencontre une autre dame, qui a également le livre entre les mains. Elle m'a fortement conseillé de le lire, mais il n'y en avait plus. Heureusement qu'une copine à moi a réussi à le commander. Elle habite à Nantes et dans les librairies là-bas, on pouvait le faire venir. Elle a donc commandé le tome un et deux pour moi, mais ce qui drôle, c'est que David est de Nantes et c'est là que je l'ai rencontré la première fois. Une amie à lui faisait une conférence dans une librairie, et cette femme, c'est justement elle qui m'a montré son livre sur la plage. Et je te jure, il est génial, je suis certaine que tu vas adoré.

— *En effet, j'ai adoré, et j'ai dévoré les deux tomes. J'ai même pleuré en les lisant, car dans le premier tome de ma saga Flamme Jumelle, mon héroïne raconte qu'elle a eu une incarnation en terres amérindiennes. Et dans son livre, David décrit une scène qu'il a vécue et cette scène, je l'ai écrite presque mot pour mot dans mon livre. C'est là que je me suis mise à pleurer. C'est comme si dans nos vies antérieures, on avait été à la même place, au même moment.*

— J'ai la chair de poule ! Et je suis rendue à la moitié du

tome deux et je suis dans la partie où il fait des danses indiennes. Et là, j'ai commencé à pleurer en me disant : « Moi aussi, je veux retrouver ma famille. » Et dans son livre, il parle de Mary Summer Rain et j'ai ses livres depuis des années. D'ailleurs, dans *L'envol du Phénix*, elle explique tout ce que nous sommes en train de vivre en ce moment avec ce Nouveau Monde qui arrive et à la fin, elle dit : « Écoute bien. Tu sais qui va venir nous aider ? J'entends les pas de nos Ancêtres. Les Indiens qui frôlent le sol, tu sais comme une danse indienne. » Et là, en lisant ces mots, je sentais en moi que c'était ma famille à moi aussi.

— *J'en ai les larmes aux yeux.*

— Mais purée, qu'est-ce que j'aimerais que tu habites en France ! On va bientôt se voir, j'en suis sûre.

— *On se reconnecte tous, en ce moment.*

— Oui, c'est énorme toutes les personnes qu'on retrouve. *Mes frères et sœurs galactiques*. Aussi, j'ai rencontré David Rousseau, et ça super bien accroché. Lui, sa femme, ses parents, je les ai trouvés formidables. Et Mathieu Roger sa chérie Sophie et Emilie Taverne et bien d'autres.

Tout ça pour dire que tout s'imbrique, c'est un truc de dingue !! Avant, avec Arnaud, je me privais, je me coupais de tout. Mais aujourd'hui, j'ai compris la leçon. J'ai compris que quand nous mettons un terme à une expérience qui ne nous convient plus, nous nous offrons la chance de vivre quelque chose qui est plus alignée avec nous. « Lorsque je coupe avec le passé, je grandis et je comprends une nouvelle chose à mon sujet. » C'est comme si nous nous permettions de connaître une nouvelle vérité qui est davantage à notre image.

On revient maintenant à mes expériences. Un jour, il y a une médium qui fait de la publicité et elle nous conseille une autre médium qui fait des soins reiki à distance. Je prends donc rendez-vous avec elle et elle me dit : « Ah, mais tu es une médium, tu es une passeuse d'âme. Ah, mais tu es puissante, et tu vas faire des choses énormes ! » Et ensuite, elle me dit qu'elle entend Qi gong et elle me suggère d'aller suivre des cours. Entre-temps, je prends un autre rendez-vous avec un médium qui me dit : « Ah, ta grand-mère est là et elle me fait comprendre que tu fais du magnétisme sur des fruits. » J'étais effectivement en train de magnétiser ce citron dont je t'ai parlé. Je visualisais que j'avais une boule d'énergie dans les mains et je me disais : « J'émets l'intention de momifier ce citron. » Et donc, en l'espace de 2 semaines, il a commencé à rétrécir. On voyait les quartiers qui sortaient. Et au bout de 3 semaines, il est devenu tout dur et vide dedans. J'avais aussi pratiqué le magnétisme sur Arnaud. Il avait mal au dos, alors je lui ai fait un soin et il m'a dit : « On dirait que tu as du feu dans tes mains. » Mais lorsqu'il les a touchées, elles étaient glacées et il a trouvé ça étrange. Et une dernière chose avant de revenir à cette histoire de Qi gong. Comme plusieurs personnes m'avaient dit que j'avais des capacités, je suis allée suivre des cours de reiki. J'ai fait le niveau 1 et 2, mais je n'aimais pas ça parce que c'était trop protocolaire. Par contre, le jour où je l'ai fait, j'ai acheté le jeu de cartes de l'archange Michaël, et je me rappelle que comme j'étais contente, je l'avais posé sur ma table de nuit. Et justement, pendant la nuit, il y a eu une grande lumière, elle était immense et allait jusqu'au plafond. C'est comme si Michaël était en train de me féliciter. Et quand je suis sortie de la maison du maître reiki, un grand nuage en forme d'ange est apparu, juste devant la maison. Même lui, il l'a vu et il l'a pris en photo.

Enfin, pour en revenir au Qi gong, je suis avec ce médium qui me dit que ma grand-mère est présente, et il ajoute : « Je la vois faire une danse très fluide et j'entends Qi gong. » Je me suis dit que ce n'était pas possible, mais les coïncidences vont continuer de se succéder.

— *Je ne sais pas pourquoi, mais je ne suis pas surprise !!* (On rigole)

— C'est vrai que je vis tout un tas de synchronicités. Et donc, je vais à l'école chercher Jade, et une maman avec laquelle je discute à l'occasion me dit qu'elle a un truc pour moi et elle me tend un papier. Devine ce qui était inscrit dessus ? Cours de Qi gong ! J'étais tellement sous le choc que j'ai expliqué à la dame ce que je venais de vivre, et elle m'a conseillé de m'inscrire au cours. Par contre, en rentrant à la maison, j'ai oublié toute cette histoire, mais je peux te dire que l'univers me l'a rappelée ! (On rigole encore) Cette fois, c'est par le biais d'Arnaud. Il m'a demandé pourquoi je laissais mes papiers dans son bureau, mais je lui ai dit que je ne laissais jamais traîner mes affaires. Il m'a alors tendu le papier en question et dessus, c'était inscrit cours de Qi gong ! Et le pire, c'est que je n'avais jamais ramené ce papier à la maison et jusqu'à ce jour, on ne sait pas d'où il vient. Mais bon, j'ai vu que le cours se donnait tout près de la maison, alors j'y suis allée. C'était sur la rue du Barbatre, et lorsque je l'ai croisée, je ne savais pas si je devais monter ou descendre. Mais j'ai vu une petite plume blanche et marron j'ai entendu : « Suis-là. » C'est donc ce que j'ai fait et elle volait juste devant moi. Et lorsqu'elle est tombée, j'ai levé la tête et j'étais pile-poil à l'adresse où le cours avait lieu.

J'aimerais te parler d'une anecdote concernant ma mamie, maintenant. J'avais été voir ce médium et il m'avait annoncé qu'elle était présente. Lorsqu'il m'a dit ça, on m'a envoyé un souvenir que j'avais évacué de ma mémoire. C'était quand j'étais enceinte de mon premier enfant Sabrina, je sentais l'odeur de rougag. C'est des crêpes arabes et ma grand-mère en cuisinait tout le temps. je trouvais que ça sentait le rougag, mais ma mère disait que c'était impossible. Elle n'en faisait pas et nous étions les seuls Maghrébins dans l'immeuble, donc ça ne pouvait pas venir de nos voisins. Mais je trouvais que ça sentait la fumée. Vois-tu, ça en fait beaucoup lorsqu'on fait cuire les crêpes sur la plaque, et du coup, j'avais l'impression que la fumée rentrait dans mon nez. Je trouvais même que l'odeur s'imprégnait sur mes vêtements et on a fini par me faire comprendre que c'était ma grand-mère. On m'a dit qu'elle me guidait depuis le début et qu'elle m'aidait dans mon évolution. D'ailleurs, lorsqu'elle était en vie, elle voyait les esprits. Ma mère les entendait, mais ma grand-mère les voyait.

Ensuite, il y a eu l'épisode du chien. Je suis devant l'école, et il y a une maman qui ramenait toujours son chien avec elle. Elle s'appelait Perle et c'était un labrador couleur or. Et à un moment donné, on est plusieurs mamans à remarquer que Perle est tout le temps allongée quand elle vient. Et un jour, Jade s'assoit à côté d'elle pour la flatter, mais sa maîtresse lui demande d'enlever sa main, car elle l'avait posée pile-poil où Perle avait mal. Et quand la dame lui a dit ça, le message est arrivé dans ma tête et on m'a confirmé qu'elle n'allait pas bien. J'ai alors demandé à la dame si elle avait déjà entendu parler de magnétisme : « En ce moment, je suis en train d'apprendre à développer mes capacités et si vous voulez, je peux m'occuper de votre chien. Ce serait un cadeau, car vous me permettrez d'apprendre à utiliser ces choses-là. » Elle a acquiescé en me disant que son chien était très malade et qu'elle souffrait énormément. Du coup, elle ne mangeait plus et ne marchait plus. Elle ne faisait que dormir. Je lui ai donc dit de venir à la maison et elle a accepté. Lorsqu'ils sont arrivés, le chien s'est promené un peu partout dans la maison, et j'en ai profité pour expliquer à la dame ce que j'allais faire : « C'est tout nouveau pour moi, mais une chose est sûre, c'est que je ne peux pas faire de mal à votre chien. Ce n'est que de l'amour. » Ensuite, je me suis assise par terre et le chien est venu s'asseoir juste à côté de moi. Elle a levé la tête, et je ne sais pas comment s'appelle le bruit qu'elle a fait, mais elle a aboyé un peu comme un loup. Et la dame s'est exclamée qu'elle n'avait jamais fait ça. Et le plus étrange, c'est qu'au même moment, on a eu un truc énergétique qui nous a enveloppées d'amour et on a éclaté en sanglots. Rien que d'en parler, j'ai la chair de poule. Le chien venait de nous envoyer quelque chose, mais on ne sait pas comment elle a fait ça. C'est comme si elle disait : « Vas-y maintenant. » Elle s'était allongée et elle attendait, alors j'ai commencé à faire le soin. Je me suis laissée guider, je la scannais et à certains endroits, je sentais de l'air frais dans mes mains. Je savais donc que c'était là qu'elle avait mal et je visualisais que j'étais dans une colonne de lumière, et que je lui envoyais un soin. Et Perle s'est endormie, mais en gardant un peu les yeux ouverts. Entre-temps, je discutais avec sa maîtresse et au bout d'un moment, elle a dit : « Allez Perle, on s'en va. » Mais le chien n'a pas réagi. Elle a donc répété sa phrase, mais Perle n'a toujours pas réagi.

— Elle voulait rester avec toi ?

— Non, moi j'ai cru que je l'avais tuée !! Je commençais à

être en panique, car le chien avait les yeux entrouverts et il ne réagissait pas. Et sa maîtresse devait se dire : « Mais qu'est-ce qu'elle a fait à mon chien ?! » Et là, d'un coup, Perle se lève, mais avec dynamisme, et le lendemain, à l'école, elle se tenait debout. Et les enfants la caressaient, mais au bout de trois semaines, sa maîtresse m'appelle : « Nacera, s'il te plait, tu as aidé mon chien, ça a super bien marché, elle mangeait, elle courait, elle jouait, alors qu'elle ne faisait plus rien de tout ça depuis un moment, mais là, elle repart dans le déclin. » Mais j'allais partir en vacances et j'étais dans les valises, alors je lui ai dit que je ne savais pas si j'allais avoir le temps. Finalement, je suis passée en vitesse avant de partir et lorsque je suis arrivée chez elle, le chien ne voulait pas venir me voir. Son chat, par contre, miaulait et elle me frottait la jambe. La dame a trouvé ça bizarre, parce qu'elle n'avait pas l'habitude d'aller vers les gens. Enfin, comme j'étais pressée, je lui ai demandé d'aller chercher Perle et elle est finalement venue vers moi. Elle m'a regardée droit dans les yeux et m'a parlé par télépathie : « Ce n'est plus la peine pour moi, occupe-toi plutôt de ma maîtresse, elle a beaucoup de douleur. » J'ai donc dit à la dame que sa chienne voulait que je m'occupe d'elle et qu'elle ne voulait pas avoir de soin. Et là, elle a éclaté en sanglots en me disant qu'effectivement, depuis quelques jours, elle avait très mal à la tête. Malheureusement, j'ai dû lui dire que je ne pouvais rien faire pour l'instant, car les gamines m'attendaient à la maison, mais je lui ai promis que dès que je reviendrais de vacances, j'allais m'occuper d'elle. Elle a accepté et le samedi où j'étais sur la route, elle m'a envoyé un SMS pour me dire que Perle nous avait quittés. J'étais triste pour elle, mais encore une fois, j'étais occupée avec les gamines dans la voiture. Mais comme promis, lorsque je suis revenue de vacances, je me suis occupée d'elle. Je venais de m'acheter ma première table de massage et elle allait la baptiser. Elle s'est donc allongée et j'ai commencé à lui faire le soin, quand soudain, j'ai vu Perle !! Je me suis exclamée : « Mais elle fait la fofolle, elle danse ! Elle saute en l'air et elle fait une pirouette ! » Mais la dame m'a dit que c'était bizarre, car son chien ne faisait jamais ça. Elle ne doutait pas de mes capacités, mais ce que je lui disais, ça ne lui parlait pas. Mais ensuite, Perle m'a parlé par télépathie : « Dis-lui merci, et aussi, qu'elle arrête de s'en vouloir et de culpabiliser, c'est moi qui l'ai poussée à faire ça. » J'ai donc transmis le message à la dame et elle a éclaté en sanglots. Je me rappelle, elle avait du fond de teint, et tout le matelas de massage en était imprégné. Arnaud a mis du temps à le nettoyer ! (On rigole) Mais bon, la femme s'assoit et elle m'explique : « Je ne te l'ai pas dit parce que j'avais honte, mais comme vers la fin, Perle n'allait pas bien et qu'elle ne bougeait plus, du coup elle vomissait et faisait caca sur elle. Et avec mes enfants, ça faisait trop de boulot. Et puis, je sentais bien que c'était la fin, alors je l'ai amenée chez le vétérinaire et je l'ai fait piquer. » Et comme elle m'avait juste dit que Perle les avait quittés, je ne pouvais pas savoir tout ça, et elle a ajouté que je venais de lui donner une vraie preuve de l'après-vie. Et ça lui faisait tellement de bien de savoir que sa chienne était en joie, qu'elle dansait et qu'elle ne souffrait plus. Rien que d'en parler, j'ai encore la chair de poule ! Et donc voilà, ça, c'est l'histoire de Perle.

Et maintenant, on repart légèrement en arrière. Oula.

(Elle est émotive, car elle sait qu'elle va parler de Marie-Sarah)

Donc, avant d'avoir Marie-Sarah, j'ai eu Jade. Jade, c'était déjà une grossesse très compliquée, mais j'ai réussi, c'était à terme, même si c'était environ 40 heures de travail. On a eu la gamine, c'est la seule de la famille avec des cheveux châtains, des mèches blondes et des yeux verts. Et ce qui est marrant, c'est que Jade est née le 10 septembre, comme le chat d'Arnaud. Et il avait les yeux très verts, alors que Jade a les yeux verts, jaunes et gris, tu vois ça fait un petit effet. Et il arrivait souvent que Jade lape son lait, son eau, et ce qu'il y avait dans son assiette, elle ne le mangeait pas avec les mains, elle lichait comme un chat. Je lui demandais pourquoi elle faisait ça, et elle me répondait que c'était plus simple de manger comme ça. « Je ne peux pas dire pourquoi, maman, mais j'ai l'impression d'être un chat. » Mais moi, à l'époque, je lui disais d'arrêter ses bêtises et de manger avec ses couverts !

— *Est-ce qu'elle avait connu le chat d'Arnaud ?*

— Oui, mais ce n'était pas à cause du chat qu'elle faisait ça. C'est juste que plus tard, je me suis dit que si ça se trouve, elle était une félinoïde dans une autre vie. D'ailleurs, elle a beaucoup souffert quand il est mort, alors qu'elle ne l'a pas connu longtemps 3 ans quand même. Mais bon, quelque temps après sa naissance, mon médecin m'a suggéré d'arrêter de prendre la pilule, parce qu'à mon âge, ça devenait un peu dangereux. Elle m'a proposé de mettre un stérilet, mais je ne voulais pas, car il y avait plein de femmes qui tombaient enceintes avec ça. Elle m'a alors dit qu'il y avait un nouveau truc qui sortait en ce moment, c'était l'implant Essure. C'est des petites tiges de métal qu'on te rentre dans les trompes, et ensuite, ça se déroule comme des ressorts, et c'est censé obstruer les trompes. Quand tu te fais injecter ça, au bout de trois mois, on te fait un test, on t'injecte un produit dans le corps à ce niveau-là afin de voir si ça circule. Parce que si ça circule, ça veut dire que le sperme peut aussi circuler. On me fait donc le test et on me dit qu'il y a une toute petite fuite, mais ce n'est pas inquiétant. J'ai 45 ans et en plus, en janvier 2006 et janvier 2007, on m'a fait des conisations de l'utérus. Je me suis donc dit qu'il n'y a aucune chance que je tombe enceinte. D'ailleurs, ma gynéco me l'a confirmée, mais le mois suivant, j'étais enceinte de Marie-Sarah.

— *Mais aujourd'hui, est-ce que tu sais ce qui s'est passé ?*

— Je n'en ai aucune idée. Tout ce que je sais, c'est qu'il s'est passé plein de trucs étranges durant ma grossesse… Attends, il faut juste que je m'en rappelle dans l'ordre. Alors, je suis enceinte, et là le médecin me dit qu'il faut vite faire une échographie, car j'ai 44 ans. Il me dit que c'est peut-être un œuf blanc, ou tu sais un truc dans les trompes, mais je ne connais pas les termes. Enfin, ça veut dire que l'œuf est peut-être accroché à la trompe. Il n'est pas là où il doit être, donc ça peut être dangereux et douloureux. De là, je vais faire une échographie et je ne sais pas pourquoi, mais je sens que tout est normal et qu'on n'a pas à s'inquiéter. D'ailleurs, l'échographie, je l'ai gardée en souvenir. D'ordinaire, au début de la grossesse, on ne voit rien, mais je te promets que sur les photos, on voit un sourire qui fait un clin d'œil ! La gynéco, Arnaud et moi, on est resté bouche bée un long moment, puis Arnaud s'est exclamé : « On fait quoi, maintenant ?! » Légèrement mal à l'aise, la gynéco a répondu : « C'est bien un bébé, il est bien placé, alors c'est à vous de décider. Franchement Madame Helal, je ne sais pas quoi vous dire, surtout que c'est moi qui vous ai dit que vous ne pouviez plus tomber enceinte. Je ne comprends pas. C'est vraiment un bébé miracle. » Immédiatement, j'ai dit qu'on gardait le bébé, et Arnaud a été surpris : « Nacera, tu te rappelles comment c'était dur à Jade ?! Tu n'en pouvais plus et à la fin, tu ne pouvais même plus marcher. Et tu avais 42 ans, alors que maintenant, tu en as 44. » J'ai répliqué que je m'en fichais, et qu'on gardait le bébé. Mais en fait, j'ai accouché l'année de mes 45 ans, parce que Marie-Sarah est née en février 2015, et en mai 2015, j'ai eu 45 ans. Et je peux te dire que la grossesse a été très dure. Je pleurais souvent, je n'en pouvais plus. Mais bon, l'accouchement arrive, et rappelle que dans la nuit, j'ai eu des contractions. Elles étaient très régulières, alors lorsqu'Arnaud est rentré du travail, je lui ai dit et il a déclaré qu'il n'allait pas aller travailler la nuit suivante. Il a appelé ses parents pour qu'ils viennent chercher Jade, et on a passé la journée à attendre. Je me souviens qu'Arnaud s'était mis un épisode de Star Wars et lorsqu'il fut terminé, je lui ai dit : « Je suis désolée, c'est l'heure où tu aurais dû partir pour aller au boulot. À cause de moi, tu n'as pas été travaillé. » Mais il m'a dit que ça l'avait arrangé, car il avait pu se reposer. Et ensuite, il a dit que vu que j'avais des contractions, on devrait aller à l'hôpital. Je me suis donc habillée, il ne me restait qu'à mettre mes bottes, et là, j'ai eu une douleur fulgurante sous la poitrine. J'avais tellement mal que j'ai attrapé la table basse et je l'ai agrippée avec mes ongles. Inquiet, Arnaud m'a demandé ce qu'il y avait, et je lui ai répondu que ce n'était pas comme d'habitude. On s'est donc dépêché à nous mettre en route, mais je souffrais tellement que je pleurais. C'était horrible. Mais bon, on a fini par arriver à l'hôpital. On est allé à la maternité et je me souviens que la dame m'a dit de m'asseoir pour que je remplisse le dossier. Mais lorsqu'elle me l'a amené, je lui ai dit qu'elle devait s'occuper de moi immédiatement : « S'il vous plait, c'est mon 5e enfant, et je peux vous dire qu'il se passe quelque chose que je ne connais pas. » Heureusement que je lui ai dit ça, comme quoi, dès fois, nous sommes guidés. Elle avait dû croire que c'était mon premier enfant et que j'étais une nouvelle maman qui était un peu en panique. Mais quand je lui ai dit que c'était mon 5e enfant et que ce n'était pas normal, elle s'est dépêchée, vraiment, elle a été très rapide. Elle a été appelée une sage-femme. C'était un homme et tout ce dont je me rappelle, c'est que je me vois attraper sa cravate. Je le tire vers moi et je lui dis : « Dépêchez-vous, dépêchez-vous, il se passe quelque chose, ce n'est pas normal. » Ensuite, le dernier souvenir qu'il me reste, c'est sa voix qui dit : « Dépêchez-vous, il faut faire une césarienne à cette femme. » Et paf, c'est le trou noir pour moi.

Finalement, je me réveille dans une chambre, mais c'est trop bizarre, je réalise que je ne me posais pas les questions que j'aurais dû me poser. L'individu lambda aurait dû se dire : « Mais je suis où, là ? C'est bizarre, je ne suis pas en maternité, et il est où mon bébé ?! » Mais pour ma part, j'avais l'impression que tout était zoomé. Je regardais le plafond, et quand tu le regardes au loin, il est blanc, alors que moi, il était zoomé et je voyais les granulés du plafond. Je sentais autour de moi des présences, je savais qu'il y avait du monde dans la chambre, et la première chose que je me dis c'est : « Je ne veux pas rester là. Pourquoi vous m'avez ramenée là, je veux rentrer. » Tout de suite, je voulais partir.

Enfin, quelqu'un arrive dans la chambre. Les infirmiers ont dû voir avec les machines que j'étais réveillée, car j'étais en réanimation. C'était mon 5e jour, mais je ne me rendais compte de rien et je ne me posais aucune question. J'étais juste en train de me dire : « Il y a des gens autour de moi, mais je ne les vois pas. Ils sont où ? » C'est comme si j'étais là, sans être là. C'était trop bizarre, et à un moment donné, mon fils rentre dans la chambre et il s'exclame d'un ton émotif : « Oh, maman, ça fait du bien de te voir comme ça ! » Ensuite, il me dit qu'il m'a ramené mon téléphone et qu'Arnaud allait m'appeler. Je lui demande alors pourquoi il n'est pas là, et il me répond qu'il a attrapé la grippe. Confuse, je lui dis qu'il était là avec moi cette après-midi et qu'il était en bonne santé, mais Jamel quitte la chambre. J'ai tout juste eu le temps de voir qu'il avait les yeux rouges. Ensuite, Halima vient me voir à l'hôpital avec une copine, et entre-temps, je vois que je n'ai plus de force. Je n'arrive à rien faire et j'observe mon corps, j'ai des hématomes partout. Tout bleu, violet. Je panique un peu en me demandant ce qui s'était passé, je ne comprenais plus rien. Et quelques instants plus tard, l'infirmière rentre dans ma chambre et me dit : « Ah bonjour Madame Helal, on a laissé votre fils rentrer, il devait vous ramener votre téléphone. Votre compagnon ne peut pas venir puisqu'il a la grippe, et il vaut mieux qu'on vous préserve. » Mais à aucun moment, je n'ai eu l'idée de lui demander de m'expliquer comment ça se pouvait qu'Arnaud ait la grippe. Dans ma tête, c'était : pendant un instant, je me pose une question d'individu lambda, mais l'instant suivant, je suis perdue dans mes pensées, dans mon corps, et je ne veux pas rester ici. C'est trop bizarre. Et là, Halima s'approche de moi et je lui demande de m'attacher les cheveux. Puisque j'avais mal partout, je n'arrivais pas à lever mes bras. Et pendant qu'elle le faisait, ses mains tremblaient énormément et elle m'a dit : « Maman, j'ai peur de t'abîmer, tu es tellement fragile. » Mais je ne comprenais pas et j'ai répliqué : « Comment ça, je suis fragile ? Mais Halima, j'ai juste accouché d'un bébé. » Et là, elle a éclaté en sanglots et elle est partie. Rien que d'en reparler, j'ai la chair de poule dans tout mon corps. Je trouvais leur comportement tellement étrange, et le pire, c'est lorsque j'ai appelé Arnaud. Je lui ai dit : « Mais pourquoi tu ne viens pas à l'hôpital ? Je ne comprends pas, vous êtes tous bizarres, j'ai l'impression que je n'ai pas vécu la même chose que vous. » Et là, il s'est mis à pleurer et il a raccroché. Et les gens qui venaient me soigner me disaient tous la même chose : « Ah, vous savez madame Helal, vous nous avez fait une sacrée peur, vous venez de loin ! » Mais dans ma tête, tout ce qui venait de se produire, c'était la même journée. J'étais certaine que du moment où je suis rentrée à l'hôpital pour accoucher, jusqu'à ce que je téléphone à Arnaud, il n'y avait que quelques heures qui s'étaient écoulées. Mais tous les jours, les infirmières me donnaient des piqures, c'était horrible. Ça faisait si mal que je pleurais et j'ai fini par leur demander des explications. C'est là que j'ai su que j'avais fait une pré -éclampsie et apparemment, tu ne t'en sors pas. D'ordinaire, soit la mère et le bébé meurent, ou alors lorsqu'ils s'en sortent, ils doivent faire des dialyses pour les reins. Et je perdais beaucoup de sang, et quand on me faisait les transfusions, mon corps rejetait les plaquettes.

Comme Arnaud est infirmier de bloc opératoire, les infirmières l'appelaient chaque fois pour lui dire ce qu'elles m'avaient fait. Sur le coup, ça avait l'air d'aller, mais finalement, ça n'allait pas. Pendant cinq jours, elles ont essayé de me retenir à la vie. Et lorsque Halima est venue me voir, c'est ce qu'elle essayait de me dire. Que j'avais failli mourir, mais lorsqu'elle essayait de m'expliquer, elle pleurait tellement qu'elle suffoquait. Pendant cinq jours, ses copines ont essayé de lui changer les esprits et elles lui ont fait regarder le film *Rebelle*. Mais dans le film, la maman s'est transformée en ours et Rebelle dit : « Tout ce que je veux, c'est qu'on me rende ma maman. » Pauvre Halima, elle ne mangeait plus et ne dormait plus. Et lorsque j'ai lâché ce coup de fil à Arnaud, il a aussi essayé de m'expliquer, mais il avait beaucoup de difficulté : « Je ne pourrais même pas te raconter. Enfin, je vais essayer, mais en décousu parce qu'on a vécu cinq jours d'enfer. Est-ce que tu te rappelles au moins que je t'ai prise en photo avec le bébé ? » Je me suis exclamée que c'était du délire, car je n'avais pas encore vu le bébé. Pour moi, j'avais accouché dans la journée et les infirmières ne m'avaient pas encore amenée mon bébé. Mais il a rétorqué que ça faisait cinq jours, et que depuis, elles essayaient de me maintenir en vie. La voix pleine d'émotion, il a ajouté : « Hier soir, on nous a appelés pour qu'on vienne te dire adieu. Tes enfants et moi on était dans ta chambre, tu étais intubée, et on n'avait même pas le droit de rentrer tous ensemble. »

(Elle prend une pause, car elle a une montée d'émotion)

Donc en gros, on n'a pas vécu la même expérience. Eux, ils étaient là à prier pour que je vive, et de mon côté, je me battais pour vivre apparemment. Les médecins ont dit qu'ils avaient tout essayé, mais qu'ils n'y arrivaient pas. Ils ne pouvaient pas me garder en vie, alors ils ont appelé ma famille pour qu'ils viennent me dire adieu. Et Arnaud m'a avoué que lorsqu'il a quitté l'hôpital, dans la voiture il a senti ma présence au siège arrière, et quand il est rentré à la maison, il a senti comme des effluves de mon parfum : « Je sais que ce n'était pas ton oreiller avec ton odeur, vraiment toi tu es passée. » Et là, il a éclaté en sanglots, car il s'est dit que j'étais venue lui dire adieu. Il se rappelait que je lui avais raconté qu'il y avait des défunts qui font des choses comme ça...

(Elle prend une autre pause. Nous sommes toutes les deux très émotives)

Enfin, j'ai dit à ma famille que j'étais désolée de leur avoir fait vivre ça. Ils m'ont répondu que ce n'était pas de ma faute, et avec le recul, je crois que le moment où les médecins ont dit que j'allais partir, c'est là qu'il y a eu le truc du walk-in. L'autre Nacera a dit au revoir et c'est une autre Nacera qui est venue. Et à partir de là, tous les jours, je ne pensais qu'à mourir. Je me levais le matin en me disant que je voulais mourir et j'allais me coucher avec cette même pensée. Et du coup, j'ai fait encore quelques jours en réanimation. Je crois que j'ai fait huit jours en réanimation et huit en maternité, et au début, je ne voulais même pas voir Marie-Sarah. Pauvre petite puce, elle n'y était pour rien, mais je ne voulais pas la voir. En fait, je ne voulais voir personne de ma famille. C'était tout mélangé dans ma tête, comme si quand ils venaient me voir, c'était des étrangers pour moi. Et lorsque les médecins m'ont dit que j'allais pouvoir rentrer à la maison, je leur ai demandé si je ne pouvais pas plutôt rester à l'hôpital. Je ne voulais pas rentrer chez moi, mais en même temps, j'en avais un peu marre d'être là parce que les bébés pleuraient la nuit. Je dormais très mal, mais malgré cela, je ne voulais pas rentrer chez moi. Je n'avais pas envie d'être avec ma famille, car c'était des inconnus pour moi, et lorsque je l'ai dit à Arnaud, ça l'a beaucoup inquiété et ils ont fait venir une psychologue. Elle m'a demandé ce que j'avais, et sur le coup, je lui ai répondu que je ne voulais pas rentrer chez moi, car je n'avais pas envie de cuisiner et de faire le ménage. Comment aurais-je pu lui dire que je ne voulais pas être avec ma famille ?!

(Elle est à nouveau émotive et m'avoue que c'est la première fois qu'elle le verbalise)

Je ne leur ai jamais dit. Je n'ai jamais réussi à leur dire qu'en vrai, je ne voulais pas les voir, car c'était comme si c'était des étrangers. Que j'allais devoir m'occuper d'un bébé que je ne connaissais pas. Tout ça, pour moi, c'était comme si je jouais la comédie, mais je ne voulais pas leur faire de peine. Dans ma tête, je me disais : « Il faut que j'essaie de recommencer un quotidien, peut-être que ça va me faire retrouver goût à la vie. » Sauf qu'en vrai, j'étais en train de m'enfoncer dans une déprime, et plus le temps passait, plus je demandais à Arnaud : « Tu peux aller à l'hôpital me chercher des petits comprimés, comme ça je les avale et je meurs. » Et du coup, je le faisais pleurer : « Nacera, c'est horrible ce que tu me dis. Tu me demandes de t'aider à te tuer. » Mais je n'avais pas envie de rester dans ce monde, ça ne m'intéressait pas.

(Elle prend une pause pour réfléchir)

Je n'arrive pas à me rappeler à quel moment il y a eu un déclic qui a fait que je n'avais plus envie de mourir. Je ne me rappelle de rien. Encore une fois, c'est comme s'il y avait eu une autre Nacera qui a pris le dessus. Enfin, je n'en sais rien... Je me souviens de la déprime, mais je n'arrive pas à me rappeler quand je suis revenue en joie… C'est durant cette période que je suis allée vers cette médium dont je t'ai parlé. Sur Facebook, elle disait qu'elle offrait des rendez-vous et en échange, nous avions juste à mettre des avis sur sa page. J'ai donc pris rendez-vous avec elle et elle avait canalisé : « Ah, mais tu as failli mourir ! Et tu viens d'avoir un bébé, mais oh, là-haut, ils me disent de me taire parce qu'apparemment, c'était très dur, tu as même voulu mourir. » Ensuite, elle a ajouté : « Ne t'inquiète pas, ça va aller mieux pour toi, car tu reprends du poil de la bête. Et tu vas utiliser tes capacités. Oh, mais ils me disent que tu es médium comme moi ! Tu voudras même faire du Reiki, mais c'est du pipi de chat pour toi ! Tu es beaucoup plus puissante que tu puisses l'imaginer. » Mais moi, j'avais du mal à le croire et je me disais qu'elle se fichait de moi! D'un autre côté, elle était super adorable et je voyais bien que lorsqu'elle canalisait pour les autres, c'était vrai. J'ai donc commencé à payer des médiums. Il y en a une qui m'a dit que j'avais du mal à me connecter, que je devais m'ancrer à la Terre, car selon elle, je viens du monde des élémentaux. Ça, c'est six mois après ma grossesse. Ensuite, il y en a une autre qui me dit que j'ai des capacités, une autre qui me dit que je dois magnétiser un citron, et un autre qui me dit que je dois commencer à magnétiser les gens et à faire du Qi gong. Et voilà, tout se met en place.

Entre-temps, j'avais acheté un livre de Doreen Vertue. Je ne me souviens plus du titre exact, mais je crois que c'était quelque chose comme *365 messages des anges*. Sur Facebook, j'ai demandé aux gens de choisir un chiffre entre 1 et 365 et je leur mettais la photo du message. Et tout doucement, il y a des gens qui me demandaient en ami et mon réseau grandissait. Ensuite, comme j'ai connu une medium, mon réseau a continué de s'agrandir. J'avais été à un séminaire qu'elle avait fait sur les vies antérieures, et j'avais adoré. Là-bas, c'est comme si j'acceptais d'être une médium. Il y a même quelqu'un qui avait dit aux autres de venir me voir, car je me débrouillais bien. D'ailleurs, j'avais été faire un tour en voiture avec des personnes que je ne connaissais pas, et elles m'ont dit : « Il paraît que tu arrives à canaliser ? Allez essaie, qu'est-ce que tu captes sur nous ? » Je me suis donc connectée et là, j'ai commencé à donner des informations et des exclamations ont retenti de toute part. Et une nuit, lors du séminaire, j'ai rêvé que cette medium était enceinte et le lendemain, je lui ai dit. Elle m'a avoué que ça faisait longtemps qu'elle essayait d'avoir un bébé, mais qu'après tout ce temps, elle n'y croyait plus. Eh bien, quelques semaines après, elle a su qu'elle était enceinte et elle a eu un fils. Par ailleurs, dans le rêve, je lui disais d'arrêter de fumer, et elle m'a confié que la veille, elle était à deux doigts d'acheter des cigarettes, mais elle s'est retenue. Je me souviens aussi qu'on était toutes les deux sur une montagne et on discutait, pendant qu'il y avait des gens qui étaient en bas et qui montaient pour nous rejoindre. De là, on m'a fait comprendre que c'était des personnes qui faisaient un travail sur elles, et qu'apparemment, nous les aidions dans leur démarche. Je l'ai partagé avec elle, mais elle n'a pas renchéri. Elle a dû se dire que j'essayais de faire ma nana intéressante, alors qu'en vrai, je ne suis pas comme ça. J'étais même très gênée après et je me suis mise en retrait jusqu'à la fin du séminaire.

Enfin, dans les mois qui ont suivi, elle a créé un groupe où elle acceptait uniquement des gens qu'elle avait eus dans ses rendez-vous. Nous devions payer 50 euros pour en faire partie, et elle était censée nous aider à faire des exercices. Mais je me rappelle qu'à l'époque, elle était souvent absente, car elle était malade. Et de mon côté, je me souviens que mes Guides m'avaient dit de proposer aux personnes du groupe de leur faire un tirage de carte. Le lendemain, je choisis donc une image. C'était un nuage en forme de cœur, et le message c'était : Nous sommes là pour nous entraider. J'ai ensuite demandé aux gens du groupe s'ils étaient intéressés à recevoir un tirage, et je me souviens qu'une centaine de personnes m'ont dit oui. Tous les jours, j'avais des rendez-vous et j'utilisais mes capacités. J'avais l'impression de recevoir une formation gratuite, car je travaillais avec des personnes qui étaient elles aussi des canaux. Ça m'aidait à développer ma confiance en moi. Je me souviens, je tirais les cartes et ensuite, je laissais l'image me parler et je leur donnais des conseils. Et lorsque je tirais la carte suivante, ça donnait mot pour mot les conseils que je venais de leur dire. Et quelque temps plus tard, Aline Peugeot m'a contactée. C'est elle qui m'avait fait ma première canalisation et qui m'avait dit que j'allais mourir. Et là, elle me dit : « Nacera, j'ai besoin d'aide et j'ai confiance en toi, tu veux bien me tirer les cartes ? » Sur le coup, j'étais en panique et je l'ai dit à Arnaud : « Tu te rends compte ?! C'est Aline Peugeot ! Elle est connue, elle est même passée à la télé ! » Mais il m'a dit que je n'avais qu'à faire comme d'habitude. Je n'avais qu'à être dans le moment présent, et du coup, on allait me donner les informations. Le lendemain, j'ai donc eu un rendez-vous avec elle et j'étais détendue. Je me disais que tout ce que j'avais à faire, c'était d'être ici et maintenant, comme quand je magnétisais le citron. D'ailleurs, cette expérience m'a beaucoup aidée, et les cours de Qi gong aussi. Ça t'apprend à être ici et maintenant, à travailler avec les énergies et à prendre conscience des énergies environnantes. Tu vois comment tout s'est mis en place naturellement ?! Et donc, je lui tire les cartes et je commence à lui faire des conseils d'ami. Au bout d'un moment, elle m'arrête, car j'avais répondu à toutes ses questions et elle me dit : « Maintenant, essaie de te souvenir si tu as eu la chair de poule quand tu as dit ces phrases. » Elle me dit les phrases en question, et je lui avoue que ça m'avait fait un drôle de choc électrique : « C'est parti de ma plante de pied et c'est monté tout le long de mon corps jusqu'au chakra coronal. » Et là, elle me confie que dans ces moments-là, quand je parlais, elle ne m'entendait plus. Ça m'a étonnée, et elle a ajouté : « J'entendais la voix d'un ange. » Lorsqu'elle m'a dit ça, j'ai commencé à pleurer et j'ai senti mon corps devenir électrique. Je me suis dit qu'il était drôlement temps que je prenne les rênes de ma vie, et qu'il n'y avait que moi qui pouvais le faire.

Entre-temps, je m'étais fait faire des implants mammaires. À la base, lorsque j'étais gamine, j'avais une forte poitrine, mais après avoir eu trois enfants, eh bien c'était des gants de toilette. (On rigole) J'étais complexée, alors je me suis fait mettre des implants, et du coup, re-belle poitrine ! Je me souviens quand j'ai rencontré Arnaud, il m'a demandé qui était le docteur qui m'avait opérée. Et lorsque je lui ai dit, il m'a répondu que j'avais eu de la chance, car il avait loupé du monde. Alors qu'avec moi, il avait fait tellement du beau travail que ça ne se voyait pas que c'était une fausse poitrine. Mais bon, ça faisait maintenant dix ans que j'avais les implants, alors il fallait les changer. Mais j'ai finalement décidé de les enlever. Comme je te l'ai dit dans une autre partie, j'avais réalisé que je n'étais pas venue sur Terre pour faire le mannequin. J'ai donc pris un rendez-vous pour qu'on me les retire, et c'est là que j'ai rencontré cette aide-soignante dont je t'ai parlé.

J'aimerais aussi partager une expérience avec une femme avec qui j'ai tiré les cartes. C'est une des personnes du groupe, dans la centaine de personnes à qui j'ai fait une guidance. Je lui ai dit : « Il y a apparemment un guérisseur qui va entrer dans ta vie, il va t'aider à te connecter à ton Soi et à tes capacités. » À ce moment, elle m'a avoué qu'elle connaissait un magnétiseur qui était génial, mais elle ne trouvait plus ses coordonnées. Malgré cela, je lui ai dit de faire confiance à la vie et le lendemain, elle m'a envoyé un message pour me remercier. Elle croyait que je lui avais envoyé les coordonnées du magnétiseur dont elle m'avait parlé, mais je n'avais rien fait. Par contre, ce qui est étrange, c'est qu'elle m'a montré le soi-disant message que je lui aurais envoyé, et c'était mon numéro de téléphone, avec les coordonnées du magnétiseur qu'elle recherchait. J'ai donc dû accepter l'évidence ! En plus, entre-temps, il y avait eu une histoire de connexion avec sa mère. Il y avait un message pour elle, et la dame a reçu une photo de sa mère. Elle tenait une coupe de vin, comme si elle faisait la fête. Et de là la dame me dit : « Nacera, c'est la fête des Mères, et avec ton numéro de téléphone, je reçois une photo de ma mère qui tient une coupe de vin ! » J'ai trouvé ça vraiment très bizarre, c'est comme si on utilisait mon numéro de téléphone pour faire passer des messages !!

Enfin, je me rappelle d'une autre anecdote. Je venais d'avoir mon rendez-vous avec la medium du séminaire et donc du groupe sur Facebook et elle m'avait fait un contact défunt avec mon père. L'après-midi, j'étais en joie et je suis sortie pour aller au parc avec mes filles. Marie-Sarah commençait tout juste à marcher, alors je l'ai amenée jusqu'au parc en poussette, et ensuite, je l'ai laissée se promener. Je me souviens, à un moment donné, je tenais la poussette et on m'a fait faire un mouvement de bras pour la réajuster. J'ai trouvé ça bizarre et je me suis demandé pourquoi on me faisait faire ça. Et là, je regarde en dessous et il y avait un cœur en verre. Tu sais, les cœurs que tu mets en décoration au fond des aquariums ?! Et à partir de là, je voyais des cœurs dans le ciel, je faisais des pancakes avec des trous en forme de cœur… Bref, je voyais des cœurs partout, comme s'ils me disaient : Bienvenue chez ta famille. Et quelques jours plus tard, je me rends à ce séminaire animé. Une dame appelée Brigitte m'avait proposé de faire du covoiture pour qu'on s'y rende ensemble et elle était aisée dans la vie. Je me souviens qu'elle est venue me chercher et qu'elle n'a pas voulu que je paye l'essence. Et lorsque nous sommes arrivées là-bas, elle a même payé mes repas. C'était un peu gênant, mais elle avait vraiment envie de le faire. Et le matin, lorsqu'on s'est réveillée, spontanément on s'est donné la main toutes les deux. J'étais dans mon lit et elle dans le sien, et on sentait qu'il y avait un lien très fort entre nous. C'était une reconnexion d'âme, quoi ! Et là, dans la journée, l'animatrice du séminaire nous fait faire un exercice et elle nous demande de fermer les yeux. Elle nous fait faire une séance de méditation pour explorer nos vies antérieures et je me rappelle qu'à ce moment-là, j'ai senti une présence. Elle se tenait entre Brigitte et moi. Mais en même temps, j'étais partie dans mon truc. Je me voyais en vieux chamane, j'étais un homme. Je me voyais les bras grands ouverts, je portais une longue tunique, comme un poncho avec des colliers. Les images défilaient très rapidement, c'est comme si je voulais voir, mais sans voir. Et dans l'après-midi, l'animatrice nous fait colorier des mandalas et elle nous dit : « Si vous avez des messages pendant que vous coloriez, notez-les. » Et j'ai reçu un message qui disait : Bienvenue à la maison. Comme quoi, je me reconnectais à mon moi Suprême. Et au moment où on a fait la méditation et que je me suis vue en chaman, j'ai senti de l'air frais entre Brigitte et moi. L'animatrice nous a informées qu'il y avait eu un défunt et qu'elle avait vu une vieille dame. Brigitte nous a avoué que c'était sa grand-mère, mais elle était déçue, car elle n'avait rien senti. Elle m'a dit d'un air triste : « elle la voit, toi tu la sens, mais moi, je n'ai rien vu ni senti. » Et quand on est reparti sur la route, je ressentais des trucs et j'ai commencé à donner des messages. Tout ça, c'était dans le même week-end où j'ai donné des messages à d'autres personnes dans la voiture. Et je trouvais ça assez extraordinaire, car tout se mettait en place naturellement. Par contre, je croyais que lors des contacts défunts que je faisais, j'allais les voir s'asseoir à côté de moi et me parler. Vois-tu, quand j'étais petite, j'entendais des voix, alors lorsque j'ai commencé à prendre des rendez-vous, je ne disais pas que je faisais des contacts défunts. Je disais simplement que je ressentais des présences. Je sentais quand c'était des guides, des maîtres ascensionnés, des défunts, mais je n'allais pas jusqu'à donner les messages. Je faisais juste la guidance en tirant les cartes et ensuite, j'arrêtais le rendez-vous. Et j'attendais, j'attendais, jusqu'au jour où une médium m'a dit : « Je ne sais pas ce que vous attendez. Vous êtes déjà connectée, mais vous attendez toujours. » Et là je me suis rendu compte que j'attendais, parce que je croyais qu'un jour, ça allait arriver : « Ça y est, c'est bon, j'y suis ! » Alors qu'en vrai, j'avais juste à me connecter et à faire confiance à mon clair ressenti.

Et tout doucement, les rendez-vous ont commencé à affluer. Je me souviens, j'étais partie en vacances et juste avant, j'avais créé ma chaîne YouTube. J'avais 315 personnes qui me suivaient et quand j'avais des rendez-vous, je les faisais en ligne pour que les gens voient comment je travaille. Et tout doucement, je commençais à faire des contacts défunts et les premiers que j'ai faits, on entendait leur voix ! On entendait des phrases complètes et il y avait beaucoup d'interaction. Et je me rappelle d'une nana, je l'aimais beaucoup, elle s'appelait Claire. Il y a eu un cheval qui est venu lui donner un message, mais au début, elle ne voyait pas qui c'était. Je lui ai dit qu'il était marron avec une crinière noire, et là, elle s'est exclamée : « Ohhhhh mais ouiiii !! Quand j'avais six ans, j'avais une amie qui avait un cheval et je l'adorais. » Je lui ai donc dit qu'il était venu la remercier pour sa gentillesse, parce qu'elle lui avait donné beaucoup d'amour. Et le lendemain, dans son quartier, il y a eu deux flics qui sont passés à cheval, alors que ce n'était pas habituel.

Je me souviens aussi d'une autre dame. Elle avait pris rendez-vous pour que je lui fasse un contact défunt et j'ai connecté super facilement. Je lui ai donné plein d'informations et elle m'a avoué qu'avant moi, elle avait payé un professionnel et il lui avait donné exactement les mêmes infos. Elle m'a dit : « Nacera, il faut que tu fonces, tu n'as rien à attendre, vas-y avec les contacts défunts. » C'est donc à partir de là que j'ai commencé à en faire. Je me souviens, pour la fête des Mères, j'avais offert à une dizaine de mamans un contact défunt avec leur enfant qui avait quitté ce plan. Et l'année suivante, j'ai fait la même chose pour la Saint-Valentin. J'avais offert à des époux et épouses un contact défunt avec leur moitié qui avait quitté ce plan. Et tout doucement, j'ai commencé à me faire connaître, et entre-temps, je suis partie en vacances parce que j'étais épuisée d'avoir fait toutes les guidances aux personnes dans le groupe. Et c'est à ce moment que mes Guides m'ont dit que je pouvais le quitter. Je n'en avais plus besoin et c'est là que j'ai commencé à voler de mes propres ailes. Et je me rappelle, avant de partir en vacances, j'ai eu envie de commencer les guidances astrologiques. Je crois que la première fois que j'ai essayé, j'avais fait tous les signes astrologiques dans la même vidéo. Ça faisait beaucoup, alors dans la vidéo suivante, j'avais choisi trois signes il me semble, et ça avait plu. Mais j'ai dû arrêter lorsque je suis partie en vacances, et juste avant mon départ, j'ai vu qu'il y avait près de 3000 personnes qui me suivaient. C'est là que j'ai commencé à faire les guidances tous les mois et ça générait un public sur ma chaîne. Les gens me disaient : « Wow, on dirait que vous avez mis une caméra chez moi, on dirait que vous êtes entrée dans ma tête ! » Et il y en a beaucoup qui me disaient que depuis qu'ils m'écoutaient, ils avaient changé leur vie. Comme je m'étais mise à mon compte, ils avaient trouvé mon numéro de téléphone et ils m'appelaient pour me remercier. Et là, ça faisait comme une vitrine et je commençais à avoir plein de demandes de rendez-vous. À partir de là, j'ai commencé à faire une autre formation sur les soins quantiques. J'avais appris avec Luc Bodin, que j'ai reçu récemment sur ma chaîne. Il avait écrit un livre pour apprendre les soins karmiques, les nettoyages d'entités, tout ce qui parasite, etc. J'avais acheté son livre avec son DVD, et j'ai commencé à faire les soins de nettoyage karmique. Et donc, tout doucement, je commençais à faire de nouvelles choses et c'est là que ma carrière a commencé à s'envoler. Et ensuite, j'ai commencé à présenter d'autres personnes sur ma chaîne et c'est comme ça que tout s'est mis en place.

— *Comment as-tu eu l'idée de présenter d'autres personnes ? Est-ce qu'un matin tu t'es réveillée avec une intuition ?*

— Eh bien, j'étais tellement reconnaissante envers toutes ces belles âmes qui m'avaient aidée sur mon chemin que je voulais les présenter afin que les autres les rencontrent et les connaissent. Et c'est vrai que sur le coup, il y a des gens qui m'ont dit : « Mais tu fais de la pub aux autres ?! » Mais moi, je trouvais ça normal de le faire. J'ai même fait une vidéo qui s'appelait *Une médium qui fait de la pub aux médiums.* À mes yeux, on ne peut pas avoir de concurrence, car nous allons attirer les gens qui vibrent comme nous. J'ai toujours trouvé ça normal de mettre les autres de l'avant et quand je découvre une pépite, je ne peux pas la garder pour moi, c'est égoïste. J'ai envie de dire aux autres : « Regardez comme elle brille ! » Et du coup, toi aussi ça t'illumine et ça te fait briller.

— *Ça m'a fait la même chose. Récemment, il y avait tellement de belles personnes qui venaient vers moi et je me disais que je ne pouvais plus faire de vidéo en solo. Je me suis donc mise à faire connaître toutes ces belles personnes et j'ai réalisé que ça faisait comme une expansion de conscience. La vie n'arrête plus de t'envoyer d'autres belles âmes, et ce que je trouve dommage, c'est qu'on doit faire un tri, car on a malheureusement juste 24 heures dans une journée !*

— En effet, mais avec les énergies actuelles, le tri se fait naturellement. Et là franchement, je me laisse porter et je ne me suis jamais sentie aussi sereine.

— *Je suis vraiment très heureuse de l'apprendre, et avant de clore le livre, aimerais-tu ajouter quelque chose ?*

— Peut-être une dernière chose. C'était tout bizarre de me dire que maintenant, je n'avais plus le choix. Je devais croire en moi et en mes capacités. Et ce qui est drôle, c'est que maintenant que je sais que je suis médium, je n'ai plus besoin de le dire. Je suis simplement connectée à mon Je Suis. Et à propos de mon chemin de vie, j'aimerais dire qu'au départ, je ne devais pas m'appeler Nacera. Ma mère avait choisi Souad, mais lorsque mon père est allé à la mairie pour m'enregistrer, il a oublié le prénom et intuitivement, il a dit : « Mettez Nacera Helal. » Et tu veux savoir ce que signifie mon prénom ? Victoire et protection. Une medium m'avait dit que j'étais en haut de l'arbre de vie, dans la sphère la plus haute. C'est comme si ça voulait dire que j'avais tellement évolué et fait des passages dans plusieurs incarnations que ça y est, je suis arrivée tout en haut. Elle m'a expliqué que puisque j'étais au sommet, il ne me restait qu'une ou deux incarnations à vivre, et après, je ne serai plus obligée de me réincarner sur Terre.

Ah oui, et j'ai oublié de dire que cette medium a une machine allemande qui permet de voir l'aura et dans la mienne, il y a beaucoup de rose, parce que je suis dans l'amour inconditionnel, et de vert, qui symbolise la guérison. Et tu te rappelles de l'aurore boréale que j'avais vue après la séance d'hypnose ? Elle était verte. Donc je me dis que tout se regroupe et que je n'ai plus le choix. Il y a trop de monde qui m'a confirmé que j'avais des capacités qui pouvaient aider mes semblables.

Une dernière chose. Lorsque que la medium a utilisé sa machine avec moi, elle a été surprise, car il s'est passé un truc étrange. Vois-tu, la machine enregistre ta voix avec ta photo, et ensuite, elle te donne plein d'infos. Et ça fait la même chose à tout le monde, c'est-à-dire qu'il y a une silhouette assise en tailleur, en lien avec ta vibration. Pour ma part, il y avait le rose qui couvrait une grande partie, et le vert. Et à côté, on voyait la croix de Jésus en gris métallisé ! On aurait dit que c'était tracé à la règle ! Et là, elle s'est tournée vers moi, les yeux ronds comme des soucoupes : « J'ai utilisé plusieurs fois cet appareil et normalement, on ne voit que des couleurs. C'est la première fois qu'on voit la croix de Jésus… »

— *Ouah ! Mais dis-moi, qu'est-ce que ça t'a fait ? Qu'est-ce que tu penses de cette croix et de Jésus, est-ce qu'il y a une symbolique pour toi ?*

— Honnêtement, je ne sais pas, mais j'éprouve une immense satisfaction d'avoir le droit de l'aimer sans qu'on me juge ou me condamne. Nous faisons partie du Grand Tout, nous sommes Un, nous avons tous en nous une part de chacun d'entre nous. Mais ici, on expérimente la séparation, l'individualité et des fois, certaines personnes t'agacent. Mais quand tu observes et aimes avec le cœur, tout s'efface. Il ne reste que l'amour et j'aime chaque personne dans son entièreté, même quand elle m'agace. Je l'aime, car j'observe avec les yeux du cœur, et non avec les yeux du filtre mental. Et je la remercie pour la leçon qu'elle m'apporte, le reflet qu'elle me renvoie pour continuer de travailler sur moi. Jésus n'était pas dans le jugement et il est mon exemple. Je travaille encore beaucoup sur moi, j'ai tellement à apprendre encore… Des fois, je suis en joie, des fois je râle et ça me saoule, mais ce n'est pas grave, car j'apprends.

***

ENSEIGNEMENTS

Quelle magnifique conclusion Nacera nous a laissées, et quelque temps après avoir fini l'ouvrage, elle m'a envoyé un message qui m'a démontré encore une fois qu'elle met en application ce qu'elle enseigne. Comme elle le dit, elle est toujours en apprentissage, et voici ce qu'elle a conscientisé récemment : « En ce moment, il y a quelque chose de fondamental que je suis en train de comprendre et je voudrais que ce soit dit dans le livre. C'est que plus le temps passe, et plus je réalise que par le passé, j'apportais ma vérité aux autres et des fois, j'avais tendance à leur imposer. Comme si c'est moi qui avais raison, comme si c'est moi qui détenais la vérité. Dans certaines vidéos, j'étais même un peu tranchante, du style : *Il faut quitter ce qui ne vous convient pas, il faut quitter ce qui ne vibre plus avec vous.* Même si c'est ce qu'on attend de nous de l'autre côté, je n'avais pas à être aussi tranchante. Je devais raconter mes propres histoires et mes expériences pour donner l'idée aux autres, et non leur dire : *Moi j'ai fait ça, alors vous devez faire comme moi.*

Tu vois, le fait d'être seule avec moi-même en ce moment me permet de conscientiser tout ça. Ce matin, j'ai parlé à une copine qui m'a mis certaines choses en avant, et je lui ai expliqué ce que je suis en train de te partager. Je lui ai dit que j'étais en train de réaliser que maintenant, on fait un travail individuel, mais pour le collectif, et non pas un travail collectif, pour l'individuel. C'est super important et ça m'amène à constater que je suis encore en train d'apprendre. Par contre, je ne vais pas supprimer mes vidéos, car si les gens tombent dessus, c'est qu'ils en ont besoin. Peut-être que ça les aidera à traverser les épreuves qu'ils sont en train de vivre. Mais si je refais des vidéos, je sais que je vais fonctionner complètement différemment. Ce sera un peu comme mon livre, c'est-à-dire que je vais uniquement raconter mes expériences, et les gens seront libres de voir si cela résonne en eux. Ils seront libres d'appliquer les leçons dans leur propre vie. Je n'imposerai plus rien. Enfin, je suis peut-être un peu dure avec moi et ce n'est peut-être pas l'impression que je dégageais dans mes vidéos, mais je pense que j'étais un peu dans : *J'ai expérimenté, j'ai compris, alors je vais vous expliquer, écoutez-moi.* Maintenant, j'arrête avec ça. Je raconte ce que j'expérimente, et à travers mon témoignage, ce sera aux gens de voir si ça vibre ou non, si ça résonne dans leur histoire personnelle.

Par contre, pour l'instant, je ne sais pas si je vais refaire des vidéos. Je vois bien que l'Univers m'invite à m'occuper de moi, car j'ai encore des choses à apprendre et à comprendre. J'emploie le terme « Univers », mais je sais que c'est moi, ma supraconscience, ma part supérieure. Elle m'envoie un message en faisant dégringoler mes abonnés. Ça descend à une vitesse vertigineuse, mais c'est pour me faire comprendre de me centrer sur moi afin de faire les apprentissages nécessaires qui me permettront d'être encore plus en alignement avec mon Soi Divin. »

Voilà donc ce que Nacera est en train de conscientiser. Elle nous l'explique aussi dans la dernière partie de son ouvrage, à travers ce passage : « Tout ça pour dire que tout s'imbrique, c'est un truc de dingue !! Avant, avec Arnaud, je me privais, je me coupais de tout. Mais aujourd'hui, j'ai compris la leçon. J'ai compris que quand nous mettons un terme à une expérience qui ne nous convient plus, nous nous offrons la chance de vivre quelque chose qui est plus alignée avec nous. *Lorsque je coupe avec le passé, je grandis et je comprends une nouvelle chose à mon sujet.* C'est comme si nous nous permettions de connaître une nouvelle vérité qui est davantage à notre image. »

Pour conclure la section Enseignements, j'ai envie de vous rappeler un des passages les plus percutants du livre. Enfin, il l'est à mes yeux et je voulais le souligner : « Tout ça, tu peux le mettre dans le livre, C'était tout bizarre de me dire que maintenant, je n'avais plus le choix. Je devais croire en moi et en mes capacités. Et ce qui est drôle, c'est que maintenant que je sais que je suis médium, je n'ai plus besoin de le dire. Je suis simplement connectée à mon Je Suis. »

Conclusion de Nacera

L'autre jour, je faisais une méditation et j'étais en face de mon miroir. J'ai demandé au monde de l'invisible de me donner des infos, car sur les cartes ça disait que j'allais bientôt avoir des révélations sur moi. J'avais déjà eu la révélation d'être walk-in, et pendant la méditation, on m'a montré une silhouette assise à côté de moi et on m'a fait comprendre que c'était un autre moi. Cet autre moi est un homme avec des cheveux blonds et une combinaison bleue, et lorsque je l'ai vu, j'ai entendu *Pléiadien*.

On m'a donc donné cette info et c'est très compliqué pour moi, car depuis que j'ai failli mourir à l'accouchement de Marie-Sarah, l'autre Nacera est morte. Mais on m'a laissé des petites bribes, des fragments dans un disque dur, et après, je dois aller faire mon enquête auprès des autres pour savoir qui j'étais et ce que j'ai expérimenté, car j'ai de la difficulté à me souvenir. Et dans les témoignages que j'ai de la part de ma famille, les infos se recoupent et de toute façon, mes frères ne s'amuseraient pas à me mentir.

Conclusion de Virginie

Voilà, vous comprenez maintenant pourquoi c'était délicat pour moi d'accompagner Nacera dans l'écriture de son livre. Je devais l'aider à faire remonter des souvenirs, mais c'était très difficile pour elle de se rappeler. Malgré cela, je trouve son témoignage d'une richesse inouïe et j'espère que vous l'avez apprécié autant que moi.

Pour clore ce premier ouvrage, j'aimerais témoigner ma reconnaissance à Nacera, ma sœur de cœur. Merci pour ta confiance, pour ton amour et pour ton authenticité. Tu m'as permis de grandir, d'apprendre, de rire et de pleurer. D'ailleurs, en ce moment, j'ai les larmes aux yeux en repensant à cette merveilleuse aventure que nous avons vécue ensemble. Comme je te l'ai dit, je me suis parfois cassé la tête à essayer de mettre de l'ordre dans ton récit, mais comme toi, je suis une femme de défi. J'espère avoir su le relever, mais par-dessus tout, j'espère être parvenue à te faire briller. Comme tu le dis si bien : « J'ai toujours trouvé ça normal de mettre les autres de l'avant et quand je découvre une pépite, je ne peux pas la garder pour moi, c'est égoïste. J'ai envie de dire aux autres : *Regardez comme elle brille !* Et du coup, toi aussi ça t'illumine et ça te fait briller. »

Pour moi, tu es une vraie pépite, un diamant brut qui illumine le monde, et Dieu sait que dans les temps actuels, nous avons besoin de la Lumière de chacun. Merci de nous avoir montré la voie.

Remerciements

Je voulais tout d'abord remercier Virginie Tanguay. C'est comme si j'avais eu les contractions et c'est elle qui a accueilli le bébé. Elle m'a fait la péridurale et j'ai pu accoucher sans douleur. J'ai d'ailleurs eu l'aide des infirmiers, dont Stacy Tremblay. Je remercie ma fille Sabrina. Merci également à Coralie Château, Séverine Pirault et Ludovic Boulet, qui m'ont aidée avec les détails techniques.

Je tiens aussi à remercier Arnaud et les filles. Même si nous étions déjà en séparation et en colocation au moment de la conception de l'ouvrage, il a été d'une grande aide pour prendre soin de Jade et Marie-Sarah. Et finalement, je voulais remercier toutes les belles âmes qui ont croisé ma route depuis que je suis dans cet éveil. Je ne peux pas tous vous nommer parce que vous êtes tellement nombreux, mais je sais que vous allez vous reconnaître. Je vous remercie du fond du cœur d'être entrés dans ma vie et de m'avoir permis de grandir sur mon chemin d'éveil. Je vous embrasse tous et je vous aime.

Bibliothèque de Nacera

Voici une petite liste des lectures qui m'ont touchée et qui m'ont éclairée sur mon chemin :

- Virginie Tanguay – L'appel de l'âme – Flammarion
- Virginie Tanguay – Les Artisans de Lumière – Le Dauphin Blanc
- Virginie Tanguay – Nouvelle Terre, Nouvelle Humanité – Les éditions Leduc

- Stacy Tremblay – Conversation avec mon âme
-
- Neale Donald Walsch – Conversations avec Dieu

- Coralie Chateau – Éveil & Ascension
- Coralie Chateau – Moins de croyances, plus de conscience !

- David Rousseau – Au-delà de notre monde, tome 1 et 2 – Be Light Éditions

- Dolores Cannon – Les 3 vagues de volontaires et la Nouvelle Terre – Be Light Éditions

- Pierre Jovanovic – Enquête sur l'existence des anges gardiens – J'ai lu

- Emmanuelle Pries – Mon éveil galactique – Les éditions Leduc

Printed by Amazon Italia Logistica S.r.l.
Torrazza Piemonte (TO), Italy

45526684R00157